LE SOIN DE L'ÂME

DANS LA MÊME COLLECTION

C. Berlitz, *Le Triangle du dragon*
Événements inexpliqués et phénomènes étranges du monde
J. Bernard et B. Duboy, *Mehdi, l'initiation d'un soufi*
J. Blum, *Mystère et message des cathares*
Rennes-le-Château wisigoth, cathares, templiers
C. Darche, *La Pratique du tarot de Marseille*
P. Drouot, *Des vies antérieures aux vies futures*
Guérison spirituelle et immortalité
Nous sommes tous immortels
La Réincarnation, mémoires d'un voyageur du temps
Dr R. Fix, *L'Amour, clé du bien « être »*
Dr H. S. Friedman, *Les Secrets de l'autoguérison*
G. Griscom, *L'Éveil intérieur*
G. Gruais et G. Mouny, *Le Grand Secret du sphinx de Guizèh*
C. Kisacanin, *Dialogues avec les morts*
D. Koechlin de Bizemont, *Edgar Cayce : guérir par la musique*
E. Kübler-Ross, *La Mort, dernière étape de la croissance*
La mort est un nouveau soleil
La Mort et l'enfant
A. Le Kern, *La Géomancie, un art divinatoire*
R. Le Lann, *Ces ondes qui nous soignent*
A.-M. Lionnet et J.-P. Sermonte, *La Rencontre des anges*
W.A. Mac Garey, *Les Remèdes d'Edgar Cayce*
J. Mandorla, *Le Livre de vos énergies*
Dr J. Murphy, *Comment réussir votre vie*
Découvrir votre dimension cosmique
Les Ressources infinies de votre esprit
Le Télépsychisme. Comment utiliser les pouvoirs de votre subconscient
R. Réant, *La Parapsychologie et l'Invisible*
L. Renard, *La Médecine de l'âme du Dr Edward Bach*
K. Ring, *Projet Omega*
C. G. Sarrazin, *L'Expérience de la réincarnation*
M. Simonet, *Images et messages de l'Au-delà*
Réalité de l'Au-delà et transcommunication
G. Sorgel, *La Bible à l'aube de l'Ère du Verseau*
J. Stiegler, *L'Avenir avant l'an 2000*
M. Thurston et C. Fazel, *Créez votre propre futur avec Edgar Cayce*
Y. Tywoniak, *Le Guide de la voyance par téléphone*
S. Wilson Estep, *La Communication avec les morts*
J.-M. Weiss et M. Chavelli, *Se soigner et guérir par les couleurs*

THOMAS MOORE

LE SOIN DE L'ÂME

Un guide pour cultiver au jour le jour la profondeur et le sens du sacré

Âge du Verseau

ÉDITIONS DU ROCHER

Jean-Paul Bertrand
Éditeur

ISBN 2 268 01817 2

Cet ouvrage extraordinaire a transformé mon univers. Il me force à voir la réalité autrement, plus globalement, plus significativement. *Le Soin de l'âme* m'a fourni un élément qui me manquait. Je le recommande de tout cœur, sans la moindre réserve.

John Bradshaw, *Retrouver l'enfant en soi*

Ce livre pourrait vous aider à renoncer à la futile quête de salut et à commencer à prendre soin de votre âme. Un ouvrage humble — et donc merveilleux — sur la vie de l'esprit.

Sam Keen, *À la recherche de l'homme perdu*

Les années passent ; je lis toujours énormément d'ouvrages en psychologie. L'intelligence et le style — si extraordinairement nets — du *Soin de l'âme* de Thomas Moore m'ont vraiment touché. Le livre a de la force, de la classe, de l'âme. Je crois en outre qu'il peut vivre plus longtemps que la psychologie même.

James Hillman, *Re-Visioning Psychology*

De manière très émouvante, Thomas Moore revendique l'âme pour le bénéfice de la psychothérapie, dans son livre, *Le Soin de l'âme*. Nos blessures, fait-il remarquer, n'ouvrent pas seulement une fenêtre sur l'Âme, elles nous donnent aussi accès à son domaine.

L'ouvrage de Thomas Moore est une voix qui s'élève, brillante, stimulante et encourageante dans l'univers de la psychothérapie.

Henri Nouwen, *Making All Things New*

TABLE DES MATIÈRES

Remerciements

Même si cet ouvrage fait état de mes nombreuses années d'expérience en psychothérapie, je dois beaucoup à plusieurs amis talentueux qui m'ont conseillé et guidé. J'aimerais remercier Christopher Bamford qui a semé et fait germer l'idée même de l'ouvrage en moi. Une bonne partie de la pensée maîtresse de mon ouvrage vient de mon association avec les pionniers qui nous ont enseigné à saisir la portée de l'âme ; je pense surtout à James Hillman et à Robert Sardello. J'aimerais également adresser mes remerciements à Ben Sells, Terrie Murphy et Sarah Jackson qui ont lu certaines parties du manuscrit. Pour son élégante traduction des Hymnes homériques, je remercie Charles Boer. La Fondation Ann et Erlo Van Waveren a fourni la subvention qui m'a permis d'écrire la première version. Chez Harper Collins, Hugh Van Dusen m'a constamment soutenu et conseillé avec enthousiasme. Sa chaleur, l'étendue de sa culture ont donné une âme aux exigences parfois éprouvantes de la publication. Avec une patience stupéfiante, Jane Hirshfield a travaillé d'arrache-pied à mettre en forme mon usage parfois étrange de la langue. Mon agent, Michael Katz, a ajouté la touche brillante de l'artiste aux aspects commerciaux et esthétiques de l'ouvrage, et il s'est révélé un compagnon sensible et avisé tout au long des processus d'écriture et de publication. Finalement, j'aimerais remercier Joan Hanley qui m'a encouragé à pousser plus loin ma recherche de moyens pour vivre une vie qui a une grande richesse d'âme.

Introduction

La terrible maladie du vingtième siècle, celle qui participe à tous nos problèmes et nous affecte individuellement et socialement, c'est la « perte de l'âme ». Quand nous négligeons notre âme, elle ne disparaît pas pour autant : nous la retrouvons sous forme de symptômes dans les obsessions, les dépendances, la violence et la déchéance du sens. Nous sommes tentés d'isoler ces symptômes ou d'essayer de les supprimer les uns après les autres, mais le mal s'est enraciné : nous avons perdu la sagesse de l'âme, nous avons même perdu tout intérêt pour elle. De nos jours, il existe quelques spécialistes de l'âme qui viennent nous conseiller quand nous ployons sous le fardeau de nos humeurs et de notre souffrance émotive, ou quand nous faisons face, en tant que citoyens d'une nation, à une multitude de maux inquiétants. Notre histoire recèle pourtant des sources inestimables de perspicacité qui nous viennent de gens dont les écrits nous parlent clairement de la nature et des besoins de l'âme ; nous pouvons chercher dans le passé des guides pour restaurer cette sagesse. En tenant compte de notre façon de vivre, je ferai resurgir dans cet ouvrage la sagesse passée pour montrer qu'en prenant soin de notre âme, nous pouvons trouver le soulagement de notre détresse et appréhender une satisfaction et un plaisir intenses.

Il est impossible de définir l'âme avec précision. La définition est, de toute manière, une entreprise intellectuelle ; l'âme préfère imaginer. Intuitivement, nous savons qu'elle touche à l'authenticité et à la profondeur, comme lorsque nous disons d'une musique qu'elle a de l'âme, ou de telle personne qu'elle a l'âme généreuse. Quand on s'arrête pour réfléchir aux images de la spiritualité, l'on s'aperçoit qu'elle se rattache à tous les aspects de la vie : la bonne chère, les conversations satisfaisantes, les amis intimes, et les expériences qui se gravent dans la mémoire et touchent le cœur. L'âme se révèle autant dans l'attachement, l'amour et le partage que dans le recueillement et dans l'intimité.

Les approches psychologiques et les thérapies modernes adoptent souvent un ton salvateur implicite mais éloquent. Si on pouvait seulement apprendre l'affirmation de soi, l'amour, la colère, l'expressivité, le recueillement, la finesse, laissent-elles entendre, on n'aurait plus de problèmes. Le guide pratique du Moyen Âge et de la Renaissance, que je prends d'une certaine manière pour modèle, était chéri et révéré, mais il ne s'agissait pas de grand art, et il ne promettait pas le ciel. Il se contentait de dispenser des trucs pour bien vivre et de suggérer une philosophie de la vie pratique pleine de bon sens. Je m'intéresse à cette approche plus humble, qui admet mieux les faiblesses humaines, et trouve davantage dans cette acceptation la dignité et la paix que dans toute autre façon de transcender la condition humaine. Cet ouvrage — mon idéal de guide pratique — se veut donc un guide de la philosophie d'une vie spirituelle et des techniques pour faire face aux problèmes quotidiens sans lutter pour la perfection ou le salut.

Au cours de mes quinze années d'exercice de la psychothérapie, j'ai été surpris de constater à quel point mes études portant sur la psychologie de la Renaissance, la philosophie et la médecine contribuaient à mon travail. L'influence de la Renaissance sur moi transparaîtra dans mon ouvrage, puisque je fais souvent référence au regard qu'elle porte sur la mythologie pour trouver la sagesse et que je cite souvent des auteurs de cette époque, comme Marsile Ficin et Paracelse. C'étaient des amants de la sagesse pratique, qui recevaient régulièrement des patients, appliquant leurs philosophies très imagées aux questions les plus ordinaires.

J'ai également utilisé l'approche de la Renaissance qui consiste à ne pas séparer la psychologie de la religion. Jung, l'un des médecins de l'âme les plus modernes, soutenait que tout problème d'ordre psychologique est, en fin de compte, question de religion. Mon ouvrage contient donc des conseils psychologiques et des guides spirituels. La « santé » psychologique exige une certaine vie spirituelle, quoique la spiritualité poussée à l'excès ou sans fondement puisse devenir dangereuse et mener à toutes sortes de comportements compulsifs, voire violents. Pour cette raison, j'ai cru bon de traiter de l'interaction de la spiritualité et de l'âme.

Dans ses recherches sur l'alchimie, Jung déclare que le travail commence et finit avec Mercure. Je crois que ce postulat s'applique également à mon ouvrage. Mercure est le dieu de la fiction et du mensonge, de la supercherie, du vol et des tours de passe-passe. La psychologie populaire porte d'ordinaire à une sincérité excessive. Je dis d'ailleurs souvent à mes clients de ne pas rechercher la vérité à tout prix : une dose de Mercure garantit l'honnêteté de notre travail. Jusqu'à un certain point, je considère aussi mon ouvrage comme une *fiction* de psychologie populaire. Personne ne peut nous dire comment vivre notre vie. Personne ne connaît suffisamment les secrets du cœur pour en parler aux autres avec autorité.

Ceci m'amène au cœur du livre, au soin de l'âme. La tradition nous enseigne que l'âme se trouve à mi-chemin entre le conscient et l'inconscient, qu'elle n'utilise ni l'esprit ni le corps, qu'elle se sert plutôt de l'imaginaire. Pour moi, la thérapie se borne justement à faire surgir l'imaginaire dans les régions qui en sont dépourvues et qui doivent s'exprimer en devenant porteuses de symptômes.

Le travail satisfaisant, les relations valorisantes, le pouvoir personnel et le soulagement des symptômes sont autant de cadeaux de l'âme. Nous ne connaissons d'elle que ses doléances, quand, troublée par la négligence et l'abus, elle s'agite et nous fait sentir son malaise. Les auteurs font remarquer à l'envi que nous vivons une époque de grande division, qui sépare l'esprit du corps, et la spiritualité des contingences matérielles. Comment pouvons-nous mettre fin au clivage? Nous ne pouvons nous contenter d'y réfléchir, parce que la réflexion elle-même fait partie du problème. Nous devons donc trouver une manière de mettre fin aux attitudes duelles; nous avons besoin que s'ouvre une troisième possibilité, celle de l'âme.

Au XVe siècle, Marsile Ficin a résumé la question ; l'esprit, disait-il, a tendance à suivre sa propre voie, sans rapport avec le monde physique. Par ailleurs, la vie matérielle nous absorbe tellement que nous nous y engouffrons et en oublions la spiritualité. Entre les deux, nous avons besoin de l'âme, ajoutait-il, pour unifier l'esprit et le corps, les idées et la vie, la spiritualité et le monde.

Je me propose dans ces pages de ramener l'âme à la vie. Ce n'est pas là une idée nouvelle; je me contente en fait de développer une idée très ancienne d'une manière que, je l'espère, nous saurons comprendre et mettre en pratique en cette période cruciale de l'histoire. L'idée d'un monde dont l'âme occuperait le centre remonte aux premiers jours de notre culture. On la retrouve esquissée à toutes les époques de notre histoire, dans les écrits de Platon, dans les expériences des théologiens et des mages de la Renaissance, dans la correspondance et la littérature des poètes romantiques, et finalement chez Freud, qui nous a laissé entrevoir un monde inconscient rempli de souvenirs, de fantasmes et d'émotions. Jung a rendu explicite ce qui était encore à l'état embryonnaire chez Freud, prenant sans détour le parti de l'âme, et nous rappelant que nos ancêtres peuvent nous en apprendre beaucoup à son sujet. Plus récemment, James Hillman, mon mentor et mon collègue, et d'autres dans son entourage (Robert Sardello, Rafael Lopez-Redraza, Patricia Berry et Alfred Ziegler, par exemple) ont développé une nouvelle approche de la psychologie soucieuse de ce passé, qui suit ouvertement l'avis de Ficin et place l'âme au cœur de notre existence.

Cet ouvrage ne se contentera pas de se centrer sur l'idée de l'âme, il cherchera des manières concrètes de favoriser la spiritualité dans notre existence quotidienne. Pour décrire ce procédé, j'ai emprunté une image chère à la chrétienté. Depuis des centaines d'années, auprès de ses ouailles, le curé a charge d'âmes. Cette responsabilité, tout comme la tâche de voir aux besoins de ses paroissiens, prenait le nom de *cura animarum,* la cure des âmes. L'idée de *cure* recèle autant celle de « garde » que celle de « soin ». Si nous reprenons cette image pour l'appliquer à nous, il est facile d'imaginer notre responsabilité envers notre âme. Tout comme, dans les moments cruciaux de la vie, le curé — non pas à la manière d'un médecin ou d'un guérisseur, mais à la façon d'un compagnon — se tenait à la disposition des siens et veillait sur l'âme aux moments de la naissance, de la maladie, du mariage, des épreuves et de la mort, nous pouvons prendre soin de notre âme à mesure qu'elle cherche sa voie dans les dédales de notre existence. Le rôle du curateur était de donner un sens religieux aux étapes importantes de la vie et de veiller au maintien des liens d'affection au sein de la famille, dans le mariage et la communauté. Nous pouvons devenir les curateurs de nos âmes, nos propres pasteurs, garants de notre religion personnelle. Pour entreprendre la réfection de notre âme, nous devons faire à la spiritualité une place plus importante dans notre vie quotidienne.

Il est déjà possible de voir que la cure de l'âme diffère beaucoup des notions modernes charriées par la psychologie et par la psychothérapie. Elle ne cherche pas à guérir, à réparer, à changer, à ajuster ou à rendre la santé ; et elle ne contient pas non plus l'idée de perfection ou même d'amélioration. Elle ne cherche pas à faire de l'existence un idéal libéré de tout problème. Elle s'attache plutôt patiemment au moment présent, à la fois proche de la vie comme elle se présente jour après jour et consciente de la religion et de la spiritualité.

Il est encore une distinction essentielle entre la cure de l'âme et la psychothérapie comme on la conçoit d'ordinaire : la psychologie est une science profane tandis que la cure de l'âme est un art sacré. Même si j'emprunte le vocabulaire de la chrétienté, ce que je vous propose n'est ni particulièrement chrétien ni spécifiquement lié à une quelconque tradition religieuse. La cure de l'âme exige cependant une sensibilité religieuse et la reconnaissance du besoin viscéral de spiritualité.

Notre monde moderne sépare la religion et la psychologie, la pratique spirituelle et la thérapie. Nous avons tout intérêt à mettre fin à ce clivage, mais si nous devons construire des ponts, nous devons aussi réinventer radicalement la pratique de la psychologie. Nous devons considérer la psychologie et la spiritualité comme une seule et même chose. À mon avis, ce nouveau modèle laisse aussi entrevoir la fin de la psychologie telle que nous la connaissons, parce qu'elle est essentiellement moderne, profane et égocentrique. Nous devons élaborer de nouvelles idées, un nouveau vocabulaire et de nouvelles traditions pour asseoir notre théorie et notre pratique.

Nos aïeux de la Renaissance et de la période romantique, tout comme Freud, Jung, Hillman et leurs collègues, se sont infailliblement tournés vers le passé pour renouveler leur imagination.

Nous avons nous-mêmes grandement besoin d'une renaissance de ce genre, d'une re-naissance de la sagesse et de la pratique anciennes ajustées à notre situation actuelle. Les grands penseurs de la Renaissance se sont efforcés de concilier médecine et magie, religion et philosophie, quotidien et méditation, sagesse ancienne, découvertes récentes et inventions. Nous faisons face aux mêmes difficultés, mais le temps nous éloigne beaucoup plus des jours de magie et de mythologie ; pour nous, la technologie est, en fait, autant fardeau que réussite colossale.

Les plaintes d'ordre émotionnel de notre temps, les plaintes que nous, thérapeutes, entendons chaque jour de pratique, parlent

de sentiment de vide ;
de manque de sens ;
de dépression vague ;
de désenchantement conjugal, familial et relationnel ;
de perte de valeur ;
de quête d'enrichissement personnel ;
de soif de spiritualité.

Tous ces symptômes reflètent la perte de l'âme et nous laissent connaître la faim que nous en avons. Nous cherchons à outrance l'amusement, le pouvoir, l'intimité, la satisfaction sexuelle, les biens matériels, et nous pensons les trouver dans la bonne relation, le bon travail, la bonne religion ou la bonne thérapie. Mais sans l'âme nous n'atteindrons jamais la satisfaction ; en fait, en chacune de ces quêtes, nous cherchons l'âme. Sans elle, nous tentons d'accumuler une abondance de satisfactions, apparemment persuadés que la quantité saura bien remplacer l'absence de qualité.

Le soin de l'âme nous parle de nos aspirations et des symptômes qui nous rendent fous, mais il ne nous éloigne ni de l'ombre ni de la mort. La personnalité animée — c'est-à-dire dotée d'une âme — est complexe, à multiples facettes, modelée par la douleur et le plaisir, le succès et l'échec. La vie de l'âme connaît aussi ses moments d'obscurité et ses périodes de folie. En abandonnant les fantasmes de salut, nous nous ouvrons à la possibilité de la connaissance et de l'acceptation de soi, les fondements mêmes de l'âme.

Nombre d'expressions anciennes, réservées aux nécessaires égards pour l'âme, valent encore pour le monde moderne. Platon, par exemple, utilisait l'expression *techne tou biou* qui signifie « l'art de vivre ». Quand on pousse suffisamment loin la définition de *techne,* on s'aperçoit que le terme ne fait pas uniquement référence aux habiletés mécaniques et aux instruments, mais à la gestion adroite et à la mise en forme soignée. Pour l'instant, on peut dire que le soin de l'âme demande un travail spécifique de la vie elle-même et la sensibilité de l'artiste. L'âme ne prend pas automatiquement vie ; elle exige notre talent et notre attention.

En psychologie, nombre d'expressions se teintent de religiosité. Chez Socrate, rapporte Platon, la « thérapie » procède du service aux dieux. Le thérapeute, déclare-t-il encore, est un sacristain, une personne qui s'occupe des éléments pratiques du culte religieux. Il est encore une expression que Platon utilisait : *heautou epimeleisthai,* le « soin de soi-même », cette expression relevant aussi du service aux dieux et aux morts. Il nous est impossible de résoudre nos problèmes « émotionnels » sans comprendre que le mystère du culte au divin et aux disparus fasse partie de toute vie humaine.

« Chacun devrait savoir qu'on ne peut vivre sans cultiver son âme », disait plus tard l'écrivain romain Apulée. Le soin, c'est aussi la culture, l'attention et la participation tandis que s'ouvre la semence de l'âme à une gigantesque création, appelée caractère ou personnalité et dotée d'une histoire, d'une communauté, d'un langage et d'une mythologie uniques. La culture de l'âme exige le mariage de matériaux bruts. Les fermiers cultivent leurs champs comme nous cultivons notre âme. Le travail de l'âme ne se limite donc pas à l'ajustement aux normes convenues ou à la représentation de la santé moyenne chez l'individu ; il cherche plutôt à connaître une vie richement élaborée, branchée sur la société et sur la nature, tissée à même la culture familiale, nationale et universelle. Il ne recherche pas l'ajustement superficiel, mais la relation profonde à nos ancêtres, à nos frères et à nos sœurs qui vivent dans toutes les communautés dont se réclament nos cœurs.

« Il n'est jamais trop tôt ou trop tard pour veiller au bien-être de l'âme », écrivait Épicure, un philosophe très mal interprété, qui voulait faire du plaisir simple l'un des buts de l'existence. C'était un végétarien qui poussait ses disciples à cultiver l'intimité par le biais de la correspondance. Il tenait ses classes dans un jardin pour entourer son enseignement de la nourriture simple qu'il absorbait. (Ironiquement, son nom est depuis devenu synonyme de gastronomie et de sensualité.) L'idée de la valeur des plaisirs simples et l'évocation de l'âme vont de pair, traditionnellement. Tout en cherchant à comprendre ce que l'âme peut signifier pour nous, nous pourrions garder à l'esprit le principe épicurien : les gratifications cherchées peuvent être d'une grande simplicité et se trouver juste sous notre nez, même quand nous levons les yeux vers les étoiles pour y trouver une révélation ou une perfection extraordinaire.

Ces citations de nos anciens enseignants sont tirées du livre de Michel Foucault, *Le souci de soi* (Tome III de *l'Histoire de la Sexualité*). Or, le vocable *soi* contient un projet de l'ego et l'âme n'a rien à voir avec l'ego. L'âme se rattache étroitement au destin, dont les détours contrarient presque toujours les attentes et les désirs de l'ego. Même la notion jungienne de *soi,* minutieusement définie comme un mélange de compréhension consciente et d'influences inconscientes, reste très personnelle et trop humaine comparativement à l'idée d'âme. En fait, l'âme est le réservoir de l'être, et elle surpasse encore notre capacité d'imaginer et de contrôler. Nous pouvons cultiver les choses de l'âme, les servir, jouir d'elles, participer à leur existence, mais nous n'avons pas la capacité de la déjouer, de la régir ou de la modeler en vertu des desseins d'un ego volontaire.

Le soin de l'âme est source d'inspiration. J'aime à penser que l'on doit au travail assidu et concret des théologiens de l'âme durant la Renaissance italienne l'art extraordinaire de cette période. En pénétrant les mystères de l'âme sans pessimisme ni sentimentalité, nous favorisons l'éclosion de la vie selon ses propres desseins et sa propre beauté imprévisible. Le soin de l'âme ne résout pas le casse-tête de la vie ; à l'opposé, il nous fait apprécier les mystères paradoxaux qui fondent la lumière et l'obscurité pour en faire surgir la grandeur de la vie humaine et de la culture.

Dans les pages qui viennent, nous examinerons les différences essentielles entre le soin et la cure. Nous étudierons plusieurs des problèmes de la vie quotidienne qui nous permettent de ramener l'âme une fois que nous avons cessé de les considérer comme des soucis qui demandent des solutions. Et puis, nous tenterons d'imaginer la vie spirituelle depuis le point de vue de l'âme — une perspective différente qui offre une alternative à l'idéal transcendant habituel de la religion et de la théologie. Finalement, nous verrons comment nous pouvons servir l'âme en cherchant l'art de la vie. La psychologie serait incomplète si elle ne réussissait pas à intégrer la spiritualité et l'art.

En lisant, vous devriez abandonner toute idée de vie réussie et convenable et de perception de soi ; l'âme humaine n'est pas faite pour être comprise. Vous devriez plutôt adopter une attitude plus détendue et songer à la forme qu'a prise votre vie. Certains des points de vue exprimés vous surprendront peut-être, mais la surprise est un autre cadeau de Mercure. La mutation d'un élément familier est parfois plus révélatrice et plus significative que l'acquisition de nouvelles connaissances ou d'un nouvel ensemble de principes. Souvent, quand l'imagination donne une tournure légèrement différente à un lieu commun, l'âme nous apparaît là où elle était jusqu'alors cachée.

Imaginons dorénavant le soin de l'âme comme une application de la poétique de la vie quotidienne. Nous voulons imaginer de nouveau les choses que nous croyons déjà comprendre. Si Mercure est là, avec son esprit et son humour, il y a de fortes chances que l'âme — aussi insaisissable qu'un papillon, disaient les poètes anciens — fasse son apparition et que mon écriture et votre lecture s'en inspirent.

Le soin de l'âme

Je ne suis assuré que d'une chose, c'est de la sainteté des affections du cœur et de la vérité de l'Imagination.

John Keats
Lettre à Bailey du 22 novembre 1817 [1]

1 Traduction d'Albert Laffay in *Poèmes choisis*, Paris, Aubier, 1960.

CHAPITRE PREMIER

Les symptômes : des voix de l'âme

Une fois par semaine, des milliers de personnes se présentent à leur rendez-vous chez le thérapeute. Elles y apportent les problèmes dont elles ont parlé déjà plusieurs fois, qui leur causent une douleur émotionnelle intense et leur font la vie dure. Selon l'approche utilisée, on analysera les problèmes, on les reliera à l'enfance et aux parents, ou on les attribuera à un facteur déterminant comme l'incapacité d'exprimer la colère, l'alcoolisme familial ou la violence subie au cours de l'enfance. Quelle que soit l'approche employée, la thérapie visera à recouvrer la santé ou la joie de vivre par la suppression des problèmes.

L'approche par le soin de l'âme diffère profondément des autres dans sa perception de la vie quotidienne et de la quête du bonheur. Elle ne donne peut-être même pas la priorité aux problèmes. L'un peut prendre soin de son âme en louant ou en achetant un terrain ; un autre, en repeignant sa maison ou sa chambre. Le soin de l'âme est un processus continu qui ne consiste pas tant à

« régler » un problème qu'à porter une égale attention aux détails mineurs du quotidien et aux décisions et aux changements majeurs de la vie.

Le soin de l'âme ne centre même pas toujours son attention sur la personnalité ou les relations interpersonnelles ; il ne constitue pas une approche psychologique au sens habituel du terme. Quand nous sommes sensibles à ce qui nous entoure et que nous prenons conscience de l'importance de la maison, de la routine et peut-être même des vêtements que nous portons, nous avons des égards pour notre âme. Quand Marsile Ficin a écrit son guide, *Théologie platonicienne de l'immortalité des âmes,* il a mis l'accent sur le choix judicieux des couleurs, des épices, des huiles, des lieux de promenade, des pays à visiter — bref, sur les décisions très concrètes de la vie qui, jour après jour, soutiennent ou troublent l'âme. Quand nous faisons de la psyché — si nous y songeons jamais — une cousine du cerveau, nous la considérons comme quelque chose d'essentiellement interne. Les anciens psychologues affirmaient cependant que notre âme individuelle est indissociable de l'âme universelle, et qu'on les retrouve toutes deux dans le tissu de la nature et de la culture.

Ainsi, le premier point à relever quand on songe au soin de l'âme est qu'il ne s'agit pas d'une méthode pour résoudre les problèmes. Le soin de l'âme, en effet, ne cherche pas tant à débarrasser la vie de ses ennuis qu'à lui procurer tous les jours la profondeur et la valeur propres à la plénitude de l'âme. D'une certaine façon, il procède davantage du défi que de la psychothérapie, parce que le soin de l'âme « cultive » une vie intensément riche et significative en soi et hors de soi, en société. C'est aussi un défi parce que chacun de nous doit faire preuve d'imagination. En thérapie, nous déposons d'ordinaire nos problèmes aux pieds d'un professionnel censé avoir reçu la formation pour nous aider à les régler. Avec le soin de l'âme, nous avons nous-mêmes le devoir et le plaisir d'organiser et de structurer notre existence pour le bien de notre âme.

Connaître l'âme

Commençons par examiner l'expression que j'ai utilisée, le « soin de l'âme ». Le mot *soin* contient une idée de réaction — ni héroïque ni physique — aux manifestations de l'âme. Le concept de soin est rattaché au travail de l'infirmière, de la « thérapeute », mot dont l'origine étymologique recoupe le sens premier du grec *therapeia*. Nous verrons que le soin de l'âme opère de multiples façons un retour à la notion primitive de thérapie. On a vu un peu plus haut que le mot latin *cura* contenait plusieurs sens : attention, dévotion, mariage, vêtement, cure, organisation, souci et culte aux dieux. Il serait bon de garder toutes ces significations à l'esprit à mesure que nous passerons de la psychologie traditionnelle au soin de l'âme.

L'âme n'est pas une chose ; c'est une qualité ou une dimension de l'expérience de la vie et du moi. Elle s'adresse à la profondeur, à la valeur, à l'interrelation, au cœur et à l'essence individuelle. Je ne considère pas le mot comme objet de croyance religieuse ou facteur d'immortalité. Quand nous disons de quelqu'un qu'il a l'âme généreuse ou d'une chose qu'elle a de l'âme, nous savons ce que nous voulons dire même si nous avons du mal à préciser le sens de notre propos.

Le soin de l'âme commence par *l'observance* des manifestations et des procédés de l'âme. Nous ne pouvons en effet avoir d'égards pour notre âme si nous ignorons son mode de fonctionnement. Le mot « observance » vient du rituel et de la religion. Il contient l'idée de surveillance, de garde et de culte, comme lorsque nous parlons de l'observance d'une fête. La racine *serv* du mot faisait autrefois référence à la garde des moutons. Quand nous pratiquons l'observance de notre âme, nous gardons l'œil sur ses moutons, sur ce qui s'égare et paît, sur nos plus récentes dépendances, nos rêves saisissants, nos humeurs inquiétantes.

La définition du soin de l'âme reste minimaliste : elle relève du soin ordinaire et non de la cure miraculeuse. Ma définition prudente engage malgré tout notre manière de traiter avec nous-mêmes et avec les autres. Si je considère que ma responsabilité à mon propre endroit, à l'endroit d'un ami ou d'un patient en thérapie consiste à observer et à respecter les manifestations de l'âme, par exemple, je n'essayerai pas au nom de la santé, de les arracher à ce qui les affecte. Les gens pensent souvent qu'ils se sentiront mieux sans ce qui les dérange. « J'ai besoin de me débarrasser de cette propension », dira l'un. « Aidez-moi à me défaire de mon sentiment d'infériorité, de mon tabagisme et de mon mauvais mariage », renchérira l'autre. Si je me conformais à ce que l'on me demande, j'enlèverais aux gens leurs problèmes à longueur de journée. Mais je n'essaie pas d'effacer les problèmes ; je ne me vois pas comme un exterminateur. Je m'efforce plutôt de remettre à la personne ce qui lui est problématique et de le lui présenter sous un jour qui lui en fera découvrir la nécessité et même la valeur.

Quand les gens pratiquent l'observance des manifestations de l'âme, ils s'enrichissent plus qu'ils ne s'appauvrissent. Ils reprennent ce qui leur appartient, les choses si horribles qu'ils avaient jadis trouvé nécessaire d'arracher et de jeter. Quand on considère l'âme avec un esprit ouvert, on commence à percevoir les messages que cache la maladie, les redressements que peuvent opérer le remords et les autres sentiments inconfortables, et les changements exigés par la dépression et par l'anxiété.

Permettez-moi d'illustrer la manière de nous enrichir au lieu de nous déposséder au nom du bien-être émotionnel.

« Mes relations avec les autres sont pénibles, parce que je deviens trop dépendante. Aidez-moi à devenir moins dépendante », demanda une femme de trente ans venue me consulter.

Elle me demandait en fait de lui enlever une partie de la substance de son âme. J'aurais dû aller à mon coffre à outils, y prendre un scalpel, un extracteur et une pompe aspirante.

« Qu'est-ce qui vous est pénible dans la dépendance ? dis-je plutôt, en vertu du principe de l'observance et peu enclin au chapardage.

— Je me sens impuissante. Et puis, il n'est pas bon d'être trop dépendant ; je devrais m'affirmer.

— Comment savez-vous que vous devenez trop dépendante? repris-je, toujours à l'affût de l'expression de la dépendance de l'âme.

— Je ne me sens pas bien dans ma peau.

— Je me demande, poursuivis-je sur la même lancée, s'il vous est possible de trouver une manière de rester dépendante sans vous sentir impuissante. Après tout, nous dépendons tous les uns des autres chaque minute de chaque jour qui passe. »

Nous poursuivîmes notre conversation. Elle admit qu'elle avait toujours cru que l'indépendance était une bonne chose et que la dépendance était mauvaise. Dans le cours de la discussion, il m'apparut qu'elle ne semblait pas goûter beaucoup son indépendance, malgré l'enthousiasme qu'elle affichait. Elle se savait dépendante et voyait la libération à l'opposé. Elle avait également fait sienne l'idée actuelle que l'indépendance est saine, et que nous devrions corriger les voies de l'âme quand elle exprime des désirs de dépendance.

Cette femme me demandait de l'aider à se défaire de l'aspect dépendant de son âme. Mais cela aurait été aller contre son gré. Le fait que sa dépendance manifestait ne signifiait pas pour autant qu'il fallait la matraquer ou procéder à son ablation ; elle se manifestait peut-être parce qu'elle avait besoin d'attention. En prenant fait et cause pour l'indépendance, elle cherchait peut-être à éviter et à réprimer en elle un fort besoin de dépendance. Je tentai de lui expliquer que la dépendance n'a pas la connotation de faiblesse qui semblait la troubler.

« Ne souhaitez-vous pas vous attacher aux gens, apprendre d'eux, vous rapprocher, compter sur l'amitié, chercher les conseils des gens que vous respectez, appartenir à une communauté dont les gens ont besoin les uns des autres, trouver auprès d'un partenaire une intimité si délicieuse que vous ne sauriez vous en priver ?

— Bien sûr, répondit-elle. Est-ce de la dépendance ?

— Ça y ressemble, renchéris-je ; mais comme dans toute autre chose, vous ne pouvez jouir de ses avantages sans en subir les inconvénients : le dénuement, l'infériorité, la soumission, le manque de contrôle qu'elle entraîne. »

J'avais l'impression que cette femme, comme c'est souvent le cas, évitait l'intimité et l'amitié en leur attribuant une image caricaturale de dépendance excessive. Il arrive à certains moments que nous donnions forme à ces caricatures, quand nous pensons être dépendants jusqu'au masochisme alors qu'en fait, nous évitons de nous engager à fond avec les gens, la société et la vie en général.

Quand on prête attention à ce que fait, entend et exprime l'âme, on va « dans le sens du symptôme ». Mais il est bien tentant de compenser, d'aller à l'opposé de ce qui se présente. Ainsi, la personne qui se trouve tout à fait dépendante pense-t-elle que la santé et le bonheur s'acquièrent au prix de l'indépendance. Cette pensée maintient la personne dans sa problématique, mais à l'opposé. Le désir d'indépendance maintient le clivage. Comme en homéopathie, quand on abonde dans le sens de la manifestation au lieu d'agir contre elle, on apprend à trouver la satisfaction dans la dépendance d'une manière qui ne soit pas aussi brutale que lorsqu'on retranche la dépendance de l'indépendance. Il est encore une autre façon de renier l'âme, c'est de refuser la destinée. Un homme complètement anéanti et insatisfait de son travail vint me consulter.

Depuis dix ans, il travaillait dans une manufacture, et tout ce temps-là, il avait préparé son évasion : il allait retourner aux études et exercer une profession à son goût. Son travail souffrait de ce qu'il préparait sa fuite et y pensait constamment. Les années passaient et le trouvaient toujours mécontent, dans le mépris de son travail et l'espoir de la terre promise de ses ambitions.

« Avez-vous jamais pensé, lui demandai-je un jour, être qui vous êtes, vous engager vraiment dans ce travail auquel vous accordez tant de temps et d'énergie ?

— Ça n'en vaut pas la peine, dit-il. Pas assez valorisant pour moi. Un robot pourrait faire mieux.

— Mais vous le faites chaque jour, fis-je observer. Et vous le faites mal, et vous vous sentez mal dans votre peau parce que vous le faites mal.

— Vous dites, lança-t-il, incrédule, que je devrais faire mon travail comme si je l'aimais ?

— Vous le *faites,* n'est-ce pas ? »

Il revint me voir une semaine plus tard pour me dire que quelque chose avait changé en lui alors qu'il essayait de prendre ce « stupide » boulot plus à cœur. On aurait dit qu'en allant dans le sens de son destin et de ses émotions, il pourrait commencer à jouir de sa vie et trouver *dans* son expérience la voie de son ambition. Ses fantasmes de travail avaient gambadé partout sauf à l'usine. Il avait vécu une vie aliénée et divisée.

L'observance de l'âme peut donner l'illusion de la simplicité : vous reprenez ce que vous avez renié. Vous travaillez plus dans le sens des manifestations qu'avec le désir éprouvé. Dans son poème « Notes pour une fiction suprême », Wallace Stevens écrit : « Peut-être la vérité se trouve-t-elle dans une simple promenade au bord d'un lac. » La thérapie met parfois tellement l'accent sur le changement que les gens en négligent leur propre nature et se laissent tenter par les images d'une santé et d'une normalité idéales qui peuvent rester toujours hors de leur portée. « Trouver son sillon dans l'existence est plus difficile encore que de trouver la voie de l'au-delà », ajoute encore Stevens dans sa « Réplique à Papini », en des termes que James Hillman a pris pour devise dans l'exercice de sa pratique en psychologie.

C'est l'âme, disaient souvent les philosophes de la Renaissance, qui fait de nous des êtres humains. Nous pouvons tourner cette idée et renchérir : c'est quand nous sommes le plus humains que nous avons le mieux accès à l'âme. Et pourtant la psychologie moderne — peut-être à cause de ses liens avec la médecine — se présente souvent comme la planche de salut au regard de désastres qui rendent justement humaine la vie humaine. Nous voulons éviter les humeurs et les émotions négatives, les mauvais choix et les habitudes malsaines. Mais si nous cherchons d'abord à observer les manifestations de notre âme comme elles nous viennent, nous devrons peut-être renoncer à nos désirs salvateurs et respecter ce qui se présente. En nous efforçant d'échapper aux erreurs et aux échecs humains, nous nous empêchons d'atteindre notre âme.

Il est parfois difficile d'avoir des égards pour les manifestations spectaculaires de l'âme. Une jeune femme me fit un jour part de ses plaintes à l'égard de la nourriture. Elle était gênée de parler du symptôme qui occupait le centre de son existence depuis trois ans. Elle ne mangeait presque rien pendant quelques jours, et puis elle s'empiffrait et se faisait vomir. Elle n'avait aucun contrôle sur ce cycle qui semblait ne jamais vouloir prendre fin.

Comment respecter les rites douloureux — voire dangereux — de l'âme? Devons-nous chercher une signification à ces épouvantables symptômes et à ces désespérantes compulsions? Est-il nécessaire de subir ces états extrêmes qui échappent à tout contrôle rationnel? Quand j'entends une histoire comme celle-là, quand je constate une pareille détresse, je dois sonder ma propre capacité d'observance. Est-ce que j'éprouve de la répulsion? Est-ce que je sens naître en moi l'âme d'un sauveur prêt à tout pour mettre fin aux tourments de cette femme? Ou bien puis-je arriver à reconnaître en ces symptômes extraordinaires des mythes, des rites et une poésie de l'existence?

Tout soin, qu'il soit physique ou psychologique, cherche à soulager la souffrance. L'observance demande d'abord d'écouter et de regarder attentivement ce qui cherche à se révéler dans les symptômes de la souffrance. L'intention de guérir peut entraver la vue. En faisant moins, on peut accomplir davantage. L'observance est paradoxalement plus homéopathique qu'allopathique, en ce qu'elle traite le problème en ami plutôt qu'en ennemi. L'esprit taoïste du *Tao Te King* (LXIV) traite de cette manière de soigner sans mélodrame.

> Il se détourne des excès communs à tous les hommes.
> Il facilite l'évolution naturelle de tous les êtres
> sans oser agir sur eux [1].

Il n'est pas facile d'examiner attentivement, de prendre son temps et de faire les petits pas qui permettent à l'âme de se révéler encore davantage. Pour mettre l'intelligence et l'imagination au travail, il faut compter sur la moindre parcelle de connaissance, sur tout fragment de sens, sur la lecture. Cette action dans l'inaction doit pourtant rester simple, flexible et attentive. L'intelligence et l'instruction nous portent jusqu'à cette limite, à ce point spécifique où l'esprit et ses usages sont sans recours. Nombre de rites religieux commencent par l'ablution des mains ou par l'aspersion pour symboliser la purification des intentions et l'érosion des pensées et des intentions. En travaillant notre âme, nous pourrions utiliser des

---

1 Lao Tseu, *Tao-Tö King,* Paris, Gallimard, collection Connaissance de l'Orient, 1967, p. 102. Traduction de Liou-Kia-Hway.

rites similaires, qui laveraient notre esprit de son héroïsme bien intentionné.

Par l'image de la nourriture, l'âme de la jeune femme représentait son mythe. Pendant plusieurs semaines, au présent et au passé, nous avons parlé de la place de la nourriture dans sa vie. Elle a relaté son inconfort en présence de ses parents. Elle avait voulu courir le monde. Elle détestait l'idée d'habiter chez ses parents, même si pour des raisons d'ordre économique, elle était forcée de le faire. Elle se souvenait aussi du seul geste indécent et furtif que l'un de ses frères avait commis à son endroit. On n'avait pas abusé d'elle, mais elle se montrait d'une sensibilité extrême quand il était question de son corps. Nos conversations ont glissé sur les sentiments contradictoires qu'elle éprouvait au regard de sa féminité.

Et puis un jour, elle m'a raconté un rêve qui, je le crus, captait l'essence du mystère au cœur de son problème. Dehors, un groupe de femmes âgées avait préparé un festin. Elles faisaient cuire une grande variété d'aliments dans de grosses marmites accrochées au-dessus du feu. La rêveuse était invitée à mettre la main à la pâte et à devenir l'une d'entre elles. Elle a commencé par se hérisser à l'idée : elle ne voulait pas qu'on la prenne pour l'une de ces vieilles femmes grisonnantes vêtues de robes paysannes, mais elle a fini par se joindre à elles.

Le rêve la laissait voir sous le jour qu'elle craignait le plus : celui de sa féminité primordiale. Même si elle trouvait plaisir à sa longue chevelure blonde et à la compagnie de ses amies, elle détestait profondément ses menstruations et l'idée de porter un jour un enfant. Le rêve, que je trouvais prometteur, avait pris la forme d'une initiation primitive à un mystère étroitement lié à ses symptômes. On aurait dit qu'il lui présentait aussi une solution : elle devait apprendre à connaître les racines anciennes et profondes de la féminité et trouver comment s'en nourrir.

Le rêve restait un rituel efficace, même si celui-ci avait lieu pendant le sommeil. Nous n'avions pas à interpréter les différentes figures, mais à apprécier le sens et l'importance des rites. Pourquoi cette femme éprouvait-elle une angoisse si prenante devant un groupe de vieilles femmes penchées sur des marmites de ragoût ? En abordant ses peurs devant les femmes et leurs actions, certains des thèmes de la rêveuse s'éclairèrent ; des pensées troublantes à propos de son corps et de certaines des femmes de sa famille, avec qui elle souhaitait ne rien avoir à faire. Elle a parlé de l'affection que son père éprouvait pour elle et de ses propres sentiments mixtes à son endroit. Le rêve ne prenait pas tant un *sens* capable d'expliquer ses symptômes, qu'il n'engendrait des pensées et des souvenirs fortement sentis, tous liés au problème de la nourriture. Le rêve nous a permis de ressentir son drame avec plus d'acuité et de l'imaginer avec plus de précision.

Sentir et imaginer, direz-vous, ce n'est pas beaucoup. Mais dans le soin de l'âme, il faut croire qu'il est des remèdes naturels et que l'on peut faire beaucoup à ne rien faire. La supposition suit l'imagination. Quand nous pouvons voir notre histoire à mesure que nous reprenons nos humeurs et nos comportements compulsifs, nous pouvons trouver comment y faire face plus librement et avec moins de détresse.

On peut appliquer au soin de l'âme ce que disait de la guérison Paracelse, le célèbre médecin du XVe siècle : « Le médecin n'est que le serviteur de la nature ; il ne la domine pas. Il appartient donc à la médecine de se conformer à la volonté de la nature. » Quand on prend soin de son âme, on peut croire qu'un symptôme aussi troublant que la boulimie manifeste sa propre volonté et que la « cure » demande que l'on se plie à ce désir.

L'observance possède un pouvoir considérable. Quand on pense à Noël, par exemple, on s'aperçoit que cette période nous affecte précisément à cause de l'observance. L'humeur et l'esprit de la période touchent notre cœur ; avec le temps, l'observance de la fête peut arriver à nous affecter profondément. Si vous portez le cercueil lors de funérailles, si vous aspergez la bière d'eau bénite ou la saupoudrez de poussière, votre observance vous fait pénétrer au cœur de l'expérience de l'enterrement et de la mort. Vous vous souviendrez sans doute vivement de ce moment pendant des années. Vous pourrez en rêver durant tout le reste de votre vie. Des gestes tout simples, effectués à la surface de la vie, peuvent prendre une importance capitale pour l'âme.

La thérapie interventionniste moderne s'efforce parfois de régler des problèmes spécifiques et peut même réussir à court terme. Le soin de l'âme pourtant ne connaît pas de fin. Les alchimistes du Moyen Âge semblent l'avoir admis, puisqu'ils enseignaient à leurs étudiants que toute fin est un commencement. Le travail de l'âme prend la forme d'un cercle, d'une *rotatio*. « N'êtes-vous pas lassé d'entendre toujours les mêmes ritournelles ? » me demande-t-on parfois en thérapie. Je réponds toujours : « Non, les vieilles choses font mon affaire. » Je garde à l'esprit le principe de la *circulatio* alchimique. Comme le révèle le tissu onirique, la vie de l'âme est un va-et-vient continuel sur les expériences de la vie.

En esprit, nous ne nous lassons jamais de songer aux mêmes événements. Enfant, j'ai passé plusieurs étés à la ferme de mon oncle qui me racontait immanquablement des histoires. C'était, je le comprends maintenant, sa manière à lui de travailler le matériau brut de sa vie, sa façon de reprendre sans fin — dans la *rotatio* des récits — son expérience. De ces histoires incessantes, il a tiré, je le sais, des significations profondes. Les histoires nous aident à voir les thèmes qui entourent notre existence, qui racontent les mythes que nous vivons. La thérapie n'aurait besoin que d'un léger déplacement pour mettre l'accent sur la narration elle-même plutôt que sur son interprétation.

Aimer l'âme

J'ai appris auprès de James Hillman, le fondateur de la psychologie archétypale, l'une des choses les plus cruciales de ma pratique : nourrir ma curiosité à l'égard des manifestations de la psyché. Il prétend qu'un psychologue doit être un « naturaliste de la psyché ». Le professionnel doit toujours se trouver « sur le terrain » comme le fait sans répit Hillman lui-même. D'une certaine manière, comme le botaniste, le psychologue s'intéresse à la nature, à la nature humaine. Si ce postulat prévaut pour la psychologie professionnelle, il vaut aussi pour ce qui a trait au soin de l'âme que chacun peut cultiver. Ce genre d'attention commence par une curiosité insatiable pour les manifestations de la psyché, autant chez les autres qu'en soi.

L'Interprétation des rêves de Freud témoigne de ce genre d'application. Freud analyse ses propres rêves pour en arriver à élaborer sa théorie. Il écrit comme s'il s'intéressait vivement aux manifestations de sa propre âme. Il raconte des histoires et des rêves à la manière de mon oncle qui les résumait pour s'en faire une théorie de l'existence. Nous pouvons devenir les Freud de nos propres expériences. Quand nous nous intéressons à notre âme, nous l'aimons d'une certaine manière. Comme l'ont affirmé les psychologies anciennes et comme le soutiennent les psychologies des profondeurs actuelles, le remède ultime vient de l'amour, pas de la logique. La compréhension ne nous entraîne pas bien loin sur la voie du travail de l'âme, mais l'amour, exprimé avec une attention patiente et minutieuse, arrache l'âme à sa dispersion dans les problèmes et les obsessions. On a souvent remarqué que la plupart des problèmes soulevés en thérapie — sinon tous — concernent l'amour. Il serait donc normal que leur remède soit aussi l'amour.

Quand on porte intérêt à son âme, on se ménage forcément un espace de réflexion et d'appréciation. On nous confond d'ordinaire tellement avec les mouvements de notre psyché que nous n'arrivons pas à prendre du recul pour les examiner attentivement. La distance, si courte soit-elle, nous permet de voir agir la dynamique des différents éléments qui font la vie de l'âme. Quand nous nous intéressons à ces phénomènes, nous commençons à constater notre propre complexité. Si nous connaissions mieux notre âme, nous serions peut-être prêts à faire face aux conflits de l'existence. Quand quelqu'un me parle avec angoisse des nœuds de sa vie, j'ai souvent l'impression que la situation impossible et douloureuse dans laquelle il se trouve et qui demande l'intervention d'un professionnel n'est en fait qu'une autre des manifestations de la complexité de la vie humaine. Chaque jour, la plupart d'entre nous s'attendent — un peu naïvement — que leur vie et leurs relations soient simples. L'amour de l'âme demande que l'on reconnaisse sa complexité.

L'intérêt pour l'âme veut que l'on s'abstienne de prendre parti dans un conflit profond. Nous devrons peut-être ouvrir notre cœur assez grand pour englober la contradiction et le paradoxe.

Un quinquagénaire vint un jour me voir et m'avoua avec un embarras considérable qu'il était amoureux.

« Je me sens stupide, balbutia-t-il. Comme un adolescent. »

On me dit souvent que l'amour réveille l'adolescent en soi. Si vous êtes familiarisé avec l'histoire de l'art et de la littérature, vous savez que, depuis les Grecs, l'amour a pris les traits d'un adolescent indomptable.

« Oh ! Avez-vous une dent contre cet adolescent ? »

— Vais-je finir par grandir ? demanda-t-il, frustré.

— Peut-être que non, répondis-je. Peut-être que certaines choses en vous ne grandiront jamais ; peut-être que certaines choses en vous ne devraient jamais grandir. Mais cet influx d'adolescence ne vous donne-t-il pas le sentiment d'être jeune, débordant d'énergie et de vitalité ?

— Oui, admit-il, mais aussi idiot, sans maturité, confus et

fou.

— C'est ça l'adolescence, repris-je. J'ai l'impression que le Vieil Homme en vous réprimande le Jeune. Pourquoi feriez-vous de l'adulte la valeur de référence suprême ? Ou, devrais-je plutôt demander, qui, en vous, s'acharne à affirmer que la maturité est si importante ? C'est le Vieil Homme, n'est-ce pas ? »

Je voulais m'adresser à lui au nom de la figure jugée et attaquée. L'homme devait faire suffisamment de place en lui pour que le Vieil Homme et le Jeune puissent y cohabiter, échanger et, avec le temps, arriver à une certaine forme de réconciliation. La résolution de ce genre de conflits demande toute la vie. En fait, le conflit lui-même est créateur et ne devrait peut-être jamais trouver sa solution. En donnant la parole à chacune des figures, nous laissons l'âme s'exprimer et se montrer telle qu'elle est et non comme nous souhaiterions qu'elle soit. En me portant à la défense de l'adolescent, en prenant soin de ne pas m'aliéner la figure de la maturité, je montrais mon intérêt pour son âme ; l'homme trouvait ainsi la possibilité de museler le conflit archétypal qui opposait la jeunesse et la vieillesse, la maturité et le manque de maturité. Ce type de débat permet à l'âme de devenir plus complexe et plus vaste.

Un certain goût pour la perversion

Quand on prend soin de son âme, on peut la « déjouer » en ouvrant son esprit et en portant une attention particulière aux rejets individuels, et en favorisant l'élément rejeté. Aux yeux de l'homme dont il est question, le sentiment d'être un adolescent faisait problème. J'ai tenté d'évaluer le « problème » sans partager son dédain. Nous avons tous tendance à séparer l'expérience en deux parties, une bonne et une mauvaise. Mais nous devrions nous méfier de cette division. Nous n'avons peut-être jamais porté attention à la valeur de ce que nous rejetons. En niant certaines expériences, nous nous protégeons peut-être aussi de peurs inconnues. Nous sommes tous faits de partis pris et d'idées qui nous ont été inculquées sans que nous en soyons conscients. En opérant cette division, nous pouvons perdre une partie de notre âme ; le soin de l'âme peut nous permettre d'avancer en recouvrant une partie de ce qui a été retranché.

Je parle ici de la théorie de l'ombre de Jung. Pour lui, il est deux types d'ombre : le premier vient des possibilités existentielles que nous rejetons à cause des choix que nous avons faits. La personne que nous choisissons d'être, par exemple, crée automatiquement un double sombre — celui de la personne que nous choisissons de ne pas être. L'ombre compensatoire change d'un individu à l'autre. Pour certaines gens, le sexe et l'argent appartiennent au monde des ombres, tandis que pour les autres, ils font partie de la vie. Pour d'autres gens encore, la pureté morale et la responsabilité se cachent dans l'ombre. Jung était aussi persuadé qu'il existe une ombre absolue, sans rapport avec nos choix existentiels et nos habitudes. En d'autres termes, il y a du malin dans le monde et dans le cœur des hommes. Quand nous ne l'admettons pas, nous adoptons une attitude naïve qui peut nous causer des ennuis. Jung croyait que l'âme peut bénéficier de la bonne entente avec les deux sortes d'ombres, quitte à en perdre un peu de son innocence.

J'ai l'impression qu'en ouvrant notre esprit pour connaître notre âme et savoir qui nous sommes, nous y trouvons toujours un défi profond. Mon quinquagénaire devait réévaluer ses sentiments de folie adolescente. Ma jeune boulimique devait faire face à sa relation complexe avec son père et à ses sentiments à l'égard de son frère. Jusqu'à un certain point, le soin de l'âme nous demande d'ouvrir nos cœurs plus grand que jamais, atténuant les jugements et le moralisme caractéristiques de nos attitudes et de notre comportement depuis des années. Le moralisme est l'un des boucliers les plus efficaces contre l'âme; il nous protège de sa complexité. Rien n'est plus révélateur — et rien n'est peut-être plus apaisant — que de reconsidérer nos attitudes moralisatrices et de trouver l'âme qu'elles cachaient. Les gens craignent de perdre leur sensibilité éthique en réfléchissant à leurs principes moraux ; c'est une approche plutôt défensive de la morale. En faisant face à la complexité de notre âme, nous pouvons ajouter une dimension à notre morale, lui faire perdre sa simplicité, et devenir à la fois plus exigeants et plus tolérants.

J'irais encore plus loin : en apprenant à connaître notre âme, en considérant sans crainte ses bizarreries et ses diverses manifestations chez les autres, nous pouvons développer un certain goût pour la perversion. Nous pouvons en arriver à apprécier ses excentricités et ses déviances. En fait, nous pouvons même nous apercevoir que l'individualité naît plus de l'excentricité et des tendances insoupçonnées de l'ombre de l'âme que de la normalité et de la conformité. Quand je parle de l'ombre à des étudiants en thérapie, je leur demande parfois : « Jusqu'où allez-vous dans la perversité? Jusqu'où allez-vous avant de rencontrer votre peur et votre dégoût de vous-mêmes? » Certains disent que l'abus sexuel marque la limite; je me demande alors comment ils peuvent travailler avec des patients violents ou maltraités. D'autres disent qu'ils s'arrêtent à la violence. D'autres encore trouvent pervers les fantasmes sexuels. Nous devons nous poser les mêmes questions. Jusqu'où vais-je quand je sonde mon propre cœur? Où est la limite?

Le soin de l'âme s'intéresse au pas-si-normal, aux manifestations de l'âme les plus vivement ressenties dans l'expression inhabituelle — et peut-être surtout problématique — de la vie. Je me souviens d'avoir un jour reçu, tard en soirée, la visite d'une femme dans la cinquantaine avancée. Son mari venait de la quitter après vingt-cinq ans de vie commune. Elle ne pensait pas pouvoir continuer. Personne dans sa famille, répétait-elle sans cesse, n'avait jamais divorcé. Pourquoi est-ce que ça lui arrivait à elle? Je remarquai que, de toutes les pensées pénibles qui auraient pu occuper son esprit en cette période difficile, la pire restait qu'elle n'était plus comme les autres membres de sa famille. Quelque chose devait sérieusement clocher en elle, pensait-elle. Dans cette épreuve, son individualité s'affichait de façon ténébreuse. J'imaginai que c'était en fait le « but » de son malheur : avec acuité, elle devait prendre conscience de son unicité.

Il n'est pas fortuit que l'histoire de l'art soit remplie d'images grotesques — crucifixions sanglantes et tortueuses, corps gracieusement déformés, paysages surréalistes. La vérité se révèle parfois dans les écarts par rapport à la norme. En alchimie, on parlait d'*opus contra naturam,* d'effet contraire à la nature. Nous pouvons trouver le même genre d'expression artificielle dans nos propres existences. Quand la normalité se rompt ou éclate pour devenir folie ou ombre, nous devrions chercher attentivement le sens potentiel de la situation avant de courir nous mettre à l'abri ou chercher à restaurer l'ordre habituel. Si nous décidons de nous montrer curieux de l'âme, nous devrons peut-être explorer ses déviances, sa tendance perverse à contredire les attentes. En corollaire, nous devrions nous inquiéter de toute normalité. La façade de normalité pourrait bien cacher une profusion de déviances ; on reconnaît d'ailleurs facilement le manque d'âme à sa conformité à la norme.

Le soin et le remède

L'une des différences majeures entre le soin et le remède est que ce dernier marque la fin du problème : si vous êtes guéri, vous n'avez plus besoin de vous soucier de ce qui vous troublait. Le soin contient, quant à lui, un sens d'attention continue ; il ne connaît pas de fin. Les conflits peuvent fort bien ne jamais trouver de solution complète. Votre personnalité ne changera jamais radicalement, même si elle peut connaître des transformations intéressantes. La conscience que l'on a des problèmes peut changer, bien sûr, mais les problèmes peuvent persister et ne jamais disparaître.

En psychologie, notre travail changerait de façon remarquable, si nous le percevions comme un soin continu au lieu de le considérer comme la quête d'une cure. Nous pourrions prendre le temps d'examiner et d'écouter à mesure que se révèlent les mystères cachés de l'agitation quotidienne. Les problèmes et les obstacles nous donnent la possibilité de réfléchir à ce qui serait autrement écarté par la routine échevelée de l'existence. Quand nous nous arrêtons pour penser à ce qui nous arrive et à ce qui fait de nous ce que nous sommes, l'âme fermente, comme diraient les alchimistes. Des changements se produisent, mais pas selon les prévisions ni à la suite d'une intervention volontaire. Quand nous portons égard à notre âme avec une imagination résolue et éclairée, les changements se produisent à notre insu jusqu'à ce qu'ils aient pris fin et qu'ils se soient bien installés. Le soin de l'âme respecte le paradoxe suivant : la quête d'un changement brusque et volontaire peut faire obstacle à une transformation substantielle.

Enracinée dans une terre différente, la psychologie ancienne voulait que le destin et la personnalité de chacun procèdent du mystère, que l'individualité soit si profonde et si bien cachée qu'une vie entière ne suffise pas à la faire émerger. Les médecins de la Renaissance disaient que l'essence individuelle naît à la manière d'une étoile dans le ciel. Quelle différence avec la psychologie moderne qui allègue que chacun est comme il se fait !

En cherchant l'enseignement des anciennes psychologies, le soin de l'âme dépasse la mythologie du moi et retrouve le sens du sacré dans chaque existence individuelle. Le sacré n'est pas qu'un attribut : pour le sacré, toute vie est importante. C'est le mystère insondable qui prévaut à l'origine et au cœur de tout individu. Les manipulations thérapeutiques superficielles qui visent à restaurer la normalité ou à forcer l'existence à se conformer à des standards réduisent ce profond mystère aux pâles dimensions d'un dénominateur social commun appelé « personnalité ajustée ». Le soin de l'âme conçoit une réalité tout autre. Il respecte le mystère de la souffrance humaine et ne donne pas prise au mirage d'une existence sans problèmes. Il perçoit toute chute dans l'ignorance et la confusion comme autant de chances de découvrir que la bête au centre du labyrinthe est aussi un ange. La folie et le désarroi, tout autant que le rationnel et le normal, font l'unicité de toute personne. Nous nous rapprochons de la réalisation de notre nature mystérieuse et céleste quand nous abordons le point de tension et de rencontre paradoxal entre l'adaptation et l'anormalité.

De toute évidence, le soin de l'âme exige un vocabulaire différent de celui de la thérapie et de la psychologie scolaire. Comme l'alchimie, le soin de l'âme est un art ; on ne peut l'exprimer qu'avec des images poétiques. La mythologie, l'art, les religions du monde et les rêves nous fournissent l'imagerie dont procèdent et où sont contenus à la fois les mystères de l'âme. Nous pouvons aussi nous tourner vers l'enseignement des différents experts, spécialement vers celui des chercheurs de l'âme poètes comme les mythographes et les tragédiens de l'Antiquité, les docteurs de la Renaissance, les poètes romantiques, et les psychologues des profondeurs modernes, qui respectent les mystères de la vie humaine et résistent à la sécularisation de l'expérience. Il faut un esprit ouvert pour savoir qu'au cœur de chaque être humain se cachent un bout de ciel et une grosse parcelle de terre et que, si nous avons l'intention de prendre soin de ce cœur, il nous faudra apprendre à connaître le ciel et la terre du comportement humain. « Si le médecin connaît exactement les choses, s'il sait voir et reconnaître toutes les maladies dans le macrocosme qui entoure l'Homme, s'il a une bonne idée de l'Homme et de sa nature, alors et alors seulement, il est véritablement un médecin. Il peut alors approcher l'intérieur de l'Homme ; examiner ses urines, prendre son pouls, et comprendre à quoi se rattache chacune des choses. Ce ne serait pas possible sans la connaissance intime de l'Homme extérieur, qui n'est rien d'autre que le ciel et la terre. »

Les Grecs racontaient l'histoire du Minotaure, l'homme à la tête de taureau, mangeur de chair humaine qui vivait au centre du labyrinthe. C'était une bête menaçante ; et pourtant, il portait le nom d'Astérion — Étoile. Assis en compagnie de quelqu'un qui pleure, qui cherche comment faire face à un décès, à un divorce ou à la dépression, je pense souvent à ce paradoxe. C'est bien une bête, cette chose qui s'agite au cœur de son être, mais c'est aussi l'étoile de sa nature la plus secrète. C'est avec le plus grand respect que nous devons porter attention à cette souffrance, pour que, dans notre peur et notre colère à l'endroit de la bête, nous ne laissions pas filer l'étoile.

LE SOIN DE L'ÂME AU QUOTIDIEN

Nature ni Dieu — n'ai connus
Mais Eux si bien m'ont reconnue
Qu'ils ont eu peur — Exécuteurs
de Mon identité..

Emily Dickinson [1]

---

1 Traduction de Charlotte Melançon, Poème 835 in *The Poems of Emily Dickinson*, Cambridge, Mass., Belknap Press of Harvard University, 1955.

CHAPITRE 2

Le mythe de la famille et de l'enfance

« L'éternité aime les productions temporelles », dit William Blake. L'âme fleurit dans un environnement concret, particulier, domestique. Elle se nourrit du quotidien, de ses détails, de sa diversité, de ses excentricités et de ses petites manies. Rien ne convient donc mieux au soin de l'âme que la famille, parce que l'expérience familiale foisonne des détails de la vie. En famille, nous vivons près de gens à qui nous ne voudrions peut-être même pas parler. Avec le temps, nous apprenons à les connaître intimement. Nous apprenons leurs moindres habitudes et leurs traits les plus privés. Pleine d'individualités, la vie familiale traverse une multitude de crises, tant majeures que mineures : les hauts et les bas de la santé, le succès et l'échec professionnels, le mariage, le divorce. Elle lie des endroits, des événements, des histoires. Riche de tous ces détails, la vie se grave dans la mémoire et dans la personnalité.

Quand la société va mal, nous examinons tout de suite l'état de la vie familiale. « Si seulement, nous écrions-nous quand la délinquance déchire notre société, nous pouvions revenir au bon vieux temps où la famille était sacrée ! » Mais faisait-il si bon vivre au bon vieux temps ? Les familles ne connaissaient-elles pas la violence ? Nombre de personnes qui viennent aujourd'hui me consulter ont été élevées dans l'âge d'or supposé de la famille ; or, elles me racontent pourtant des histoires d'abus, de négligence, d'exigences et de pressions morales terrifiantes. Quand on l'examine froidement, la famille, peu importe son époque, était à la fois bonne et mauvaise, dispensant à la fois le soutien et la menace à ses membres. Quand il est question de rendre visite à des membres de leur famille ou de passer du temps avec eux, les adultes se montrent ambivalents parce qu'ils veulent bien toucher les récompenses émotionnelles rattachées au sens de l'appartenance, mais ils ne tiennent pas à évoquer les souvenirs douloureux et les relations difficiles.

De nos jours, les professionnels se préoccupent de la « famille dysfonctionnelle ». Jusqu'à un certain point, toutes les familles sont pourtant dysfonctionnelles. Aucune n'est parfaite, et presque toutes éprouvent de graves difficultés. La famille est un microcosme, un reflet de la nature du monde, qui perpétue et la vertu et le mal. À certains moments, nous pouvons la croire innocente et bien intentionnée, mais la famille réelle résiste mal au romantisme. Elle contient d'ordinaire l'ensemble du potentiel humain, y compris le mal, la haine, la violence, la confusion sexuelle et la folie. En d'autres termes, la vie familiale réelle révèle la complexité et l'imprévisibilité de l'âme ; toute tentative pour recouvrir son image d'un voile de sentimentalité simpliste est vouée à l'échec.

Quand, dans le mot « dysfonctionnel », je m'arrête à la

syllabe « dys », je pense à « Dis [1] », le vieux nom attribué au monde souterrain de la mythologie. L'âme naît par le dessous, par les fissures, les endroits où s'est rompu l'équilibre. En thérapie, nous alléguons que les **Dis**-fonctions familiales sont à l'origine des problèmes à régler ou leur attribuons nos problèmes, parce que nous savons intuitivement que la famille est l'un des chefs-lieux de l'âme. En psychologie, il est beaucoup question de la famille ; la « thérapie familiale » est même devenue l'une des plus importantes formes de consultation. En « allant à la racine » de nos problèmes dans un cadre familial, nous espérons comprendre ce qui se passe et tirer une cure de cet éclairage. Le soin de l'âme ne demande pourtant pas de guérir la famille, de s'en libérer ou d'interpréter sa pathologie. Nous n'avons au fond besoin que de recouvrer l'âme en faisant surgir à la réflexion les événements suscités par l'âme et qui ont pris place dans le creuset familial.

La *Bible* dit qu'Adam a été formé avec la boue terrestre. Sa parenté — sa « famille » — était terreuse, humide, sale et même visqueuse. Depuis l'origine, depuis Adam, nous n'avons pas été modelés de lumière ou de feu ; nous sommes les enfants de la boue. Les érudits prétendent d'ailleurs qu'Adam veut dire « terre rouge ». Nos propres familles redécouvrent l'origine mythique de l'humanité en restant proches de la Terre ; banals carrés de mauvaises herbes, profondément enracinées dans les petites manies humaines. En étudiant les mythologies universelles, nous trouvons toujours des personnages mauvais et une quelconque vie souterraine ; il en va de même pour la famille. Peu importent nos désirs, elle a toujours son ombre. **Dis** vient toujours souiller son fonctionnement. Si nous ne saisissons pas ce mystère, la plénitude de l'âme que la famille peut

---

1 Dis Pater, « le Père » des richesses, dieu romain du monde souterrain, très tôt confondu avec Pluton (Hadès), in Pierre Grimal, *Dictionnaire de la mythologie grecque et romaine* (1951), Paris, PUF, 1982, p. 128.

nous offrir s'échappera dans l'idée saine de ce que *devrait être* la famille. L'image sentimentale de la famille telle que nous la représentons en public nous prémunit contre la douleur de la laisser voir comme elle est : le domaine parfois réconfortant et parfois dévastateur de la vie et des souvenirs.

À certains égards, il importe donc peu que la famille ait été heureuse, source de réconfort et de soutien ou bien lieu de mauvais traitements et de négligence. Je ne prétends pas que ces drames n'ont pas de sens, qu'ils ne sont pas douloureux ou qu'ils ne laissent pas de cicatrices horrifiantes. En profondeur cependant, la famille reste vraiment la famille dans toute sa complexité, y compris dans ses échecs et ses faiblesses. Dans ma propre famille, l'oncle dont j'admirais le plus la sagesse et la morale était aussi celui qui buvait à l'excès et qui scandalisait tous les autres en refusant d'aller à l'église. Dans le cours de ma pratique, j'ai travaillé avec des hommes et des femmes dont les familles étaient intolérablement violentes et abusives ; pourtant, toute cette souffrance s'est révélée salvatrice, en ce qu'elle a pu devenir source de sagesse et de transformation. Quand nous abordons la famille du point de vue de l'âme, quand nous admettons ses ombres et ses manquements à combler nos attentes, nous appréhendons les mystères qui résistent à notre moralisme et à notre sentimentalité. Nous revenons à la Terre, au lieu où les principes cèdent le pas à la vie dans toute sa beauté et dans toute son horreur.

Selon le contexte, la *famille* prend plusieurs significations. Le sociologue la considère comme un groupe ou une construction sociale. Le psychologue en fait la source de la personnalité. Le politicien en parle comme d'un idéal ; il utilise l'idée qu'il se fait d'elle pour présenter son programme et ses valeurs. Mais, par ailleurs, nous connaissons tous la famille dans ses détails. Elle est le nid où l'âme éclôt, où elle se nourrit et dont elle s'émancipe. Elle possède une histoire complexe, une ascendance et un réseau de personnalités imprévisibles : des grands-parents, des oncles, des tantes, des cousins. Son histoire parle de bonheurs et de tragédies. Elle a ses moments de fierté et son linge sale. Elle a ses valeurs déclarées et son image soigneusement élaborée, ses fautes secrètes et ses folies.

Il est remarquable que la famille ait si souvent deux visages : la façade de bonheur et de normalité, et la réalité cachée de folie et d'abus. Avec les années, j'ai entendu parler de bon nombre de familles parfaites en apparence : camping familial, repas du dimanche, voyages, cadeaux, jeu. Mais derrière, il y avait aussi le père absent, l'alcool caché, l'abus d'une sœur, la violence nocturne. La télévision nous présente ces travers quand les bulletins de nouvelles rapportent la sauvagerie familiale, tout de suite après nous avoir montré des comédies de situation aux familles adorables et prospères. Certaines personnes croient ces images de la normalité et taisent la corruption de *leur* famille en souhaitant avoir vu le jour ailleurs, dans un univers de félicité. L'âme commence sa guérison quand nous prenons à cœur le destin de notre famille et que nous y puisons le matériau brut — la *prima materia* alchimique — pour travailler notre âme.

Dans ce but, la « thérapie familiale » peut tout bonnement se limiter à rapporter des épisodes de la vie familiale, sans en rechercher les causes, les effets ou l'influence sociologique. Ces récits donnent lieu à une impressionnante mythologie personnelle. La famille est en effet à l'individu ce que les origines de la vie humaine sont à la race. Son histoire fabrique les images qui habiteront l'individu toute sa vie adulte. Les aventures familiales, bonnes et mauvaises, sont pour l'individu ce que sont, pour la société, les mythologies grecque, chrétienne, juive, islamique, indienne et africaine : des mythologies formatrices. Quand nous parlons de la famille, nous parlons des thèmes et des personnages qui ont été inextricablement tissés sur le même ouvrage pour former notre identité. Il nous faut davantage considérer la thérapie familiale comme un processus d'exploration de la vie que comme une manière de la rendre simple et intelligible. Le soin de l'âme ne cherche pas la compréhension, la démystification, l'amélioration ; le soin de l'âme ressuscite les images de la vie familiale pour en enrichir l'identité.

Pour prendre soin de l'âme familiale, il est nécessaire de délaisser la pensée causale pour apprécier l'histoire et les personnages, pour permettre aux grands-parents et aux oncles de se transformer en figures mythiques, et pour voir certains épisodes familiers devenir, dans la répétition, les critères de l'âme. L'éducation et les médias agissent tellement sur nous que nous sommes devenus, à notre insu, les anthropologues et les sociologues de nos familles. Il arrive souvent que je pose des questions sur la famille d'un patient; les réponses que j'obtiens relèvent de la psychologie sociale. « Mon père buvait; comme fils d'alcoolique, j'ai tendance à... » Je n'entends pas raconter une histoire : j'assiste à une analyse. La famille a été « disséquée sur table ». Pis encore sont les travailleurs sociaux ou les psychologues qui parlent d'un patient en psalmodiant une liste d'influences sociales : « Le sujet est un mâle qui a été élevé par une mère narcissique et un père codépendant dans une famille judéo-chrétienne. » L'âme de la famille s'évapore dans ce genre de réduction. Il faut énormément d'attention et de concentration pour voir la famille autrement, pour apprécier son ombre et sa vertu, et pour permettre tout simplement que l'on raconte son histoire sans tomber dans l'interprétation, l'analyse et la déduction. Les professionnels pensent qu'il leur appartient de comprendre et de corriger la famille sans s'autoriser à rencontrer son génie, son esprit formateur unique.

Si nous observons l'âme de la famille en faisant honneur à ses récits sans fuir son ombre, nous pourrions fort bien ne plus sentir que nous sommes aussi inexorablement issus des influences familiales. Affectés par la psychologie du développement, nous supposons inévitablement être ce que nous sommes à cause du milieu familial où nous avons grandi. Que se passerait-il si nous pensions que la famille a une influence moins déterminante sur notre identité que le matériau brut dont nous pouvons faire notre vie? En thérapie, quand j'entends parler d'un père ou d'un oncle violents, je demande habituellement à connaître des détails sur leur vie. Leur violence recèle-t-elle une histoire? Que faisaient les autres membres de la famille? Que racontent-ils et que cachent-ils?

Un jeune homme, David, se plaignit un jour à moi du fait qu'il n'arrivait pas à s'entendre avec sa mère. Je dis que c'est un « jeune » homme parce que son « éternelle jeunesse » était son trait le plus distinctif. Quand je l'ai rencontré, il avait vingt-huit ans, mais il en paraissait à peu près seize. Il vivait seul en appartement, mais il passait les week-ends « à la maison » avec sa mère, divorcée depuis plusieurs années. Chez lui, il avait constamment l'impression que sa mère se mêlait de ses affaires, qu'elle lui dictait sa manière de vivre, et qu'elle voulait qu'il nettoie sa chambre. « T'es bien comme ton père », lui serinait-elle.

« *Ressemblez-vous* à votre père? demandai-je.

— C'est ma mère le problème, répondit-il, surpris, pas mon père.

— Peu importe, parlez-moi de votre père, dis-je.

— Il ne s'est jamais assagi. Je le vois rarement; seulement quand il passe dans le coin. Il est toujours sur la route, toujours avec une nouvelle femme.

— Êtes-vous comme votre père?

— Non. Il n'y a même pas de femme dans ma vie.

— Aucune?

— Eh bien! Il y a ma mère.»

Il continua pour me dire ce que j'entends de la majorité de

mes patients.

« Je ne veux pas être comme mon père. »

Parce que nous avons souffert des excès de l'un de nos parents — ou des deux —, nous prenons la ferme résolution de ne pas lui — leur — ressembler. Nous faisons tout ce que nous pouvons pour fuir cette influence parentale. S'appliquer à éviter l'influence parentale et l'identification conduit, par retour du réprimé, à devenir, justement, des copies conformes. D'ordinaire, quand nous nous efforçons de ne pas ressembler à notre mère ou à notre père, c'est que nous cherchons à éviter un défaut dont nous avons vivement ressenti les effets comme fils ou comme fille. La répression, pourtant, a tendance à couper un andain étendu ; elle n'a pas beaucoup de précision quand elle tente de débarrasser la personnalité d'un défaut indésirable. David essayait de ne pas ressembler à son père. Pour ne pas connaître plusieurs relations intimes, il n'en avait aucune. Pour ne pas errer sans but par tout le pays, il n'arrivait pas à s'éloigner de la maison. Pour ne pas ressembler à son père, il gardait peu de souvenirs de la paternité.

Je lui parlai de son père sans le critiquer et sans reprendre ces jugements continuels qui gardaient divisée son affection pour chacun de ses parents. Je l'encourageai à raconter son père; avec le temps, l'image d'un homme dont l'enfance ressemblait beaucoup à celle de David finit par émerger. Nous commençâmes à trouver du sens aux tendances névrotiques de l'errance du père. De son côté, David fit des efforts pour rencontrer son père et lui parler de ses expériences. En abordant ensuite la question, nous découvrîmes que, de son côté, son père s'efforçait aussi de garder ses distances. Poussé, je crois, par un nouvel intérêt pour la vie de son père, le fils finit par vouloir maintenir le contact et la conversation.

En ne se coupant pas de son père, David pouvait s'affronter lui-même plus directement. Qu'il le veuille ou non, l'esprit de son père l'habitait. De cet esprit, il pouvait influencer sa vie. Il n'aurait plus désormais à s'appauvrir en raison de ses efforts négatifs pour rester dans l'ignorance du mythe familial. D'ordinaire, quand nous nous efforçons d'échapper aux « dysfonctions » familiales, nous compliquons les choses, nous nous égarons dans le paradoxe. Le désir de fuir peut s'accompagner d'un attachement indissoluble à la famille, de la présomption inconsciente, par exemple, que la « maison », c'est là où se trouve maman.

Quand nous revenons à la famille en embrassant ce qui était renié, nous créons souvent une alchimie inattendue qui affecte suffisamment les relations familiales — même les plus difficiles — pour faire une différence significative. Les efforts héroïques pour rendre la famille conforme à certaines normes font obstacle à cette alchimie. Quand on prend soin de son âme, il est d'habitude préférable de réfléchir à ce qui existe et de laisser son imagination faire le travail au lieu de faire des vœux pieux ou d'essayer de forcer héroïquement le changement. Même si nous parlons d'elle comme d'une réalité toute simple, la famille reste toujours le produit de notre *imagination*. Cette imagination peut s'enrichir et se transformer avec le temps pour relâcher une partie de l'âme que le ressentiment et la rigidité ont entravée. Je suis persuadé que l'histoire du père et de la mère de David agissait sur sa relation avec eux. Son imagination renouvelée, plus profonde, lui a permis d'enlever ses œillères pour établir avec son père et sa mère une relation inédite. C'étaient toujours les mêmes personnes, mais David avait trouvé une manière d'être moins autoprotectrice et plus ouverte à ses parents.

Quand, sans juger ni analyser instantanément, nous nous racontons des petits bouts de notre histoire familiale, les personnes réelles deviennent les personnages d'un drame et les épisodes isolés, autant de thèmes d'une grande saga. L'histoire familiale devient mythe. Que nous en ayons conscience ou non, notre idée de la famille s'enracine dans notre imagination. La famille personnelle, si réelle en apparence, relève toujours d'une fabrication de l'imaginaire. Pour créer l'alchimie avec l'âme, nous devons extraire le mythe des détails crus de l'histoire familiale et nous rappeler que l'imagination accrue donne davantage de place à l'âme.

Avec ce principe à l'esprit, je souhaite maintenant considérer les membres de la famille comme autant de figures imaginaires et montrer comment déceler les mythes des rôles familiaux. Pour chacun, le mythe sera différent, même si certaines caractéristiques restent. Chacun des membres de la famille évoque la famille archétypale, le mythe de la vie quotidienne. En raison des multiples façons d'imaginer le père, la mère ou l'enfant, je devrai, quant à la manière de développer l'imagination familiale, me limiter à certaines pistes, certaines références à la littérature et à la mythologie qui tracent la voie de la perception de la famille par le biais de l'imaginaire.

Le père

Parmi les mythes les plus extraordinaires de notre passé collectif, il en est un aussi sacré que toute relation religieuse, et c'est celui d'un homme qui essaie de revendiquer sa paternité, d'une femme qui attend son mari et d'un fils qui recherche son père perdu. Au début de *l'Odyssée* d'Homère, Ulysse, au beau milieu de ses pérégrinations imprévues — en raison d'une guerre longue et difficile —, se trouve assis au bord de la mer ; il y souhaite se trouver chez lui, avec son fils, son père et la mère de ses enfants. Tout à son désir et à sa mélancolie, il pose la célèbre question : « Qui sait qui est son père ? » C'est la question que plusieurs hommes et maintes femmes se posent de diverses manières. Si mon père est mort, s'il était froid ou absent, s'il était un tyran, s'il abusait de moi, s'il était extraordinaire, mais s'il n'est plus là pour moi, qui est-il désormais ? Où puiser les sentiments de protection, d'autorité, de confiance, de savoir-faire et de sagesse dont j'ai besoin pour vivre ? Comment évoquer un mythe paternel pour que l'existence en tire les guides dont elle a besoin ?

L'histoire d'Ulysse nous indique la voie à suivre pour trouver ce père insaisissable. Elle ne commence pas, comme on s'y attendrait plutôt, par nous montrer le père au beau milieu de ses aventures, mais par le fils, Télémaque, affolé en raison des ravages causés à sa demeure par les prétendants à l'affection de sa mère. L'histoire nous donne d'abord l'image de la « névrose du père absent ». Sans la présence du père, il y a le chaos, le conflit et la tristesse. Par ailleurs, en faisant commencer l'histoire avec le malheur de Télémaque, le mythe nous enseigne que l'expérience du père inclut celle de son absence et du désir de son retour. Au moment où Télémaque se lamente sur son sort, Ulysse se trouve sur une autre plage du même océan, soupirant pour la même cause. Si nous faisons de *l'Odyssée* l'un des mythes de l'âme paternelle, nous devons sentir, au moment où nous éprouvons la confusion qu'entraîne l'absence du père, et où nous nous demandons où il peut être, que le père est convoqué. Quand nous nous demandons où il est, il cherche son chemin jusqu'à nous.

Durant cette période de séparation, nous raconte Homère, Pénélope, l'épouse d'Ulysse, tisse chez elle un linceul pour le père de son époux ; chaque nuit, elle défait ce qu'elle a tissé. Voilà un autre grand mystère de l'âme : chaque fois qu'une chose s'accomplit, elle est aussi, d'une autre manière, défaite. Un de mes collègues de trente ans, qui avait bien du mal à s'entendre avec son père et à concevoir sa propre existence, me relata un rêve dans lequel son père le serrait dans ses bras et lui demandait de rester avec lui. Un peu plus tard dans le rêve, le frère de mon collègue vint prendre toutes les possessions du rêveur. Je sentis qu'il y avait une relation entre les signes de réconciliation avec le père et la perte des possessions, un thème proche de ceux de *l'Odyssée* : nous devons parfois souffrir du vide et de l'absence pour convoquer le père.

On trouve de la même manière quelque chose de frustrant dans l'idée de *l'Odyssée*. Pourquoi les dieux ne se montrent-ils pas compatissants envers cette famille éclatée et ne permettent-ils pas à Ulysse de rentrer tout droit chez lui ? Pourquoi faut-il que le père passe dix années en mer, à raconter des histoires et à survivre à des aventures dangereuses avant de pouvoir rentrer chez lui et restaurer la paix ? Tout ce que je peux en déduire, c'est que ce voyage long, périlleux, aventureux dure le temps qu'il faut pour faire le père. Le retour d'Ulysse dans sa famille ressemble à la gnose de l'âme qui se fraie, jusqu'à la Terre, un chemin à travers les planètes pour en recueillir les attributs nécessaires à la vie humaine. Qui est mon père? Je l'ignorerai tant que l'âme n'aura pas fait son odyssée et ne sera pas revenue avec ses récits d'amour, de sexualité, de mort, de risque et d'au-delà. Si je ressens l'absence du père dans ma vie, il se peut que je doive renoncer à mon projet de forcer le père en moi pour ouvrir plutôt mon esprit à ma propre odyssée impromptue et incontrôlée.

Dans nombre de cultures traditionnelles, une personne devient adulte quand elle entend l'histoire secrète de sa communauté, transmise de génération en génération. Les aînés instruisent les plus jeunes ; ils leur apprennent les éléments du rite et de l'art. Dans les mémoires relatant son enfance chez les Sioux Ogdala, Orignal Noir décrit ce processus par le menu. Il arrive parfois que le néophyte doive subir des épreuves pour faire surgir l'adulte en lui. Il faut bouleverser très profondément le jeune pour que sa personnalité change de manière importante.

Ulysse subit plusieurs épreuves, tellement en fait que ses aventures prennent l'allure d'une initiation à la paternité. Il apprend des Lotophages à ne pas vivre d'un régime de fleurs, et des

Cyclopes, à ne pas vivre sans loi ni culture. Les magiciennes Circé et Calypso l'initient à l'amour. Le nœud de son voyage est une visite aux Enfers. Il y rencontre des amis morts depuis peu, sa mère, le prophète aveugle Tirésias, et d'autres grands héros. L'évocation du père ne vient pas de l'action, mais de l'initiation profondément transformatrice à la famille et à la culture. Elle demande également de sonder nos propres profondeurs et de converser avec les représentations de nos souvenirs personnels et culturels. L'histoire et la littérature, poussées suffisamment loin, peuvent former de bons pères.

Si le père semble absent dans les familles d'aujourd'hui, c'est peut-être qu'il est aussi absent comme figure de l'âme dans la société en général. Nous avons remplacé la sagesse secrète par l'information. Or, l'information ne convoque pas la paternité et n'affecte pas l'initiation. Si l'éducation parlait autant à l'âme qu'à l'esprit, nous pourrions acquérir la paternité par nos apprentissages. Loin de visiter les Enfers, nous cherchons trop souvent à oublier nos morts et le fardeau de leurs existences. Les enquêtes très approfondies sur les meurtres des Kennedy et de Martin Luther King s'intéressent aux faits et aux solutions, s'écartant ainsi du sens de ces assassinats. Et pourtant, *l'Odyssée* laisse entendre que si nous ne visitons pas le pays des morts avec respect et dans un esprit d'initiation, nous ne pourrons pas nourrir la paternité de notre âme collective. Sans l'esprit du père, il ne nous reste que des substituts paternels, des gens prêts à jouer ce rôle pour leur propre compte, témoignant superficiellement de la paternité, mais pas de l'âme du père.

Je ne dis pas qu'il vous faut simplement évoquer votre père pour connaître une vie riche d'expérience. Ulysse ne fait pas l'expérience de la vie : il est loin de la vie. Il passe son temps à flirter avec des déesses ensorcelantes, à semer des monstres, et à voyager aux Enfers. L'odyssée authentique ne cherche pas à accumuler les expériences ; c'est un voyage dans l'âme, vivement ressenti, risqué et imprévisible. Le père est celui dont la vision et le savoir ont pris racine au pays des morts et se sont liés à ceux des aïeux, décédés plus tôt et qui ont créé la culture que le père fait sienne. La sagesse et la sensibilité morale du père prennent la direction tracée par des voix qui ne sont plus de ce monde. Ceux qui font son initiation sont à la fois les pères véritables qui ont créé la tradition et les objets de son propre reflet.

Jung appelle *animus* ce qui concerne la paternité de l'âme; elle peut être l'esprit paternel de l'homme, de la femme, de la famille, de l'organisme, du pays ou de la région. Il est possible qu'un pays entreprenne une odyssée et y trouve le principe paternel qui lui donnera son autorité et sa direction. Puisque Télémaque, souffrant de l'absence paternelle, se trouve sur la mer même où est initié son père, nous pouvons croire que nous sommes semblables à lui et que nous devons aussi entreprendre un périple sur un océan sans nom pour faire le lien avec l'esprit du père. Nous devons oser affronter l'inconnu, nous ouvrir aux influences inattendues de l'âme. Nous verrons plus loin comment Tristan, fils et amant, doit s'abandonner à la mer pour trouver l'amour.

Le problème avec certaines des thérapies et des approches psychologiques modernes, c'est que leurs objectifs sont connus : les fantasmes de normalité et de valeurs incontestées. Une psychologue allègue que les gens ont besoin de posséder tous leurs moyens; elle définit la santé de cette manière. Elle oublie qu'il y a aussi des moments où nous avons besoin de nous sentir faibles et impuissants, vulnérables et ouverts à toute expérience, à l'instar d'Ulysse et de Tristan, qui ont utilisé plus leur esprit que leurs muscles. Un autre psychologue prétend que les gens doivent sentir qu'ils sont capables d'intimité; pour lui, le rapport aux autres compte par-dessus tout. Et pourtant, l'âme a aussi besoin de solitude et d'individualité.

Les buts que cherchent à atteindre ces thérapeutes sont

monolithiques et monarchiques. En nous concentrant sur une seule valeur, nous fermons la porte à plusieurs autres possibilités qui peuvent sembler opposées à celle que nous avons choisie. En ce sens, l'image de l'odyssée sert l'âme et ses multiples facettes. Elle s'offre à la découverte et fait confiance à l'imprévu et à l'inattendu. La mer est le destin, le monde dans lequel nous sommes nés. Elle est unique et individuelle, toujours inconnue, grouillante de ses propres dangers, de ses propres plaisirs et de ses propres possibilités. On devient le père de sa vie quand on apprend à connaître intimement la mer et qu'on ose naviguer sur ses eaux.

Je parle ici d'une figure paternelle qui s'installe dans notre âme pour nous procurer un sentiment d'autorité, nous donner l'impression que nous sommes les auteurs de notre existence, que nous dirigeons chez nous nos propres affaires. L'*Odyssée* ajoute encore un motif intéressant au processus. Tandis qu'Ulysse est au loin, occupé à apprendre à devenir un père, un homme, Mentor, s'occupe de la maison et instruit Télémaque. Ainsi dans nos vies, les figures paternelles peuvent-elles prendre deux aspects. Certains substituts jouent auprès de nous le rôle de père, mais entravent notre odyssée vers la paternité. Malgré tout, d'autres figures paternelles sont de véritables mentors, qui poussent plus loin le processus de la paternité en connaissant les limites de leur rôle et en n'usurpant pas le rôle de père, même quand ils instruisent et guident. Certains enseignants ne semblent pas comprendre le besoin qu'ont les étudiants d'entreprendre leur propre odyssée et de découvrir leur propre paternité. Ils attendent des étudiants qu'ils deviennent leurs copies conformes et professent les mêmes valeurs et les mêmes informations. Certains hommes d'affaires en vue et certains leaders politiques font la promotion de leur idéologie personnelle au lieu de servir de mentors à leurs mandants ; ils ne comprennent pas que la population doive entreprendre sa propre odyssée collective pour convoquer l'âme du père social. Il faut beaucoup de sagesse pour devenir un mentor, celui dont le plaisir consiste à inculquer la paternité au lieu de l'incarner.

La *Bible* nous donne l'image d'un père au ciel, tout comme *l'Odyssée* nous parle d'un père en mer. Tandis que l'on façonne et que l'on instruit ce père « en mer », nous avons besoin de mentors, de représentations paternelles pour garder vivante en nous l'image du père. Je ne crois pas qu'il soit d'un grand recours de considérer la figure paternelle comme une « projection » de nos attentes vis-à-vis du père. Je crois préférable de parler de ces êtres importants comme des mentors ou des représentants du père, toujours — éternellement — loin en mer, occupé à créer sa propre paternité. Nous sommes en mal de figures paternelles, de gens qui peuvent nous aider à susciter en nous ou à maintenir le contact avec ce principe fondamental de l'âme qui donne sagesse et orientation. Dans cet esprit, l'« image » de nos sénateurs et de nos présidents est, pour la société, aussi importante — sinon plus — que leurs réalisations. Et quand je parle d'image, je ne parle pas de la construction médiatique qu'ils s'efforcent de nous présenter, mais de l'idée du chef, du dialecticien, du conseiller et du décideur qui rassure tout le monde avec son authenticité toute paternelle.

Sans l'âme du père, les gens de notre société n'ont que la raison et l'idéologie pour guides. Nous souffrons alors de l'absence collective du père : nous n'avons pas de direction nationale; nous remettons les profits de notre économie prospère à quelques individus; nous ne réussissons à trouver que de rares exemples de morale, de justice et de sens social; nous n'entreprenons pas notre odyssée parce que nous lui préférons la terre ferme de l'opinion et de l'idéologie. Partir en mer, c'est s'exposer à l'insécurité, même si c'est encore la seule manière de trouver le père.

Du point de vue culturel, nous souffrons également de la chute du patriarcat. La pensée féministe dénonce à juste titre l'oppression que la domination masculine a trop longtemps fait subir aux femmes, mais le patriarcat politique n'est pas le patriarcat de l'âme. *Patri-arcat* signifie paternité absolue, profonde, archétypale. Nous devons revenir à cette forme de patriarcat, parce que nous sommes là à vaciller entre la paternité symptomatique et oppressive et la critique de cette forme de paternité, ce qui ne nous mène nulle part. Dans la division, nous ne trouverons jamais l'esprit du père dont nous avons besoin comme société et comme hommes et femmes.

Le mythe nous dit que le père sera rendu une fois que nous aurons mis fin à la bataille du quotidien — la guerre de la survie troyenne — et à l'errance, d'île en île, sur l'océan de l'imaginaire. Nous fabriquerons le père tout le temps que nous nous soumettrons aux vents et au mauvais temps que les dieux nous envoient pour nous apprendre la géographie de l'âme et la manière d'en devenir citoyens. Le soin du père dans l'âme demande que nous subissions l'épreuve de l'absence, de l'errance, de la quête, de la mélancolie, de la séparation, du chaos et de l'aventure. Il n'y a pas de raccourci pour se rendre au père. Pour l'âme, il faut dix années symboliques pour acquérir le sens de la paternité — bref, l'odyssée dure une éternité. Disons que cette quête a ses fins et ses gratifications, mais qu'elle dure toujours. Pour le père dans l'âme, les périodes de temps se chevauchent ; d'une part parce que nous sommes en mer, toujours prêts à aborder une autre île, toujours sur le point de rentrer à la maison avec l'espoir d'être reconnus après des transformations aussi profondes.

L'Odyssée nous enseigne à relever le défi, à évoquer le père dans l'âme et à refuser les substituts et les rôles vides. Il n'y a pas de voie facile pour se rendre à l'âme, et il n'existe pas de manière simple d'établir sa paternité. Sans les conseils et l'autorité du père mythique, nous sommes pourtant laissés à nous-mêmes, désorientés et sans contrôle. En période de chaos surtout, nous devrions intensifier notre prière, l'allonger, la faire monter du fond de notre cœur : « Notre Père qui êtes aux cieux et sur la mer, que Votre Nom soit sanctifié... »

La mère

Les Grecs racontent aussi la légende d'une famille mythique, histoire tellement vénérée qu'elle a pris la forme d'un rite dans les mystères éleusiniens, le sacrement au cours duquel les hommes et les femmes étaient initiés au cœur de l'expérience religieuse. Ces mystères rapportent l'histoire d'une déesse mère, Déméter, qui perd sa fille chérie, Perséphone. Quand on songe à l'importance de la vie spirituelle dans la Grèce antique, on acquiert la conviction que la maternité — représentée par la relation au sens profond, fondamental, entre une mère et son enfant — est aussi un mystère de l'âme.

On peut faire en même temps plusieurs lectures du mythe. D'une part, les mères et les filles reprennent à leur propre compte l'histoire de cette mère et de sa fille, d'autre part, nous la reprenons tous dans l'interaction que nous avons avec les autres figures maternelles — hommes et femmes, ou même parfois institutions comme les collèges et les églises qui nous servent de mère. En nous, la légende décrit les tensions entre les dimensions de notre âme.

Telle que nous la trouvons dans l'Hymne homérique à Déméter, la légende commence au moment où Perséphone, éloignée de sa mère, cueille des fleurs — roses, crocus, violettes, iris, jacinthes et narcisses. La terre avait fait pousser des narcisses pour séduire. Cette fleur merveilleusement éclatante, nous rapporte l'hymne, étonnait quiconque la voyait. Elle avait cent têtes et un parfum qui plaisait au ciel, à la terre et à la mer.

Perséphone tendait la main vers le narcisse lorsque la terre s'ouvrit et que Hadès apparut et enleva de force la jeune fille. Personne, hormis le soleil et la lune, n'entendit ses cris tandis qu'il la faisait monter dans son char doré. Zeus était absent, et puis, relate encore l'hymne, il avait approuvé l'enlèvement. Déméter finit par entendre la peine de sa fille ; « une douleur aiguë lui déchira le cœur. » Jetant là sa coiffe et refusant toute nourriture et toute boisson divines, elle partit immédiatement à la recherche de sa fille.

Hadès est l'« Invisible », le maître des Enfers. Son royaume est celui des essences, des facteurs éternels invisibles, qui font aussi partie de la vie. Pour les Grecs, les Enfers abritaient l'âme ; en cherchant la profondeur et l'âme, nous devons entretenir certaines relations avec ce monde, avoir tout au moins l'impression de nous y trouver un peu chez nous. Pour trouver sa paternité, on l'a vu, Ulysse a dû faire la connaissance des Enfers. Orphée a également visité les Enfers et découvert qu'il est parfois difficile d'en revenir. Jésus a aussi séjourné au pays des morts entre le moment de sa mort et celui de sa résurrection ; Dante y a commencé son pèlerinage mystique. La représentation du « monde souterrain » de ces légendes a bien sûr une relation avec la mort réelle, mais elle illustre aussi l'invisible, le mystérieux, les profondeurs insondables de l'être ou de la société.

Le mythe de Perséphone nous apprend que l'on découvre parfois contre son gré l'âme et les Enfers. Certaines choses du monde peuvent nous piéger, préparer notre chute dans les profondeurs du moi. J'ai connu un homme qui était propriétaire d'une affaire florissante et qui donnait à sa famille un train de vie exceptionnellement confortable. Il décida un jour d'aller visiter une galerie d'art de sa localité, ce qu'il n'avait jamais fait. Certaines photographies le fascinèrent tout particulièrement ; il décida sur-le-champ de devenir photographe. Il vendit son affaire et renonça à son revenu. Les photographies qu'il avait vues équivalaient aux narcisses à cent têtes : elles étaient tout aussi attirantes. Au moment de sa visite, le monde s'est ouvert sous lui et son imagination a été saisie. Son épouse interpréta le rôle de Déméter, et pleura la perte d'une existence confortable et familière. Pour lui cependant, la fascination qu'exerçait son art sur lui était telle qu'il laissa se défaire sa vie passée.

Les parents savent à quel point il est facile pour leurs enfants de subir l'attraction d'activités et de gens dangereux susceptibles de les emmener dans des endroits sombres. Le comportement asocial peut exercer une fascination sur l'enfant ; pour les parents, par contre, cette attirance peut détruire tous leurs efforts pour lui inculquer un sens des valeurs et une voie à suivre. En prenant conscience que l'intérêt de l'enfant pour les gens et les endroits sombres peut certes présenter du danger mais peut aussi être la seule voie vers l'âme, on peut considérer la légende de Perséphone comme l'histoire de tous les enfants.

J'ai également rencontré plusieurs femmes dont ce mythe a transformé l'existence. Comme Perséphone, elles étaient naïves et étaient tombées aux mains d'hommes sombres, venus du monde souterrain de la drogue, de la criminalité et d'expériences sexuelles auxquelles jamais dans le passé elles n'avaient même songé. Une femme, je me souviens, fit une série de rêves dans lesquels un homme menaçant, sans visage, se cachait dans l'ombre au bas d'un escalier. Elle avait été bien innocente, mais au cours des deux années précédentes, elle avait changé pour devenir plus complexe, plus matérialiste. Son rapt avait eu lieu de l'intérieur.

Qu'il s'agisse d'une mère face à ses enfants ou d'une personne en proie à une irrépressible attirance émotionnelle vers les profondeurs, la perte d'innocence qui s'ensuit peut être douloureuse et troublante. Ce deuil maternel est une forme de dépression déméterienne, soutient Patricia Berry. Chez la déesse, la perte d'intérêt pour le vêtement, pour la propreté et pour la nourriture, copie chez la fille, le retrait de la vie ordinaire. La dépression de la mère reprend en écho le sort réservé à la fille et sa colère à l'endroit des dieux qui ont permis le rapt.

Déméter et Perséphone sont les deux faces d'un même enlèvement mythique. Quelque chose nous tire vers le fond, nous piégeant au moyen d'artifices narcissiques, tandis qu'autre chose s'efforce de nous garder sur la voie, dans un monde de valeurs familières et saines. L'amour de Déméter pour Perséphone et son obstination à la chercher permettent à la fille de trouver le pays de l'âme sans y perdre la vie. Déméter nous montre l'épreuve suprême pour la mère : elle affirme ses propres désirs pour son enfant et son attachement à elle tout en lui restant fidèle tandis que sa fille vit une expérience de transformation. La légende nous montre la sorte d'amour imposé à toute mère qui protège son enfant — qu'elle sait exposé aux forces du mal — et la tendresse et les soins maternels dont notre âme, soumise à des tentations dangereuses, aura besoin.

Tout ce qui est maternel, que ce soit au sein de la famille ou en l'individu, est fait d'attention affectueuse et d'une cruelle souffrance émotionnelle. La chrétienté nous présente l'image célèbre de la Vierge Marie, à la fois madone rassurante et *mater dolorosa,* mère des douleurs. Qu'elle rassure ou qu'elle pleure, la mère est proche de son enfant, lui permettant, malgré sa douleur et sa colère, de devenir, en suivant son destin et ses expériences, un individu à part entière.

Il est bien tentant de s'efforcer de vivre sans monde souterrain, sans âme, et sans souci des éléments mystérieux qui ont trait au spirituel et au religieux. Dans la légende, quand Déméter découvre que Zeus a approuvé l'enlèvement de sa fille, elle décide de s'exiler sur la Terre et de devenir mortelle. Elle devient nourrice dans une maison d'Éleusis, ville située à proximité d'Athènes.

Cette quête de la normalité et de la vie terrestre est une défense contre l'attrait du monde souterrain, dit encore Patricia Berry. C'est le conseil que les amis dispensent quand un visiteur de l'enfer a laissé un individu déprimé ou troublé. « Enterre-toi dans le travail », professent-ils. Même la psychologie professionnelle recommande parfois de se laisser absorber par les détails du quotidien pour résister aux idées « folles ». Du point de vue de Déméter, l'enlèvement vers les Enfers est un crime monstrueux. En raison de la complicité de Zeus, nous savons aussi que le rapt est nécessaire. Si Zeus a donné son approbation, c'est que le ravissement exprime la volonté divine. Il est dans l'ordre des choses de subir la tentation des expériences qui gâcheront notre innocence, transformeront notre existence et nous donneront la complexité et la profondeur dont nous avons besoin.

Déméter s'occupe d'un nourrisson, Démophon ; elle prend soin de lui, l'oignant d'ambroisie, lui chuchotant à l'oreille, le serrant contre elle, ce qui évoque des images puissantes de l'affection intime que peut éprouver une déesse pour un être humain. Une nuit, elle met Démophon dans le feu pour le rendre immortel ; mais la mère de l'enfant voit ce qui se passe et se met à hurler de terreur. Le manque de compréhension de la mortelle met Déméter en colère. « Tu ignores si ce que le destin t'apporte est bon ou mauvais », lance-t-elle, reprenant ainsi le thème fondamental du cycle où sont à l'œuvre Zeus et Hadès, le dieu de la Vie et celui de la Mort. Il faut parfois comprendre que certaines choses, apparemment dangereuses du point de vue des mortels, puissent s'avérer bénéfiques en vertu d'une perspective plus large; c'est là un bon conseil de la part de la mère des mères.

Durant la courte période au cours de laquelle Déméter joue aux nourrices mortelles, elle nous apprend encore autre chose sur la mère : le rôle maternel touche autant l'humain que le divin. Quand elle place l'enfant dans le feu, elle brûle en lui les éléments humains pour le rendre immortel. Il n'est pas nécessaire de prendre « immortalité » au pied de la lettre et de croire qu'il signifie « vie après la mort » ; il faut plutôt y voir l'infinitude de l'âme. La maternelle Déméter maintient l'enfant dans le brasier et la passion de la vie, ce qui immortalise et fonde la plénitude de l'âme. La maternité ne demande pas seulement la survie physique et la récolte — les graines et les fruits de Déméter —, elle demande également que l'on guide l'enfant vers ses profondeurs inconnues et vers le mystère du destin.

Il m'arrive souvent de rencontrer des femmes et des hommes qui se sont trop identifiés à leur mère. Chaque fois que nous nous identifions trop à une figure archétypale, nous nous empêtrons dans la distorsion, l'exagération et la compulsion. Certaines gens perdent toute intelligence et tout empire sur eux-mêmes en présence d'un nécessiteux. Certaines personnes vont jusqu'à dire qu'elles se sont mariées parce que leur conjoint avait désespérément besoin d'elles. Les hommes blessés et sensibles, les petits garçons que la vie n'a pas fait mûrir peuvent attirer les femmes, tandis que les femmes fragiles, qui semblent demander la protection et les conseils d'une mère, peuvent captiver les hommes. Ces « complexes de la mère » exigent que l'on comprenne mieux la maternité et que l'on ait la conviction intime que nous pouvons donner le meilleur de la mère à l'autre en cherchant à susciter son élan maternel au lieu de devenir sa mère.

Le mythe de Déméter et de Perséphone nous apprend que la mère ne se contente pas de s'occuper des besoins immédiats de l'autre ; elle admet que chaque individu a sa personnalité et son destin propres — les qualités de l'âme — qu'il faut sauvegarder même au risque de perdre l'assurance ordinaire de sécurité et de normalité. Jeter l'enfant au feu du destin et de l'expérience va à l'encontre du désir naturel de protection que l'on éprouve à son endroit. Le cycle nous montre qu'il existe une différence entre la maternité humaine et la maternité divine. Cette dernière, élan maternel fondamental, s'ouvre sur une perspective plus large.

Dans la légende, Déméter dévoile alors sa déité et demande que l'on bâtisse un temple en son honneur. Nous passons de Déméter la nourrice mortelle, à Déméter la déesse vénérée. Chacun de nous devrait ériger ce temple à la Mère, pour que la maternité de l'existence — qu'elle s'exerce à notre endroit ou qu'elle vienne de nous — évoque la Grande Mère, celle dont l'élan maternel a une portée beaucoup plus grande que celui des mères humaines. En d'autres termes, chaque fois que nous avons l'impression d'en faire trop en tant que mères, chaque fois que nous nous jugeons trop sensibles aux besoins des autres, il est peut-être temps d'honorer une mère plus grande encore, d'évoquer l'esprit de Déméter au lieu de chercher à assumer ce rôle.

À ce moment de l'histoire — au moment où prend fin son rôle de nourrice —, Déméter refuse aux champs le droit de porter des fruits et menace l'espèce humaine d'extinction. Au quotidien, quand nous sommes initiés aux mystères de Déméter — c'est-à-dire quand les individus que nous sommes sont ravis du dedans —, il se peut que nous perdions le contact avec la signification et la fécondité du monde terrestre. Déméter est d'ordinaire la Mère Nature, celle qui nous nourrit et nous procure de quoi nous vêtir ; elle est la déesse des besoins de survie et des plaisirs du monde naturel. Quand nous laissons ce mythe nous conquérir, les bénéfices extérieurs peuvent diminuer à mesure que les activités du monde intérieur, du monde souterrain, prennent le pas sur eux.

Parce que la souffrance de Déméter affecte tout le monde, Zeus est contraint d'avoir recours à l'arbitrage, de trouver un compromis entre les revendications légitimes d'Hadès et le désir ardent de Déméter de ramener sa fille à la vie. Il demande à Iris, l'arc-en-ciel, d'intercéder auprès de Déméter pour qu'elle reprenne sa place parmi les dieux. Iris n'arrive pas à la persuader. Il lui envoie ensuite tous les dieux, les uns après les autres ; mais aucun ne parvient à convaincre Déméter de laisser la Terre porter ses fruits. Il finit par lui députer Hermès, l'intermédiaire et l'arbitre idéal, auprès d'Hadès pour lui demander son aide.

Hadès sourit sardoniquement et se plia aux ordres du roi Zeus. Il ordonna à Perséphone de retourner auprès de sa mère, non sans lui avoir d'abord mis en secret une graine de grenade dans la bouche pour s'assurer qu'elle ne quitte jamais tout à fait son royaume. Elle passera désormais le tiers de l'année avec lui, et le reste du temps auprès de sa mère.

Un étudiant me fit un jour remarquer que ces proportions correspondent aux périodes quotidiennes de sommeil et d'éveil. Parfois particulièrement impressionnantes et troublantes, les images et les émotions de la nuit peuvent différer de celles du jour. Dans nos rêves agréables, il nous arrive parfois d'apercevoir les cent têtes des merveilleux narcisses dont la beauté relève du surnaturel ; mais nous sentons également parfois la terreur du monde souterrain d'Hadès. Au moins un tiers de la vie semble appartenir au seigneur de la mort, quand nos relations perdues, nos espoirs envolés et nos essais infructueux viennent nous faire souffrir.

Il est une manière de concilier les annonces de la mort et la vie riche de Déméter, et c'est de nous tourner vers Hermès, vers l'« herméneutique », l'art de l'interprétation poétique de nos expériences. Le point de vue d'Hermès peut rallier nos expériences sombres et tristes et notre quotidien. Le mythe nous dit qu'Hermès peut restaurer la relation entre l'âme maternelle — qui veut que la vie continue, quelles que soient les circonstances — et l'âme de la fille, qui s'écarte de la vie pour s'enfoncer dans l'inconnu. Avec l'aide d'Hermès, nous pouvons voir au-delà de notre propension à l'autodestruction, à la dépression, aux flirts avec le danger et avec la dépendance, et demander qu'elle accomplisse dans notre existence ce qu'elle cherche à exprimer.

Communément, les mères se préoccupent tellement du bien-être de leurs enfants, prennent tellement leur rôle de mère au sérieux, qu'elles ont du mal à laisser leurs petits devenir des individus différents d'elles. J'entends souvent des femmes me dire qu'elles ne veulent pas ressembler à leur mère, et des hommes qu'ils ne veulent pas de sa domination. Si nous pouvions sortir ces problèmes de leur contexte individuel, nous pourrions voir à l'œuvre le cycle de Déméter et de Perséphone. Nous devons tous trouver la manière de devenir des individus ; pour ce faire, nous devons sonder notre monde souterrain, notre propre noirceur sans nous couper tout à fait de la gouverne maternelle qui nous maintient en vie et nous garde au sein de la communauté.

Les mystères d'Éleusis sont fondamentaux en ce qu'ils ont trait à notre survie physique et psychologique. Nos dangereuses expériences de la noirceur font de nous des individus ; nous pouvons survivre à ces initiations pénibles. Toute initiation procède d'un mouvement de la mort vers une nouvelle vie. Les mystères d'Éleusis contiennent notre résurrection — comme celle de Perséphone, comme celles de la graine et du fruit : nous passons de la profondeur qui fait l'âme à une vie continue, riche. Comme Pénélope, la femme d'Ulysse, qui tisse un linceul durant toute l'odyssée. La douleur de Déméter, les activités névrotiques, et la rage accompagnent — et servent — la visite de l'âme aux Enfers.

On a fait de Perséphone la reine des Enfers, et on l'a peinte assise sur son trône, tout à côté d'Hadès. Elle occupe au royaume des morts une place de choix, même quand elle retourne auprès de sa mère et lui raconte, comme le ferait toute fille, les détails de son enlèvement. L'âme a besoin de s'établir autant au royaume de la mort que dans la vie.

La plupart d'entre nous peuvent raconter l'expérience de trois ou quatre Perséphone de leur connaissance ; en les relatant, ils y incluent probablement le thème de la résurrection. « J'ai traversé cette période de mon existence, et j'en suis sorti grandi. » C'est un goût de vivre, un sens de la continuité et de la richesse tout maternels qui nous ont permis de surmonter ces rencontres avec Hadès. Paradoxalement plus intense et plus solidement enraciné quand il est le plus menacé, cet amour profond de la vie et de ses possibilités est un cadeau de Déméter. Nous pourrions faire comme les participants aux célébrations d'Éleusis en l'honneur de Déméter et tenir des pousses en nous rappelant que la vie continue de porter des fruits dans un monde perpétuellement assailli par la mort sous toutes ses formes.

L'histoire nous permet aussi de méditer sur la mort elle-même. Hadès peut nous attirer au moyen d'expériences de la mort, que ce soit parce que nous y avons échappé de justesse ou parce que quelqu'un d'autre est mort. La vie en nous doit s'affirmer de manière toute maternelle pour permettre à ces morts de nous toucher, de nous faire connaître les mystères du monde souterrain et nous ramener à la vie, différents à jamais. Quand nous permettons à la mort de nous toucher et de nous entraîner, nous revenons porteurs de graines de grenade. Ces fruits qui semblent gorgés de soleil et intacts de l'extérieur sont pourtant très complexes de l'intérieur, pleins de graines noires qui ramènent les Enfers à notre esprit.

Dans sa sagesse, la mère sait que son enfant ne peut devenir un individu à part entière qu'en comprenant le mystère mis en scène à Éleusis il y a des siècles. Nous ne pouvons pas cacher toutes les tentations qui nous mènent à la débauche. Comme l'ont aussi appris les parents de Bouddha qui ont tenté de prévenir pour lui toute souffrance humaine, nous nous efforçons en vain d'éloigner nos enfants de la contamination de la mort, même si la maternité demande que l'on permette aux enfants de prendre des risques. La notion de maternité englobe la capacité extraordinaire de Déméter d'aimer sa fille et de continuer à porter des égards aux autres dieux, qui ont leurs desseins et leurs exigences propres.

À la fin de la légende, Déméter restaure la richesse et la

plénitude de la nature ; le poète nous rappelle qu'Hadès est aussi connu sous le nom de Pluton, le dieu de la richesse. Et Déméter et Pluton enrichissent la vie, même si, la plupart du temps, leur entente semble mystérieuse. L'hymne à Déméter prend fin sur une prière adressée à la mère de tous :

Madame, qui portez de si beaux présents,
qui nous donnez les saisons,
Souveraine, Déesse,
Avec votre superbe fille Perséphone,
Soyez bonne ; en échange de mon poème,
Accordez-moi la vie que mon cœur désire.

L'enfant

Au commencement de la messe de minuit dans l'Église catholique romaine, le chœur chante « *Puer natus est nobis* » — « Un enfant nous est né. » Noël célèbre l'arrivée de Jésus, nourrisson et dieu, dans le monde des humains. Nombre de religions parlent ainsi de l'enfant divin, ce qui nous permet de croire non seulement à l'enfance de Dieu, mais aussi à la divinité de l'enfance. Tout comme la mère mythique donne lieu au principe fondamental de toute vie, l'enfant divin fait partie de toute expérience. Inspiré par les mythes de l'enfance des héros, Jung a fait de l'enfant de l'âme — l'enfant archétypal — un petit abandonné, exposé, vulnérable et pourtant divinement puissant. Une fois de plus, nous nous trouvons face à la richesse du paradoxe, un archétype janusien où sont en même temps à l'œuvre la puissance et la faiblesse.

Dans diverses cultures, les légendes racontent l'histoire de l'enfant spécial, abandonné par ses parents, élevé dans la nature ou par des parents adoptifs d'origine modeste. En fait, on trouve chez l'enfant quelque chose de livré au destin, au temps et aux circonstances — quelque chose de démuni hors du contexte familier. Et pourtant, c'est cette vulnérabilité même qui permet à l'enfant de devenir quelqu'un de nouveau et de puissant. Dans la vie, notre vulnérabilité est à la fois menace et occasion. Quand nous nous sentons particulièrement vulnérables, cet enfant peut nous paraître à la fois sans défense et prêt à jouer un rôle spécial dans la vie.

Certaines approches modernes de la psychologie font de l'« enfant intérieur » la représentation de la créativité et de la spontanéité. Mais celui dont nous parle Jung est plus complexe. Nous pouvons nous approcher de cet enfant en ne fuyant pas sa vulnérabilité, en nous réclamant d'elle, au contraire. On accorde un pouvoir particulier à l'ignorance et à la capacité de l'enfant. Dans les rêves, les petits errent souvent par les rues de la ville, abandonnés, ne sachant ni où aller ni comment obtenir de l'aide. C'est une des situations de l'âme de l'enfant. En sortant d'un rêve comme celui-là, nous pourrions décider de ne jamais nous sentir si perdus et si désorientés. Si nous convenons d'admettre l'enfant et de prendre soin de lui sans tenter de l'« améliorer », nous devons aussi faire de la place à l'errance, au bouleversement et à l'impuissance : ils appartiennent aussi à l'enfant.

Dans un premier essai sur l'enfant, Hillman affirme que l'infériorité de cet enfant nous répugne et que nous essayons de le transformer au moyen de l'instruction, du baptême et de la croissance. Hillman attaque le principe même de la croissance. Nous avons parfois besoin d'arrêter de grandir. À l'occasion, nous pouvons avoir besoin de revenir en arrière, de régresser. De nos jours, objectif quasi automatique en psychologie et dans la vie en général, la croissance peut devenir une valeur sentimentale qui passe outre au besoin d'inertie et de dérapage. Pour la bonne raison qu'il n'est pas un adulte, nous ne respectons pas l'enfant quand nous nous attendons perpétuellement à le voir grandir.

Chaque jour, nous utilisons des phrases qui, subtilement, s'en prennent à l'enfant. « Je manque énormément de maturité », se lamentera l'un, en dénonçant chez lui l'expression d'une émotion primaire. Si nous pouvons lancer objectivement cette affirmation sans en faire une critique de l'enfant, elle peut décrire précisément le mythe de l'instant. Je manque de maturité. Ce manque fait partie de ma nature. Bien souvent pourtant, cette affirmation traduit mon impression soudaine, inconfortable et importune de manquer de maturité. Je veux qu'elle me passe avec le temps.

« C'est un vieux problème, pourrions-nous aussi déclarer; il remonte à l'enfance. » Encore une fois, nous pensons à l'enfance comme à un état dont il faut sortir avec le temps. C'est la cause de tous les problèmes actuels. Si seulement j'avais eu une autre enfance! En rejetant ainsi l'enfant, nous nous rejetons nous-mêmes, et nous ne portons sûrement pas égard à notre âme. L'enfant, présence éternelle dans nos pensées et dans nos rêves, a peut-être bien des faiblesses et bien des fautes, mais il est nous. Nous sommes ce que nous sommes autant à cause de nos manques et de nos échecs qu'en raison de nos forces. Et puis, quand nous pensons que nos problèmes d'adultes remontent à l'enfance, nous gardons le contact avec l'enfant divinement puissant et son infériorité fertile. Rappelons-nous : c'est dans les moments de faiblesse que l'âme se manifeste le plus clairement.

Il nous arrive parfois d'entendre des adultes dans la trentaine ou la quarantaine déclarer sur un ton léger : « J'ignore encore ce que je ferai quand j'aurai grandi. » Peu importe la légèreté du propos, il rend tout de même compte d'un sentiment d'infériorité. Qu'est-ce qui ne va pas chez moi? Je devrais déjà connaître le succès. Je devrais faire beaucoup d'argent. Je devrais m'être rangé. En dépit de ces souhaits, reste forte l'impression que l'enfant n'est pas prêt à connaître le succès et à se ranger. Cet aveu peut toucher l'âme. La mélancolie du ton signale que l'âme pense à son destin et s'inquiète pour demain. Elle ouvre la voie à l'imaginaire et, jusqu'à un certain point, exprime le pouvoir de l'enfant. La petitesse et l'insuffisance de l'enfant sont les « Sésame, ouvre-toi » du futur et des possibilités qui se manifestent.

L'ignorance de l'enfant porte aussi ses fruits. Dans l'Évangile, l'enfant Jésus est séparé de ses parents au cours d'un voyage à Jérusalem ; il est retrouvé dans le temple discutant théologie avec les rabbins. S'agit-il d'une histoire de miracle, ou est-ce le rappel de l'intelligence particulière de l'enfant, si peu formé et pourtant — comme dit Jung — si sage? Nicolas de Cuse, le grand théologien du quinzième siècle qui a écrit un ouvrage sur l'importance de l'« ignorance savante », prétend que nous devons désapprendre les choses qui nous empêchent de percevoir la vérité profonde. Nous devons réussir à atteindre l'ignorance de l'enfant parce que nous avons été trop brillants. À son tour, le zen recommande de ne pas perdre l'« esprit du débutant » si important pour l'immédiateté de l'expérience.

Ce sont là des qualités de l'enfant qui ne grandit pas, qui ne lui passeront pas avec le temps. En raison de l'inconfort généré par la présence de l'enfant dans l'âme — avec son ignorance et sa maladresse —, il est bien tentant de répudier l'enfant, de le cacher ou de le forcer à disparaître. Ce genre de répression pourtant ne peut que rendre l'enfant plus difficile à manœuvrer. Plus nous essayons de dissimuler notre ignorance, plus nous l'étalons. Plus nous nous donnons l'air calme et souple, plus notre inexpérience saute aux yeux. Plus nous nous efforçons d'être adultes, plus nous trahissons notre puérilité.

J'ai l'impression que si nous réussissons à apprécier l'enfant archétypal intérieur, nous pourrons établir des relations plus ouvertes et plus sensibles avec les enfants. Nous nous demandons toujours comment nous devrions éduquer les enfants. Les politiciens et les éducateurs réclament plus de journées d'école, plus de sciences et de mathématique, une utilisation accrue des ordinateurs et autres technologies en classe, plus d'examens et plus de tests, plus de formation pour les enseignants, et moins d'argent pour l'art. Toutes ces propositions parlent de l'école qui fera des enfants de meilleurs adultes, non pas au sens grec de vertu et de sagesse, mais en termes d'efficacité par rapport à la machine sociale. Toutes ces demandes négligent l'âme. Nous voulons préparer l'ego à la lutte pour la survie, mais nous oublions les besoins de l'âme.

Éduquer veut dire « conduire ». Nous semblons donner à ce vocable le sens de « mener hors de l'enfance », alors que nous pourrions y voir plutôt l'éveil de la sagesse et des talents de l'enfance. Comme le fondateur de l'école de Summerhill, A. S. Neill, l'a soutenu il y a bien des années, nous pouvons être certains que l'enfant possède déjà talent et intelligence. Nous sommes persuadés que, du point de vue intellectuel, l'enfant est une « *tabula rasa* », une page blanche, mais il est possible que l'enfant en sache plus que nous ne le croyons. La sagesse de l'enfant ne ressemble pas à celle de l'adulte, mais elle a sa raison d'être.

Tout ce qui va à l'encontre de l'enfant archétypal va à l'encontre de l'âme, parce que l'enfant appartient à l'âme; tout aspect négligé de l'âme devient source de souffrance. Notre société a bien du mal à découvrir la joie exubérante et la spontanéité de l'enfance; nous dépensons plutôt des sommes folles pour des centres d'activités électroniques qui ne satisfont pas le besoin de plaisir direct qu'éprouve l'enfant de l'âme. Quand on songe à la qualité de l'attention portée aux enfants, les États-Unis font mauvaise figure par rapport à d'autres pays. Malgré tous nos plaidoyers sentimentaux en faveur des enfants, nous ne faisons pas d'efforts réels pour eux. Aux États-Unis sévit la violence infligée aux enfants, même si, d'abondance, on la cache et on la nie. Cette situation tragique est à la fois le symptôme et la cause de notre incapacité d'apprécier l'enfant archétypal. L'enfant peut menacer l'adulte qui accorde plus d'importance à l'information qu'à l'émerveillement, au divertissement qu'au jeu, à l'intelligence qu'à l'ignorance. Si nous décidons d'avoir des égards pour l'enfant, nous devrons faire face aux aspects plus vils de notre nature, à nos émotions indomptables, à nos désirs fous, et à la portée de notre ignorance.

Dans ses mémoires, Jung fait à propos de l'enfant une déclaration remarquable. « Mieux que l'adulte », dit-il, l'enfant « trace le portrait d'un moi complet, celui d'un Homme entier dans toute son individualité. » Il poursuit en disant que l'enfant éveille en l'adulte les attentes primaires pour les désirs vacants perdus dans l'adaptation à la civilisation. L'étendue de la violence physique et de l'exploitation sexuelle des enfants se rattache sûrement à notre relation difficile avec l'enfant archétypal. Le mythe du progrès nous a séduits ; sur le plan social, nous sommes convaincus que notre intelligence et notre développement surpassent ceux de nos aïeux ; sur le plan individuel, nous sommes persuadés que les adultes sont plus intelligents que les enfants. Ce fantasme du développement s'enracine profondément, affectant nombre de nos valeurs. Dans le monde hiérarchisé où nous vivons, nous nous défendons de notre nature primitive en considérant de haut les cultures moins élaborées, et nous nous protégeons de notre petite enfance et de notre enfance en poussant l'enfant vers l'adulte jusqu'à un niveau d'éducation et d'élévation suffisant par le biais d'études et d'une technologie sophistiquée. Il ne s'agit donc pas d'une initiation véritable, qui accorderait en même temps de la valeur à l'existence antérieure et à la nouvelle vie ; c'est plutôt un mécanisme de défense contre la réalité humiliante de l'enfant, réalité qui gêne peut-être, chez l'adulte, la quête prométhéenne de contrôle, mais qui a une grande richesse d'âme. Nous ne pouvons prétendre avoir des égards pour notre âme quand nous nous évertuons à renier ses états inférieurs — dont l'enfance fait partie. Nous avons des égards pour notre âme quand nous reconnaissons l'existence de l'enfance éternelle et consentons à l'incongruité de la vertu constante et à son incapacité de conduire l'être à un cheminement global de sensibilité.

CHAPITRE 3

L'amour-propre et son mythe : Narcisse et le narcissisme

La psychologie actuelle croit énormément aux vertus d'un ego fort. On considère le développement du moi et l'idée que l'on se fait de soi comme des composantes importantes de la personnalité adulte. Malgré tout, on fait du narcissisme — l'habitude de centrer son attention sur soi au lieu de penser au monde des objets et des autres — un trouble de la personnalité. Par ailleurs, la psychologie jungienne, qui s'intéresse à l'inconscient, et la psychologie archétypale, qui tient en haute estime les personnalités sans ego de la psyché, nous donnent l'impression que le moi est un pécheur qui prend tout au pied de la lettre et crée généralement la pagaille. Même l'analyse des rêves est bien tentée de voir que l'ego fait constamment des erreurs. On jurerait qu'il y a une conspiration morale contre l'ego quand on ajoute à cela les vieilles mises en garde de la religion à l'endroit de l'ego et de l'amour-propre — l'orgueil étant considéré comme l'un des péchés capitaux.

Le parti pris et le moralisme des diverses attaques à l'encontre du narcissisme laissent croire que l'âme ment peut-être en rejetant ainsi l'ego et l'amour de soi. Ce qui est à ce point mauvais doit bien valoir quelque chose. Nos vertueux rejets du narcissisme et de l'amour-propre ne pourraient-ils pas dissimuler un mystère quant à la nature de l'amour de l'âme ? Le stigmate que nous apposons au narcissisme n'est-il pas une défense contre les besoins d'amour de l'âme ?

La théorie seule n'arrive pas à expliquer ce problème. Dans ma pratique, je suis souvent étonné quand un adulte autrement avisé et sage, confronté à un choix épineux, réduit ce qui lui arrive à l'affirmation : « Je n'ai pas le droit d'être égoïste. » Quand, avec la personne, j'explore cet impératif moral, je trouve habituellement un lien avec l'éducation religieuse. « J'ai appris qu'il ne faut jamais être égoïste », finit-elle par admettre. Je remarque cependant que la personne a beau insister sur son altruisme, elle semble bien préoccupée par elle-même. En cherchant le désintéressement, le respect de soi disparaît pour devenir un attachement inconscient et corrosif à des idées et à des valeurs toutes faites. Chaque fois que j'entends : « Je ne veux pas être égoïste », je me prépare à livrer une dure bataille à l'ego.

Au regard du narcissisme, notre intolérance générale nous signale encore la présence de sable dans l'huître. Notre réaction révèle l'importance d'une chose cachée. En ce sens, le narcissisme appartient à l'ombre. Quand nous appréhendons la présence de l'ombre chez l'autre, explique Jung, nous éprouvons souvent un sentiment de répulsion. C'est parce que nous faisons alors face à quelque chose que nous désapprouvons en nous, quelque chose à quoi nous livrons bataille, et quelque chose qui contient des valeurs chères à l'âme. Notre représentation négative du narcissisme peut signaler que notre préoccupation à notre endroit contient quelque chose de si éminemment vital que nous l'entourons de connotations négatives. L'irritation de notre morale a beau tenir le narcissisme à distance, elle révèle aussi la présence de l'âme.

Si nous supposons que la boue recèle une pépite d'or, comment préserver le symptôme narcissique ? Comment pénétrer la surface boueuse pour atteindre le besoin qui s'y est enfoncé ? Comme nous commençons tout juste à l'admettre, désormais il nous faut mettre à l'œuvre la sagesse de l'imaginaire. Dans le cas du narcissisme, la voie à suivre se manifeste clairement : nous devons examiner le mythe de Narcisse, qui a donné son nom au trouble.

Narcisse

Comme le rapporte *les Métamorphoses* de l'écrivain romain Ovide, la légende de Narcisse n'est pas seulement l'histoire d'un garçon qui devient amoureux de lui-même. Elle recèle aussi beaucoup de détails subtils et révélateurs. Ovide nous raconte, par exemple, que Narcisse était le fils d'un dieu rivière et d'une nymphe. En mythologie, l'origine contient souvent des vérités poétiques. Selon toute vraisemblance, il y a quelque chose de liquide, d'aqueux en Narcisse et, par extrapolation, dans notre propre narcissisme. Quand nous sommes narcissiques, nous n'avons pas les deux pieds sur le sol (terre) ; nous ne pensons pas clairement (air) ; nous ne brûlons pas de passion (feu). Nous sommes semblables aux personnages oniriques, fluides, informes, baignant plus dans un courant de fantasme que dans la sécurité de notre identité.

Un autre détail, l'augure du célèbre prophète Tirésias, apparaît encore au début de l'histoire : « Il vivra vieux, annonce-t-il à propos de Narcisse, s'il ne se regarde jamais. » C'est une prédiction étrange : l'histoire, signale-t-elle, concerne la connaissance et l'amour de soi ; et cette connaissance, souligne-t-elle encore, mènera à la mort. Cet aspect du mythe nous donne l'impression que nous pénétrons au royaume du mystère au lieu d'appréhender un simple syndrome.

Quand nous retrouvons ensuite Narcisse, il a seize ans et il est tellement beau que nombre de jeunes filles en font l'objet de leur passion. Mais un grand orgueil remplit Narcisse, nous raconte Ovide, et personne ne peut l'atteindre. La nymphe Écho, qui s'amourache de lui, a ceci de particulier qu'elle ne peut que répéter les mots et les phrases qu'elle vient tout juste d'entendre. Un jour, Narcisse perd ses amis de vue et s'écrie : « Il y a quelqu'un ici ?

— Ici, répond Écho.

— Viens me rencontrer, lance Narcisse.

— Me rencontrer », répète Écho.

Quand elle s'approche, Narcisse recule.

« La mort m'emportera avant que je te donne mon pouvoir, jette-t-il.

— Je te donne mon pouvoir », reprend Écho à sa manière.

Dans cet épisode du commencement de la légende, Narcisse ne se connaît pas encore. Son narcissisme n'a pas encore trouvé son mystère. Le symptôme est pourtant déjà à l'œuvre : son égoïsme et sa retenue ne permettent aucun contact avec le cœur. Dur comme la pierre, il repousse toute approche amoureuse. Obsessif mais faux, l'amour-propre ne laisse aucune place à l'intimité avec l'autre. L'impression que l'univers entier ne reflète que soi, reprise en écho, refuse de céder son pouvoir. Le contact avec l'autre ou avec un objet du monde extérieur menacerait le fragile sentiment de pouvoir que maintient le repli hermétique et défensif sur soi. À l'instar de tous les comportements symptomatiques, le narcissisme révèle ses manques dans son insistance. Le narcissique demande continuellement : « Est-ce que je fais bien ? » Nous devons entendre : « Peu importe ce que je fais, peu importe l'effort que j'y mets, je n'arrive pas à sentir que je fais bien. » En d'autres termes, en elle-même, la *manifestation* d'amour-propre narcissique indique l'incapacité de s'aimer soi-même.

En langage jungien, nous pourrions reconnaître dans la distance, la froideur et la retenue de Narcisse, le *puer,* l'enfant de la psyché. Écho, c'est l'*anima,* l'âme qui cherche désespérément à s'attacher la beauté puérile. En présence de Narcisse cependant, l'âme s'amenuise jusqu'à devenir un écho. Le narcissisme n'a pas d'âme. Le narcissisme s'empare de la substance de l'âme, de son influence et de son importance, et la réduit à l'écho de la pensée. L'âme n'existe pas. C'est ce que nous prétendons. Ou bien il n'y a que les modifications électriques et chimiques du cerveau. Ou bien il n'y a que le comportement. Ou bien il n'y a que la mémoire et le conditionnement. Dans notre narcissisme social, nous disqualifions l'âme. Nous pouvons peut-être préparer un budget municipal ou national, mais nous laissons vacants les besoins de l'âme. Le narcissisme n'accorde pas son pouvoir à quelque chose d'aussi intangible que l'âme.

Heureusement, l'histoire continue. L'une des jeunes personnes rejetées par Narcisse le maudit : « Qu'il devienne amoureux et soit incapable de conquérir l'objet de son amour. » Il nous arrive de proférer ce genre de malédiction à voix basse quand nous nous sentons cernés par l'arrogance du narcissisme. « J'espère qu'un jour tu sauras comment on se sent quand on aime quelqu'un qui ne le rend pas », lancera un amoureux éconduit. Nous ressentons la froideur de l'absence d'âme et soufflons une imprécation qui, à l'instar de la prophétie de Tirésias dans la légende, est en fait une bénédiction déguisée. Si la malédiction se réalise, la personne maudite sera peut-être transformée.

Dans la mythologie, les malédictions s'accomplissent parfois de manière dramatique. La déesse Némésis entend la prière et décide d'y répondre, ce qui nous mène à la suite de l'histoire présumée du châtiment de l'orgueil. Au bord d'une source, Narcisse est sur le point de vivre un dangereux épisode psychotique de transformation. L'intervention divine peut toutefois signaler l'éclatement d'un comportement symptomatique, la dissolution de la névrose dans une désorientation douloureuse. On pourrait s'attendre que l'éclatement divin du narcissisme vise la connaissance de soi et l'amour-propre. Que l'identité devienne encore plus confuse et indécise.

L'histoire se poursuit tandis que le jeune homme approche d'une source si étale et si lisse, semble-t-il, que jamais aucun être humain ou aucun animal n'est venu la troubler. Un bosquet frais et sombre l'entoure. Quand Narcisse penche la tête pour s'y abreuver, il voit son image dans l'eau et se fige sur place. Ce visage qu'on croirait sculpté dans le marbre, ce cou d'ivoire, raconte Ovide, fascine Narcisse. (Notons au passage l'image de dureté propre au narcissisme.) Comme tous les autres jeunes gens qui l'ont désiré par le passé, Narcisse aspire à posséder cette forme. Il plonge la main dans l'eau, mais il ne peut s'en emparer. « Ce que tu cherches, dit Ovide, n'est nulle part. Détourne le regard, et ce que tu aimes disparaîtra à jamais. »

La prédiction s'accomplit. Le narcissisme, retour sur soi dépourvu d'âme et d'amour, devient de plus en plus le reflet de lui-même. Il devient immobilité parfaite, émerveillement de soi, méditation sur sa propre nature. Pour la première fois, image puissante de la légende, le narcissique se contemple lui-même. Avant, son attention exclusive à lui-même était vide ; désormais, elle suscite son émerveillement. Le narcissisme symptomatique ne contient ni contemplation de soi ni émerveillement. Dès qu'il commence à se transformer en double du moi, le narcissisme acquiert de la substance. Dans la réalité, le narcissique peut aimer voir son reflet dans le miroir, mais quand son reflet devient âme, il goûte les joies d'un écho plus profond, plus intérieur. Comme Narcisse, pour méditer il a besoin de sa propre image, beaucoup plus efficace et généreuse d'âme que le miroir qui lui sert à approuver ses actes vains.

L'image que voit Narcisse n'en est pas une au sens littéral. Ce n'est pas l'image que nous renvoie le miroir, pas l'« image » — comme on dit l'avenue Madison — que nous voulons projeter, pas celle que nous nous faisons de nous-mêmes. L'image que Narcisse voit est neuve ; elle est « autre » : il ne l'a jamais vue par le passé, il en est fasciné, ensorcelé. « L'image que tu cherches, dit Ovide, n'est nulle part. » On ne peut pas la trouver de manière volontaire. On la trouve inopinément dans une source au cœur d'un bois où le soleil ne brille pas et où l'espèce humaine ne s'est jamais aventurée. Le narcissique ne comprend pas qu'il lui soit impossible de forcer ou de fabriquer l'acceptation de soi. Il doit la découvrir encore plus loin, dans un lieu qu'il ne fréquente habituellement pas. Il doit s'interroger, et peut-être même se perdre en confusion. Il peut même en arriver à se demander: « Que se passe-t-il ? »

Il est particulièrement révélateur que Narcisse découvre dans l'eau cette nouvelle image de lui-même. Cet élément porte une essence spéciale, son patrimoine, quelque chose de lui-même. Je ne veux pas faire un symbole de cette eau narcissique et alléguer que c'est le sein de sa mère ou quoi que ce soit d'autre. Je préfère encore réfléchir à l'image elle-même. En moi, y a-t-il quelque chose qui ressemble à cette source ? Est-ce que j'ai de la profondeur? Mes sentiments et mes pensées trouvent-ils leur source ailleurs, tellement loin des sentiers battus qu'elle est encore étale et vierge ? Y a-t-il en moi un lieu humide, loin de la sécheresse de l'intellectualisme et de l'influence humaine, proche des sentiments et de l'imagination fertile et ombragée ? M'arrive-t-il parfois de me trouver dans un lieu de réflexion où je dois prendre le temps de rêver et de m'émerveiller pour apercevoir un aspect encore inconnu de mon visage ? Si tel est le cas, le mythe de Narcisse, la cure du narcissisme se trouve en moi.

La légende nous raconte ensuite le besoin qu'éprouve Narcisse de se fondre à l'image trouvée. Comme les amoureux qu'il a éconduits, il se languit et souffre. « Quelqu'un a-t-il jamais désiré autant que moi ? » demande-t-il aux arbres. Quand il s'adresse ainsi à la nature, Narcisse montre que sa peine établit pour lui une relation nouvelle avec son âme. Quand l'âme est présente, la nature vit.

Je pense que le fait de s'adresser à la nature participe activement à la guérison du narcissisme. En établissant le dialogue avec le prétendu monde « inanimé », nous admettons l'existence de son âme. La conscience n'est pas le propre de l'espèce humaine. Le contraire est en soi une conviction narcissique. Chaque fois qu'un psychologue soutient que nous projetons notre personnalité dans le monde aussitôt que nous lui parlons, il tient un discours narcissique, comme si la personnalité et l'âme n'appartenaient qu'à l'espèce humaine. Si nous imaginons nous heurter à nous-mêmes comme dans une maison des miroirs, il n'y a pas d'âme, il n'y a que des projections du « moi » et des « productions du moi ». Dès lors, nos quêtes ne réussissent pas à s'articuler, elles ne sont que mises en scène, elles expriment la satisfaction stérile du désir.

James Hillman a écrit que cette quête est une activité essentielle de l'âme, particulièrement de l'âme jeune, *puer*. Ce qui est jeune en nous se languit et désire. Ce qui est jeune en nous ressent avec acuité la séparation et désire douloureusement l'attachement. Le mythe de Narcisse laisse entendre que nous prenons le chemin de la guérison quand nous submerge le désir d'être les personnes que nous commençons à voir. Comme les individus, les pays peuvent vivre cette initiation. L'Amérique souhaite ardemment devenir le phare moral de l'univers et le Nouveau Monde où s'ouvrent tous les possibles. Elle cherche à satisfaire ses images narcissiques. L'écart entre la réalité et ce désir fait peine à voir. Le narcissisme américain est puissant. Le monde entier le voit parader. Si nous devions psychanalyser le pays, nous découvririons sans doute que le narcissisme est son problème le plus évident. Et pourtant ce narcissisme même contient la promesse que le mythe peut vivre. En d'autres mots, le narcissisme américain contient le jeune esprit brut d'une nouvelle vision authentique. Il faut que l'Amérique trouve le moyen de se rendre à la source de transformation pour que son égoïsme se transforme en dialogue affectueux avec le monde.

Il n'est jamais facile de circonscrire un symptôme. Au bord de la source, Narcisse s'aperçoit, à son grand dam, que la plus fine des membranes le sépare du garçon dans l'eau. Son visage est si proche et si inaccessible ! Perdu dans ses pensées, il se rend soudain compte de quelque chose : « C'est moi ! » s'écrie-t-il étonné. Jusqu'à ce moment, il ignorait que le visage chéri était le sien.

C'est un point tournant de l'histoire. Dans un miroir liquide, Narcisse s'amourache d'une personne qu'il prend pour un étranger, même s'il s'agit de lui-même. Le narcissisme s'attache aux images familières du moi. Nous aimons l'image superficielle que nous croyons nôtre, mais Narcisse découvre accidentellement que d'autres images existent, tout aussi aimables. Elles se trouvent dans la source, dans la source même de l'identité. Pour guérir du narcissisme — et sûrement pour porter égard à son âme — il faut s'ouvrir à ces autres images. Comme Narcisse, l'obsédé, le narcissisme est dur et impénétrable. À la source, Narcisse découvre sa douceur naturelle. Comme la fleur, il est devenu souple et beau ; il a pris racine.

Point à remarquer : Narcisse ne réussit à s'aimer que lorsqu'il apprend à faire de lui-même l'*objet* de son amour. Il se voit désormais comme l'Autre. L'ego n'aime pas l'ego ; l'ego aime l'âme, il aime le visage que l'âme lui présente. Nous pourrions dire que la cure du narcissisme demande que l'on passe de l'amour-propre — qui contient toujours une trace de narcissisme — à l'amour de l'âme. En d'autres termes, l'éclatement du narcissisme nous invite à étendre les limites de l'être. En découvrant que le visage dans l'eau de la source est le sien, Narcisse s'écrie : « J'ai ce que je désire. » L'amour éprouvé pour une nouvelle image de soi mène à une nouvelle connaissance du moi et de son potentiel.

La suite de l'histoire contient également des détails significatifs : Narcisse commence à songer à la mort. « La douleur sape ma force, geint-il, il ne me reste que peu de temps à vivre. Je meurs à la fleur de l'âge. » Ces propos nous mènent à un mystère enchâssé dans toute initiation et dans tout rite de passage : la fin d'une forme d'existence antérieure est perçue comme une mort réelle.

Les images de la mort accompagnent parfois les mutations de notre narcissisme. Le garçon à la carapace dure doit cesser d'exister. La seule manière de vaincre notre narcissisme est de souffrir d'une blessure mortelle, de déchirer l'image de nous-mêmes que nous avons soigneusement élaborée et maintenue. On ne guérit pas du narcissisme en satisfaisant aux attentes grandiloquentes entretenues par le passé. Ces attentes doivent disparaître pour qu'apparaisse l'« Autre ».

On peut vivre le mythe de Narcisse de bien des façons. La source peut parfois prendre les traits d'une autre personne. En elle, je peux reconnaître une image que je pourrais aimer et être. La rencontre fortuite avec une image à la fois moi et autre comporte toutefois des dangers. La vie peut changer radicalement. Le « moi » peut se désagréger rapidement et succomber au processus de transformation. Dans la vie, le narcissisme ressemble à l'appât qui nous conduit d'un « moi » désirable à l'autre.

En thérapie, il arrive parfois qu'un patient déclare : « Je pense que j'aimerais être thérapeute. » Nous pouvons certainement relever le ton narcissique de la déclaration, mais peut-être entendons-nous plutôt la voix de Narcisse. L'imagination de ce patient a pris un tournant ; peut-être a-t-elle trouvé une source, vu un visage — celui du thérapeute — s'y refléter, peut-être l'a-t-elle aimé ou en est-elle devenue amoureuse et parle-t-elle au nom du mythe. Il faut distinguer Narcisse du narcissisme, surtout si ce dernier agace. Le moment de la déclaration du patient peut être crucial. Il pourrait bien marquer le commencement d'une nouvelle ramification de la vie ; il ne faut pas le prendre à la légère.

Ovide change ensuite de registre d'images pour passer à l'élément feu. Dans sa douleur, Narcisse commence à se frapper la poitrine qui prend une teinte rougeâtre semblable à celle des pommes. Et puis, comme la cire fond au contact de la douce chaleur, comme la glace se liquéfie au soleil du matin, Narcisse se consume au feu caché de l'amour. Le brasier de l'amour pourchasse le froid qui avait caractérisé l'ancien Narcisse. Les théologiens y voient la victoire de la morale sur l'amour-propre, mais la légende fait plutôt de l'amour un facteur de transformation. L'amour qui réchauffe engendre l'âme.

Narcisse pose alors la tête sur l'herbe au bord de la source et disparaît tout doucement dans le monde souterrain, où il continue de contempler l'image dans les eaux du Styx. Les images, particulièrement celles qui apparaissent dans notre vie et jouent un rôle de premier plan dans nos épisodes de transformation, restent en nous pour toujours. Une fois que nous avons accueilli favorablement une image, notre regard peut toujours se poser sur elle. Si vous visitez la galerie des Offices et voyez « le Printemps » de Botticelli, vous en rêverez votre vie durant ou vous en parlerez souvent pour en faire un modèle de la beauté. Il se présentera à votre esprit au moment où vous méditez ou dans le cours d'une discussion pour vous rappeler sa présence éternelle. Ce fragment du mythe nous permet de croire que nous pouvons toujours susciter l'âme de notre narcissisme en gardant les images qui ont habité notre existence et en veillant sur elles. La thérapie qui passe par l'art ou le journal personnel s'appuie justement sur ce postulat : elle nous permet de faire nôtres des images qui nous ont transformés. Certaines photographies, certaines vieilles lettres peuvent provenir de la Source. D'un point de vue culturel, les pièces de théâtre, les tableaux, les sculptures et les édifices anciens nous convient dans les profondeurs de nous-mêmes. L'art peut guérir le narcissisme. Les termes « curateur » et « curé » ont fondamentalement le même sens. En nous faisant les curateurs de nos images, nous prenons soin de notre âme.

L'histoire d'Ovide prend fin sur un détail pittoresque. Les compagnons de Narcisse cherchent son cadavre et ne le trouvent pas. À sa place, ils découvrent une fleur au cœur jaune et aux pétales blancs. Voici que le dur narcissisme marmoréen s'est transformé en jonquille à texture douce et souple, le narcisse. Un mage de la Renaissance dirait probablement que dans nos périodes narcissiques nous devrions placer des narcisses frais dans la maison pour nous rappeler le mystère que nous vivons. La légende commence avec la difficile contemplation de soi et prend fin avec l'épanouissement de la personnalité. Le soin de l'âme demande que nous voyions le mythe dans le symptôme, que nous sachions qu'une fleur attend de percer la dure surface du narcissisme. En connaissant le mythe, nous pouvons approcher le symptôme, appréhender la règle mystérieuse qui veut que toute maladie de la psyché porte sa propre cure.

Narcissisme et polythéisme

L'histoire de Narcisse montre clairement que, parmi les dangers du narcissisme, se trouvent l'inflexibilité et la rigidité. La souplesse est l'une des qualités essentielles de l'âme. Dans la mythologie grecque, la souplesse des dieux et des déesses est l'un de leurs traits caractéristiques. Chacun des dieux et chacune des déesses a sa manière propre de maintenir le polythéisme.

On fait du polythéisme davantage une conviction religieuse

qu'un modèle psychologique. Bref, d'un point de vue psychologique, notre âme connaît des sollicitations multiples. Il n'est pas possible — ni souhaitable — de regrouper ces impulsions sous l'égide d'une perspective unique. Au lieu de chercher à unifier la personnalité, le polythéisme nous recommande de vivre dans la diversité de ses facettes. Sans pousser l'idée plus loin, certaines gens ont supposé que la morale polythéiste admet tout, sans code d'éthique, dans le fatalisme. « Poly » signifie « plusieurs », pas « tout ». La morale polythéiste nous permet de vivre les tensions qui nous viennent des différentes sollicitations.

En psychologie, le polythéisme est plus une question de qualité que de quantité. Quand vous faites preuve de tolérance à l'endroit des exigences concurrentes de l'âme, la vie devient plus complexe et plus intéressante. Il y a, par exemple, les besoins contradictoires de solitude et de vie sociale. Chez la plupart de nous se trouvent à la fois un esprit de communauté et un esprit de solitude. Ils semblent parfois se faire la guerre. Les gens se plaignent à l'occasion de notre loyauté à l'esprit de communauté ou à l'esprit de solitude. Mais il est possible de les tisser tous deux à même notre vie, pas seulement avec notre logique, mais avec notre cœur, profondément. En fait, plus nous acceptons les exigences complexes et concurrentes, plus chacune se fait subtile. On peut trouver la campagne à la ville et la communauté et le raffinement à la campagne. Avec une approche polythéiste, il peut être difficile de manœuvrer son existence, mais la vie est intéressante et toujours en mouvement. Qui plus est, comme les détours du labyrinthe, les enchevêtrements du polythéisme nourrissent l'âme.

L'une des récompenses les plus valorisantes du polythéisme est l'intimité avec le cœur rendue possible. Quand nous nous efforçons de garder une perspective monothéiste — de faire ce qu'il convient de faire, de respecter les traditions, de trouver constamment le sens de la vie —, notre morale tient parfois certaines parties de notre nature à distance et nous empêche de bien les connaître. Un homme qui n'avait jamais campé de sa vie était persuadé qu'il détesterait le camping, mais il devint un jour amoureux d'une femme qui adorait dormir sous les étoiles. Au cours de leur première nuit dehors, il leva les yeux sur le ciel brillant et avoua qu'il n'aurait jamais cru jouir d'un acte aussi merveilleux, aussi simple. Il ignorait que quelque chose en lui y prendrait plaisir, déclara-t-il, entrouvrant ainsi la porte au polythéisme.

L'attitude polythéiste permet à chacun d'accepter les facettes de la nature humaine et de sa propre nature autrement bloquées par l'esprit univoque. Le narcissisme névrotique ne nous laisse pas le temps d'arrêter, de réfléchir, de lire les multiples émotions, souvenirs, souhaits, fantasmes, désirs et craintes qui fabriquent l'âme. Le narcissique s'attache donc à une seule dimension de lui-même et rejette automatiquement toutes les autres possibilités. Le mythe — surtout l'épisode de la découverte de l'« autre » visage dans l'eau de la source — nous donne une leçon de polythéisme.

Au lieu de considérer le narcissisme comme un problème, nous pouvons donc en faire une occasion. Il ne s'agit pas d'un trouble de la personnalité ; c'est plutôt l'âme qui s'efforce de trouver son altérité. Le narcissisme ne fixe pas tant son regard sur l'ego qu'il ne manifeste le besoin de connaître les paradoxes du moi, y compris ce qui relève de l'ego et ce qui n'en relève pas.

Cette approche du narcissisme laisse croire — du moins je le pense — qu'il est mauvais d'éprouver des sentiments négatifs à l'endroit de l'ego — voire de l'égotisme. L'ego a besoin d'amour, demande l'attention et cherche la révélation. Cela fait partie de sa nature. Chacune des faces de la psyché éprouve des besoins qui semblent désagréables, et même monstrueux. La psychologie populaire a tendance à romancer la figure de l'enfant. Les gens vont dans des ateliers pour « découvrir leur enfant intérieur ». Y vont-ils pour réveiller l'enfant qui pleure, qui est dans le besoin, qui boude, gaspille tout ce qu'il voit, salit son pantalon ? Tous ces aspects font aussi partie de l'enfant. L'ego, la construction que nous appelons si facilement « moi », éprouve des besoins qui n'ont pas grand-chose d'attendrissant. Si nous devons admettre tous les visages de notre âme, toutes les personnes que nous sommes en même temps, je pense que nous devrions trouver une place pour la personnalité que, plus souvent qu'autrement, nous appelons « moi ».

Le narcissisme est peu disposé à accorder beaucoup d'attention au « moi ». Si le mythe doit nous apprendre quelque chose, c'est que le narcissisme est un état malencontreux ; il demande que nous découvrions en nous la source où peut apparaître un autre « moi », qui réclame notre attention et notre affection. Le narcissique ne connaît tout simplement pas la profondeur et l'intérêt de sa propre nature. Son narcissisme le condamne à porter sur ses épaules le fardeau des responsabilités de la vie. Une fois qu'il a découvert que d'autres personnalités entourent le « moi », il peut leur confier une partie du travail de la vie. Le narcissisme peut avoir l'air d'un plaisir indulgent, mais derrière sa façade de contentement se cache une charge accablante. Le narcissique s'efforce d'être aimé, mais il n'y réussit jamais parce qu'il ne sait pas encore qu'il lui faut faire de lui-même l'objet de son amour avant d'être aimé.

L'éclosion de la vie

Il y a quelques années, j'enseignais la psychologie dans une université quand un jeune homme intéressant et brillant vint assister à l'un de mes cours. Il semblait mûr, dévoué aux causes sociales et prenait plaisir aux discussions. Il avait lu plusieurs ouvrages sérieux, ce qui était assez inhabituel dans cette université. À sa manière d'attirer les gens à lui tout en gardant ses distances, je pressentis bien vite Narcisse en lui. Écho était là, elle aussi. Il avait l'habitude de répéter les idées qui lui venaient de plusieurs sources différentes et de les présenter comme si elles étaient siennes — c'est là un signe de narcissisme. Mais j'ignorais à quel point il était proche du mythe, jusqu'au jour où il vint me demander un entretien.

Il s'assit en face de moi, l'air inhabituellement sérieux.

« Qu'y a-t-il ? » demandai-je.

— Il faut que je parle à quelqu'un, lança-t-il, les yeux ardents ; il faut que je raconte ce qui m'est arrivé.

— Allez-y.

— J'ai découvert quelque chose qui me concerne...

— J'écoute.

— Je suis Jésus-Christ.

— Oh ! m'exclamai-je, peu préparé à l'expression si crue de son estime de soi.

— J'ai pour mission de sauver le monde, poursuivit-il. Je sais que je peux accomplir des miracles. Pour le cas où vous ne comprendriez pas, je ne veux pas dire que je suis chrétien ou disciple du Christ. Je suis Jésus lui-même revenu sur Terre. Je sais que vous me penserez fou, mais c'est la vérité.»

Je crois que ce jeune homme avait une véritable vocation : il en possédait le talent, la conviction, l'idéalisme et l'énergie. Si les symptômes de son narcissisme n'allaient jamais plus loin, il aurait des ennuis. Il ne pourrait jamais rien accomplir ; au mieux pourrait-il se condamner à une vie d'idéalisme déçu. Je relatai un jour cette histoire à un collègue du milieu hospitalier. « Dans notre département, il y a aussi un certain nombre de Jésus », répondit-il. Je croyais tout de même que le potentiel de mon étudiant était au moins aussi grand que ses idées narcissiques étaient absurdes. Dans son cas, le soin de l'âme lui demanderait de garder ces fantasmes, de les nourrir jusqu'à ce qu'ils se fondent à son pouvoir et à son efficacité. Au lieu de transformer les fantasmes de cet homme en banals symptômes, je voulais les considérer comme autant d'invitations à mener une existence engagée, motivée. Plutôt que de me demander d'où lui venaient ces extravagantes pensées, je cherchai à savoir comment il pourrait vivre son rêve. Je ne veux pas dire par là qu'il faut balayer du revers de la main le danger et la folie de son identification avec Jésus ; elle pourrait bien le conduire à la carrière bizarre de Jim Jones. Je veux dire que si le narcissisme est traité de manière attentive et positive, il peut trouver son épanouissement dans la vie ordinaire.

Certains psychologues allèguent que les idées de grandeur du *puer* demandent à être ramenées sur terre. Il doit vivre sa vie et rattacher ses idées fantasques à une existence plus modeste. On doit le ramener dans la réalité, là où vivent les autres. Je doute que l'on puisse compenser par l'opposé. Je crois que l'on pourrait de la sorte maintenir le clivage et achever de confondre l'individu prisonnier de ses envolées fantasmatiques. Je crois que nous devrions utiliser une approche plus homéopathique, accepter le symptôme comme il se présente tout en l'approfondissant.

Dans le mythe, la nature de Narcisse fleurit littéralement. Il ne devient pas un adulte mûr dévoré par le remords envers sa folie adolescente. En fait, le garçon des Enfers qui médite éternellement sur son image, nous permet de croire que le narcissisme guérit quand on l'amène à l'essence de la personnalité et quand cet esprit de la jeunesse prend demeure éternelle dans l'âme. Le comportement est symptomatique quand nous refusons de lui donner asile, quand nous n'en faisons pas une partie légitime de notre nature. Mon jeune étudiant aurait pu avoir besoin d'années de réflexion avant que son narcissisme puisse devenir le mythe qui renseigne sa vie. Où serions-nous, où serait notre société sans l'idéalisme monstrueux de la jeunesse, sans l'identification extravagante à

Jésus, à Mozart, ou à Martin Luther King junior ? Il n'y a pas lieu de ramener sur terre l'idéalisme aux envolées narcissiques ; je crois qu'il faut plutôt l'accepter, méditer sur lui, l'étreindre pour qu'il puisse passer tout naturellement de ses attentes froides et dures comme l'ivoire à une vie chaleureuse, belle, et terrestre.

Parce qu'il suscite des sentiments puissants propres à l'ombre, nous sommes empêchés de concevoir toute issue positive au narcissisme. Ce dernier va à l'encontre de l'une des vertus professées par la culture américaine, l'humilité. Nous sommes censés être humbles et modestes. Le narcissisme est le revers de l'humilité ; alors nous tentons de le ramener à un niveau acceptable. Toutefois le narcissisme, même sur le plan social, semble indiquer que nous n'avons pas besoin d'humilité — surtout de l'humilité qui naît de la répression de l'ambition —, mais de grands rêves, d'idéaux élevés, et du plaisir tiré de notre talent et de nos capacités.

Le problème, avec le narcissisme, ce n'est pas l'idéal et l'ambition, c'est la difficulté de leur donner corps. Le narcissique trouve en lui-même et dans son entourage la résistance à son mythe. Le ton narcissique dégoûte les amis et les collègues. En réaction — en contre-transfert — à ce mythe, ils adoptent fréquemment un ton parental et moralisateur. « Ce jeune homme a besoin de vivre un peu et de descendre de ses grands chevaux. » « Quand mûrira-t-elle ? » Mais mûrir ne règle pas le problème du narcissisme. Au contraire, la solution au narcissisme est de chercher à réaliser le mythe autant que possible, jusqu'à ce qu'un minuscule bourgeon apparaisse pour signaler la floraison de la personnalité dans son narcissisme même.

L'amour-propre

Le narcissisme est l'état de la personne qui ne s'aime *pas* elle-même. L'échec amoureux se manifeste par son contraire parce que l'individu s'efforce de trouver l'acceptation de soi. Le complexe se révèle dans l'effort trop évident et dans l'exagération. Dans le narcissisme, il est évident que l'amour est superficiel. Nous savons d'instinct que le moi de la personne qui parle sans répit d'elle-même manque de définition. Pour le prisonnier du mythe, l'incapacité d'éprouver de l'amour-propre ressemble à une sorte de masochisme. Quand le masochisme entre en jeu, le sadisme n'est jamais bien loin. Les deux attitudes sont les pôles d'un archétype au pouvoir divisé.

Le narcissique manifeste son sadisme quand il rejette les autres et exprime ses sentiments de supériorité. Son masochisme, par ailleurs, apparaît clairement dans ce que j'appelle le « narcissisme négatif ». Certaines gens pensent éviter le piège du narcissisme en se jugeant et en se réprimandant constamment. Même si cette attitude semble à l'opposé de l'amour-propre, elle appartient tout de même au narcissisme. L'accent, même négatif, ne porte pas sur la vie et sur les objets mais sur le moi. Le masochisme, dès lors, peut prendre les traits de l'autocritique.

Un jour, une artiste m'entretint de sa peinture. Elle me montra des échantillons de son travail ; elle me sembla très talentueuse. J'eus l'impression qu'elle pourrait consacrer sa vie à l'art. Tandis que nous parlions, je remarquai que, dans son attitude à l'égard d'elle-même et de son travail, quelque chose faisait interférence.

« J'aime surtout le réalisme sans perspective de vos dernières toiles », lui dis-je.

— Oh ! je ne sais pas ! se lamenta-t-elle. Je pense que tout ce que ça montre, c'est que je n'ai pas assez étudié. Vous savez, depuis toujours, j'aurais voulu étudier l'art, mais ma famille n'en avait pas les moyens.

— Comment faites-vous pour donner tant d'harmonie à ces couleurs tout en les faisant contraster ? demandai-je, impressionné par son style.

— Je n'ai pas vraiment de formation», poursuivit-elle, soucieuse de ses origines et de sa scolarité.

Le dénigrement de soi, c'est du narcissisme à l'envers. Il dépouille l'âme de son attachement au monde. Non seulement cette femme était-elle incapable de parler aux arbres — dans la légende, quand Narcisse parle aux arbres, il signale qu'il va quelque part —, mais encore était-elle incapable de parler de ses toiles. Son « moi » faisait interférence. À cause du souci constant de son image, elle n'arrivait pas à s'attacher à son travail. Je me dis que si elle avait d'elle l'image d'une artiste, si elle arrivait à aimer cette image, elle pourrait passer outre à ses sentiments d'infériorité et se concentrer sur son travail. L'âme cherche toujours à s'attacher, mais le narcissisme, comme on l'a vu dans le mythe, n'arrive pas à rendre l'individu disponible pour l'attachement. Dans notre narcissisme, on dirait que nous sommes faits d'ivoire : nous sommes beaux mais impénétrables.

Bien des gens semblent avoir du mal à différencier le narcissisme de l'amour de soi convenable et nécessaire. En conséquence, la personne embarrassée à l'idée de chercher l'éloge se refusera le plaisir de l'accomplissement. Elle fera peu de cas d'un succès évident ou aura du mal à accepter les compliments, en pensant de la sorte éviter les pièges du redoutable narcissisme. La fausse humilité refuse à l'ego l'attention à laquelle il aspire ardemment. Mais ce refus est narcissique en ce qu'il concentre de manière négative son attention sur l'ego au lieu de s'attacher aux possibilités agréables de l'existence.

La guérison du narcissisme, le contentement de cette faim symptomatique, demande que l'on donne à l'ego ce dont il a besoin : le plaisir de la réussite, l'acceptation et une certaine reconnaissance. On n'a pas d'égard pour son âme quand on refuse — de manière masochiste — à l'ego la satisfaction de son désir. Au contraire, en sacrifiant le besoin de l'âme, on achète à rabais un faux sentiment de vertu. Poussé par les idées de pureté et de maîtrise de soi, l'individu peut refuser ainsi à l'ego toutes sortes de conforts et tout de même nager en plein narcissisme. Les approches spirituelles se soucient à l'envi de progrès individuel, d'approbation par l'autorité, de quête de sainteté et autres idées de grandeur. Il est possible de prendre une autre approche : d'entendre les plaintes de l'âme et de leur donner amour et attention, même quand elles nous paraissent très suspectes.

Pour guérir du narcissisme, le secret n'est pas tant de chercher à y remédier, mais de l'écouter. Le narcissisme signale que l'âme n'est pas suffisamment aimée. Plus le narcissisme est grand, moins il y a d'amour. Le mythe de Narcisse est extraordinairement subtil. Narcisse devient amoureux de son image, mais il ignore qu'il s'aime lui-même. Sa propre expérience lui fait découvrir qu'il est aimable. Qui plus est, il est l'objet de son amour. En notre époque d'individualisme et de subjectivité, on considère que faire de l'autre un objet est un péché. Et pourtant, c'est la seule manière de se voir « objectivement ». Nous pouvons examiner nos expériences et nos personnalités comme autant d'instances distinctes du « moi ». Je suis « ça ». Je suis fait de qualités et de choses ; en les aimant, je m'aime moi-même.

Quand on se tourne vers l'alchimie pour comprendre l'âme, comme Jung l'a fait, on s'aperçoit que le moi est fait de matériaux avec leurs procédés et leurs qualités : sel, soufre, fer, eau ; froid, chaud ; sec, humide ; cuisson, faible ébullition, cuisson à l'étouffée, ébullition. Nous employons tous les jours ces termes pour décrire nos états d'âme. Quand, pour pouvoir aimer notre âme sans nous empêtrer dans le solipsisme de l'autocontemplation, nous admettons sa nature objectale, nous pouvons, à l'instar de Narcisse, nous aimer en faisant de nous l'Autre. Nous pouvons même considérer l'ego de cette manière. Nous connaissons nos habitudes, nos faiblesses, nos forces, nos bizarreries. Il n'est pas nécessairement narcissique de les considérer avec intérêt et amour. En fait, en prenant conscience des qualités de notre âme — la distance qu'éprouve Narcisse par rapport à l'objet de son amour —, nous pouvons transformer le narcissisme en amour-propre véritable.

En passant, le narcissisme n'est pas toujours le propre de l'individu. Les édifices, les œuvres d'art, les plans urbains, les autoroutes, les films, les lois sont tous teintés — ou même striés — de narcissisme. L'objet narcissique montre qu'il ne s'aime pas lui-même. C'est étrange à dire, mais un édifice peut trop s'afficher quand sa forme essentielle suffit et est aimable en soi. À mon avis, l'Empire State Building, par exemple, s'élève et montre son assurance, tandis que nombre d'édifices urbains insistent trop sur leur individualité. On dirait qu'ils veulent s'élever tout seuls. Comme s'ils se sentaient inférieurs au milieu des autres, comme s'ils devaient exagérer leurs particularités pour qu'on les remarque. L'Empire State Building ne perd pas sa stature même si les autres édifices autour de lui sont plus élevés et plus récents. Il a l'air tranquille dans son amour-propre.

Le mythe nous enseigne encore autre chose : le narcissisme fait partie du processus de transformation. Dans la légende, le décor passe d'un boisé au monde souterrain, le personnage humain devient fleur, passant de l'état de personne à celui d'objet. J'y vois le passage de la subjectivité humaine à la nature. Le narcissisme se guérit loin de la solitude et dans la création ; dans notre narcissisme, nous blessons la nature et fabriquons des objets impossibles à aimer. Quand notre narcissisme se transforme toutefois, l'amour du moi engendre l'union avec la nature et les objets. Nous pourrions dire que nous partageons avec toutes les autres créatures un narcissisme, un amour-propre mutuel, une sorte de consanguinité mystique. Si nous ne craignons pas le mysticisme, nous pouvons ajouter que le narcissisme ne peut trouver la voie de la guérison que lorsqu'il devient vertu religieuse. Tous les symptômes et tous les problèmes humains, une fois approfondis et accomplis avec âme, trouvent leur solution dans une sensibilité toute religieuse.

Rainer Maria Rilke s'est fait le poète de cette philosophie de la transformation du quotidien en sacré, du visible en invisible. Dans une lettre célèbre de 1925, il écrit : « Nous avons tous pour tâche de nous imprégner si profondément, si douloureusement et si passionnément de cette Terre périssable que son être puisse encore surgir, "invisible", en nous. » Cette citation m'a fait penser au moment où Narcisse devient fleur : la nature se manifeste dans nos existences humaines et, acte de création, notre personnalité fleurit. Dans ses *Sonnets à Orphée,* Rilke fait encore clairement référence à Narcisse :

> Le reflet dans l'étang souvent
> Peut se perdre à nos yeux :
> sache l'image.
> Dans le double royaume enfin
> les voix seront
> éternelles et douces [1].

Le narcissique peut être dur et cruel, même quand il s'autocritique âprement. Mais quand il découvre le « royaume duel » et que Narcisse, allongé au bord de la source, découvre son altérité, les profondeurs éternelles et intactes lui apportent la connaissance et la confiance. Elles enlèvent aussi son tranchant au sadisme du narcissisme, parce que la douceur règne dans les eaux de la découverte de soi. Comme Narcisse, nos tentatives pour nous protéger n'ont plus rien de marmoréen ; nous devenons plutôt semblables à la fleur

---

1 Rainer Maria Rilke, *Les Élégies de Duino. Les Sonnets à Orphée,* Paris, Aubier, 1943, p. 159. Traduction de J.-F. Angelloz.

aux racines profondes et à la beauté terrestre indulgente, nous goûtons la modestie honnête de la nature.

Trop souvent, nous n'exploitons pas nos symptômes. La métamorphose ne survient pas sans une participation adroite. C'est exactement ce que nous enseignent les magiciens de la Renaissance comme Ficin et Pic de la Mirandole, qui a écrit que nous devons nous faire les artistes et les poètes de notre existence. L'imagination transforme les symptômes. Si je m'aperçois que mes propos se teintent de narcissisme, je peux saisir la balle au bond et chercher les facettes de mon âme que je n'aime pas ou auxquelles je ne porte pas égard. Les circonstances, le moment et le langage de mon narcissisme me disent exactement où chercher et quoi faire. Étrangement, je peux éprouver de la reconnaissance pour mon narcissisme, si je le reconnais comme tel et si j'entends gronder le mythe en lui.

CHAPITRE 4

Les initiations à l'amour

L'amour, disait Platon, est une sorte de folie, une divine folie. De nos jours, nous parlons de l'amour comme s'il s'agissait d'un aspect de la relation et — très souvent — comme si nous en avions le contrôle. Nous essayons de faire comme il se doit, de réussir l'amour, de surmonter ses problèmes et de survivre à ses échecs. Nombre de problèmes abordés en thérapie tournent autour des grandes espérances et des catastrophes amoureuses. Il est évident que l'amour n'est jamais simple, que les luttes du passé et les espoirs pour l'avenir l'accompagnent, qu'il est chargé des éléments liés — de près ou de loin — à la personne qui fait l'objet du sentiment.

Nous parlons parfois de l'amour à la légère, sans reconnaître son pouvoir et sa durabilité. Nous attendons toujours que l'amour soit apaisant et entier, et nous nous étonnons de constater qu'il peut aussi engendrer des échecs creux. Le deuil du divorce est un processus long et douloureux qui ne finit jamais vraiment. Nous ignorons souvent si nous avons fait ce qu'il fallait; même quand notre esprit a trouvé la paix, les souvenirs et l'attachement persistent, au moins dans les rêves. Les gens se torturent aussi beaucoup à propos de l'amour qui n'a jamais trouvé à s'exprimer. Une femme pleure chaque fois qu'elle pense à son père en route pour la salle d'opération la dernière fois qu'elle l'a vu. Même si leur relation a toujours été tendue, elle éprouve le besoin ardent de lui dire qu'elle l'aime. Elle s'est retenue de le faire, et désormais il est trop tard. Son remords est amer et persistant. Dans *le Banquet,* son ouvrage sur la nature de l'amour, Platon a dit que l'amour était l'enfant de la plénitude et du vide. Chacun de ces aspects accompagne l'autre.

Le fait que nous aimions l'amour et nous attendions qu'il remplisse notre existence paraît faire partie de l'expérience. L'amour semble promettre que les blessures ouvertes de la vie se refermeront et guériront. Il importe vraiment peu que, par le passé, l'amour se soit révélé douloureux et troublant. L'amour porte le renouvellement de soi. Comme les déesses grecques, l'amour peut recouvrer sa virginité dans un bain d'oubli.

J'imagine que nous apprenons quelque chose de l'amour chaque fois que nous le vivons. À la suite de l'échec d'une relation, nous décidons de ne plus jamais commettre les mêmes erreurs. Jusqu'à un certain point, nous nous endurcissons et devenons peut-être un peu plus sages. Mais l'amour lui-même est éternellement jeune et manifeste toujours un peu de la folie de la jeunesse. Il est en ce sens peut-être préférable de ne pas se lasser de la souffrance et des impasses de l'amour. Il faut plutôt nous rendre compte que l'amour nous lègue un sentiment de vide, lequel — considéré sous cet angle — appartient à sa nature même. Il n'est pas nécessaire de faire de bien grands efforts pour éviter les erreurs passées ou pour apprendre à devenir plus sages en amour. Après avoir connu les foudres de l'amour, nous pouvons progresser en nous abandonnant librement encore une fois, en dépit de nos soupçons, nous rapprocher davantage de l'obscurité et du vide mystérieusement nécessaires au sentiment amoureux.

Il est peut-être plus utile de considérer l'amour comme un état d'âme que comme un aspect de la relation. Les guides anciens adoptaient d'ailleurs ce point de vue. Il n'y est pas question de faire fonctionner une relation, même si l'on y célèbre l'amitié et l'intimité. On accorde plutôt de l'importance aux effets que l'amour produit sur l'âme. L'amour ouvre-t-il des perspectives ? Initie-t-il l'âme d'une certaine manière ? Transporte-t-il l'amoureux hors de la sphère terrestre, jusqu'à la conscience des choses divines ?

« Qu'est-ce que l'amour humain ? demande Ficin. Quel but poursuit-il ? L'amour, c'est le désir de s'unir avec un bel objet pour rendre l'éternité accessible à la vie mortelle. » Les plaisirs terrestres, nous enseignent les néoplatoniciens, nous invitent aux délices éternels. Les enchantements du quotidien qui nous transportent vers l'éternité, ajoute Ficin, sont des « appâts magiques ». En d'autres termes, entre deux individus, les relations qui nous semblent parfaitement terrestres tracent en même temps un chemin vers les expériences plus profondes de l'âme. L'amour confond ses victimes parce que son travail sur l'âme ne coïncide pas toujours exactement avec le rythme et les besoins apparents de la relation. Novalis, un poète romantique allemand, a simplifié les choses : l'amour, dit-il, n'a pas été fait pour ce monde.

Pour ce qui est de l'amour, Freud nous donne le moyen de détourner notre attention des tracas de la vie pour la tourner vers l'âme. L'amour, soutient-il, commande toujours le transfert des modèles familiaux dans la relation. Le père, la mère, les sœurs et les frères font toujours partie de l'amour ; leur présence est invisible mais influente. Freud tourne notre attention vers les fantasmes profonds qui se réveillent avec l'amour. Nous pouvons bien sûr réduire les propos de Freud et soutenir que l'amour actuel n'est qu'un vieil amour ressuscité. Nous pouvons aussi répondre à son invitation et voir comment l'amour rend l'âme fertile en souvenirs et en images.

Freud, pouvons-nous comprendre, nous rappelle que l'amour inclut une foule de gens. Je me souviens d'un rêve que j'ai fait il y a environ quinze ans. Je me trouvais dans une vaste chambre à coucher en compagnie d'une belle femme que je ne connaissais pas. Je voulais éteindre les lumières brillantes qui me dérangeaient. Je trouvai une longue plaque de commutateur sur le mur, avec une vingtaine d'interrupteurs. Tandis que je pressais un bouton, certaines lumières s'éteignaient et d'autres s'allumaient. Je poussai tous ces interrupteurs sans obtenir l'obscurité cherchée. Lorsque je finis par abandonner, une foule de gens entra dans la pièce. C'était sans espoir. Impossible d'obtenir l'obscurité ou l'intimité que je désirais tant.

Dans le sentiment amoureux, quelque chose souhaite l'aveuglement, l'absorption totale et l'évitement de toute complexité. Dans mon rêve, je refusais que les autres figures de l'âme participent de quelque manière que ce soit à cette occasion d'amour tout simple, tout naturel. Je ne voulais pas de lumière non plus. Je recherchais l'inconscience pure, la noirceur absolue. En fait, à mesure que l'amour entre deux personnes se complexifie, il devient de plus en plus difficile de penser l'un à l'autre et à ce qui se passe. Il n'est pas facile de permettre à l'âme de faire son entrée, avec son histoire et sa complexité.

J'ai déjà travaillé avec une femme sur le point de se marier. Elle fit une série de rêves troublants dans lesquels son frère faisait sans cesse obstacle à son mariage. Il l'aimait et avait décidé de détruire cette union qui mettrait fin à son intimité avec sa sœur. La femme me raconta également qu'elle avait des rêves éveillés au cours desquels elle aimait son frère et souhaitait pouvoir épouser en même temps son fiancé et son frère. Ce qu'il y a de particulièrement intéressant dans l'intensité de ses sentiments, c'était que, dans la réalité, elle n'avait pas de frère. C'était une figure forte, active et importune de son âme. Elle lui donnait apparemment l'occasion de réfléchir et de se poser des questions. Pour employer des termes jungiens, ce frère se comportait comme une figure significative de *l'animus* qui la critiquait et lui donnait un temps d'arrêt. C'était également le représentant de l'âme; il lui rappelait que l'amour humain n'est pas aussi simple qu'il y paraît. Dans son essai sur le mariage, Jung déclare que l'amour engage toujours quatre individus : la personne, l'amoureux, l'*anima* et l'*animus*. Mais les rêves dont nous venons de parler laissent croire que beaucoup plus de gens encore sont invités à la nuit de noces.

Nous pouvons emprunter à Freud un principe général : l'amour suscite une activité intense de l'imagination. « Être amoureux », c'est un peu comme « être imaginatif ». Les soucis du quotidien, hier tellement préoccupants, disparaissent pratiquement dans la foulée des rêveries de l'amour. La réalité s'estompe tandis que s'installe le monde imaginaire. Ainsi, la « divine folie » se rapproche-t-elle de la manie de la paranoïa et autres dissociations.

En ce cas, devons-nous guérir à tout prix de cette folie? Au XVIIIe siècle, dans son imposant guide, *l'Anatomie de la mélancolie,* Robert Burton soutient qu'il n'existe qu'une seule cure à la maladie mélancolique de l'amour : s'y abandonner. De nos jours, certains auteurs allèguent que l'amour romantique est une illusion telle qu'il nous faut nous méfier et garder notre tête pour ne pas nous égarer. À cet égard, les avertissements de ce genre trahissent la méfiance à l'égard de l'âme. L'amour devrait plutôt guérir notre attachement à une existence sans fantaisie. L'amour a peut-être entre autres pour fonction de nous guérir de notre imagination anémique, d'une existence vide d'attachement romantique et abandonnée à la raison.

L'amour nous fait accéder au royaume de l'imagination divine, où l'âme s'étend et nous rappelle ses besoins et ses désirs mystérieux. Quand un amoureux ne voit que du beau chez son amante, nous croyons qu'il ne voit que le beau côté des choses, nous sommes persuadés que « l'amour est aveugle. » Mais peut-être est-ce le contraire. L'amour permet de voir la nature angélique de l'Autre, son halo, son auréole de divinité. Bien sûr, dans la perspective du quotidien, ce n'est que folie et illusion. En relâchant notre emprise sur la philosophie et la psychologie de l'éducation et de la raison, nous pouvons apprendre à apprécier la perspective d'éternité qui entre dans nos vies sous les traits de la folie, de la divine frénésie de Platon.

L'amour rapproche notre conscience de l'état onirique. En ce sens, comme un rêve, de manière poétique, suggestive et — il faut en convenir — obscure, l'amour révèle plus qu'il ne fausse. La théorie platonicienne de l'amour pourrait également nous enseigner d'autres formes de folie, comme la paranoïa et la dépendance, preuves que l'âme cherche à satisfaire ses propres désirs. L'amour platonique n'est pas l'amour sans sexe. C'est celui qui découvre dans le corps et dans la relation humaine la route de l'éternité. Dans son ouvrage sur l'amour, *Convivium* — sa réponse au *Banquet* de Platon —, Ficin (celui à qui l'on doit l'expression « amour platonique ») déclare : « L'amour est en partie éternité et en partie temporalité. » L'amour chevauche ces deux dimensions, nous donnant la possibilité de vivre en même temps dans les deux. Les incursions de l'éternité dans le quotidien nous perturbent, parce qu'elles dérangent nos projets et ébranlent la tranquillité que nous avons acquise avec notre raison terre à terre.

Tristan et Iseult

Pour apprécier le mystère de l'amour, il nous faut renoncer à l'idée qu'il s'agit d'un problème psychologique et que, lectures et conseils à l'appui, nous réussirons à faire les choses comme il se doit, sans illusion ni folie. Nous n'avons aucun égard pour notre âme quand nous la ramenons au raisonnable. Notre souci pour l'hygiène mentale nous encourage à considérer toutes les formes de manie comme des maladies. La divine folie de Platon n'a pourtant rien de pathologique du point de vue de la santé : c'est une ouverture sur l'éternité. C'est l'allégement des limites rigoureuses imposées par la vie saine, pragmatique. C'est la porte qui s'ouvre pour nous faire sortir de la raison humaine et pénétrer dans le mystère divin.

Les célèbres histoires d'amour de la tradition occidentale nous aident à réfléchir aux dimensions éternelles de l'amour. En raison de la profondeur du mystère et de la grandeur de l'expression qui les entourent, nombre de ces légendes appartiennent presque au sacré. Nous les couvrons d'une reliure de cuir rouge, marquons leurs pages d'un ruban de même couleur et les lisons avec cérémonie. Elles nous montrent les divers visages de l'amour ; pensons par exemple à la Passion de Jésus (« passion » a plusieurs sens), à la Création dans la Genèse, au Retour d'Ulysse, à la Mélancolie d'Hamlet, au Destin maudit de Tristan et Iseult.

Le dernier exemple est particulièrement poignant et pertinent à notre époque. C'est une histoire de la tristesse propre à l'amour. Le nom de l'amoureux, Tristan, signifie *triste*. Quand il est né, on lui avait donné ce nom parce que son père avait été mortellement blessé au cours d'une bataille et que sa mère était décédée en lui donnant naissance. Comme tant d'autres héros des légendes et de la mythologie, il avait été élevé par des parents adoptifs ; en fait, le frère de sa mère, le roi Marc, l'adopta plus tard à son tour et en fit son fils. Pour cette raison, tout le monde disait que Tristan avait trois pères. Cette triple parenté signale un destin spécial, une âme exposée de manière inhabituelle aux caprices de la vie.

Au début, Tristan est un fils et un jeune homme typique. Il incarne le *puer* de la psychologie jungienne. Il est charmant, téméraire, inventif, et toujours au bord du drame et de la tragédie. Il est talentueux et extraordinairement vulnérable. Gottfried von Strassburg, l'auteur de l'une des versions classiques de l'histoire, rapporte que Tristan avait des dons pour la musique, les langues, la chasse et ses rites, les jeux et la conversation. Chaque fois qu'il visitait un nouveau pays, il en apprenait rapidement la langue, fabriquait toutes sortes de récits fabuleux de ses aventures, chantait des chansons ensorcelantes, et se gagnait le cœur des gens. La légende de Tristan et Iseult concerne donc l'amour qui fait une entrée tragique dans l'existence lumineuse du *puer* : notre esprit puéril, fort de sa naïveté et de son talent, tombe dans les filets complexes et écrasants de l'amour.

Dans l'histoire de Tristan, l'eau revient comme un leitmotiv révélateur. Ses aventures commencent au moment où il joue aux échecs avec des marins norvégiens sur un bateau, en visite dans le port. Ils l'enlèvent et repartent avec lui. Une tempête se lève ; pour l'apaiser, les dieux l'envoient tout seul sur un skiff. Arrivé en Irlande, il fait la rencontre de la reine et de sa fille Iseult. Il leur ment quant à son identité véritable, et change son nom pour Tantris. Il ne tient pas à ce qu'elles apprennent que l'un des ennemis qu'il a jadis tués était l'oncle d'Iseult. Tandis qu'il prend un bain, Iseult découvre son identité et résout l'énigme de son nom. La scène est une sorte de baptême, celui de l'amour des deux jeunes gens. Finalement, une autre fois, sur un petit bateau sans rame ni gouvernail, avec sa seule harpe, Tristan vogue en direction de l'Irlande. Joseph Campbell décrit cette scène comme un acte de confiance au destin, avec la musique des sphères pour toute arme.

Tristan, la ruse et le talent incarnés, voit son identité révélée très clairement quand il vogue à la dérive ou qu'il se trouve dans l'eau, toujours nouvellement né, éternellement jeune, libre des contraintes du quotidien. Je pense parfois à Tristan quand j'entends quelqu'un relater un rêve où il flotte sur un lac ou prend un bain. Tristan n'est pas un nageur : il se trouve sur un vaisseau dans l'eau, mais il dérive constamment, sans moyen de contrôle ou de sécurité. Sur l'eau, sa méthode relève de l'esthétique et de la spiritualité. Extrêmement vulnérable tandis qu'il dérive vers son destin, Tristan prend pourtant plaisir à la confiance qu'il a en ses capacités et à son contact esthétique avec les lois de l'existence. Il est fluide sans être mouillé.

Cet état d'esprit flottant le rend disponible pour un amour éperdu. À leur insu, Tristan et Iseult boivent une potion magique que la reine a destinée à Marc, l'oncle du jeune homme. La deuxième partie de leur histoire montre leurs tentatives risquées pour devenir des amoureux interdits dans un monde menaçant et sévère. Leur amour est trop fort peut-être pour que l'obligation ou la propriété sociale le détruisent, mais il ne peut jamais trouver sécurité et protection. L'histoire prend fin sur l'amour insatisfait, avec la mort tragique des deux amoureux. Comme une ombre éternelle, la tristesse accompagne chaque frisson de joie et chaque victoire arrachée au destin.

Il nous faut éviter de céder à la tentation, prendre cette histoire au pied de la lettre, et essayer d'en tirer les leçons suivantes : l'amour interdit reçoit un juste châtiment, ou l'amour romantique manque de maturité et est voué au désastre. Nous pouvons par contre y découvrir certains indices quant à la manière de prendre soin de notre âme en période amoureuse.

En privilégiant une approche saine de la psyché, nous souhaitons connaître le bonheur de vivre et d'aimer. Nous considérons comme un trouble tout écart à ces normes de santé. Nous laissons peu de place à la tristesse. De nos jours, Tristan porterait le nom de Dépresso, parce que nous appelons dépressions les désirs de tristesse de l'âme et leur cherchons des remèdes chimiques. Ce conte médiéval comble cependant notre besoin de maintenir le contact avec l'inéluctable tendance de l'âme à s'empêtrer dans le trouble amoureux. L'histoire rend hommage à la maladie amoureuse et, à la manière d'un remède homéopathique, elle montre les poussées de tristesse que nous connaissons. Sa catharsis ne se réalise pas à l'encontre des émotions de l'amour, mais avec les images puissantes de la tristesse qui achève de réaliser la plénitude amoureuse de l'âme. Le récit nous aide aussi à voir la relation proche entre la spiritualité de notre *puer* et sa cure dans l'amour tragique.

Le soin de l'âme demande que nous respections ses émotions et ses fantaisies, peu importe leur caractère insoutenable. En lisant l'histoire de Tristan et d'Iseult, nous sommes pris en étau entre l'affirmation de leur amour intense et notre aversion pour leurs déceptions. Georges Bataille, l'auteur français extraordinaire qui a parlé des passages noirs du voyage de l'âme, soutient que chaque amour contient un élément de transgression. L'âme habite le voisinage du tabou. Dans les histoires, les films, les biographies et les récits, nombre d'unions interdites et de tromperies amoureuses tragiques nous fascinent.

Quand nous prenons soin de notre âme, l'une de nos difficultés est d'admettre la nécessité de la maladie et de la tragédie. Si nous considérons l'amour des points de vue supérieurs de la morale ou de la santé, nous ne verrons pas l'âme de l'amour s'installer au creux des vallées. Quand nous réfléchissons aux tragédies de nos propres amours, quand nous trouvons tout doucement le moyen de sortir des souffrances de cette facette de l'âme, nous sommes initiés à ses voies mystérieuses. L'amour est notre accès et notre guide. L'amour nous tient dans les chemins du labyrinthe. En acceptant l'amour comme il se présente, en admettant les formes et les directions que nous n'aurions jamais prévues ou désirées, nous nous engageons sur la voie de la découverte des niveaux inférieurs de l'âme, là où la signification et la valeur se révèlent lentement, dans le paradoxe. Nous devenons semblables à Tristan : nous naviguons en toute confiance vers notre destin, tout en pinçant les cordes de nos ressources. Tristan est une figure religieuse, un moine s'avançant sur le sentier spirituel de l'amour. Immanquablement, il manifeste une attitude de confiance totale. Il baigne toujours dans les eaux baptismales, recevant toujours un nom, constamment en contact avec les eaux de son origine et de sa subsistance. Comme il est si proche de lui-même, il trouve l'achèvement de sa nature fougueuse dans l'impossibilité de l'amour. L'intelligence et l'impossibilité se rencontrent continuellement tandis que se réalise son destin; et c'est là un modèle qui prend forme dans chaque amour que nous éprouvons.

Au lieu de le considérer comme le représentant de l'échec absolu, si nous faisons de Tristan une figure de notre tristesse amoureuse, nous en tirons une représentation qui respecte autant les abîmes noirs de l'âme que ses hauteurs éclatantes. Quand la tristesse de l'amour nous rend visite, c'est Tristan qui flotte sur son skiff, confiant et pourtant de plus en plus proche de la tragédie existentielle qui rachète sa légèreté d'esprit. Nul besoin d'avaler une pilule ou de chercher une approche thérapeutique pour éviter le sentiment : ce serait bannir un important visiteur de l'âme. L'amour a, selon toute apparence, besoin de la tristesse amoureuse. C'est une forme de conscience qui contient sa sagesse unique et personnelle.

L'échec, la perte et la séparation

Quand nous lisons l'histoire de Tristan et Iseult comme un mythe, nous sommes invités à considérer l'échec et la complexité comme des parties de l'amour, et non pas comme des éléments qui y sont étrangers. Nous sommes également amenés à voir de manière moins littérale la séparation et la perte. La pensée de la séparation habite l'esprit de nombre de gens qui vivent en vertu d'un pacte d'amour. Mais la pensée de séparation n'a rien à voir avec la séparation réelle. L'idée de la séparation sous-tend beaucoup de choses à propos de l'amour, tandis que la séparation réelle n'en signifie qu'une seule : la destruction de la relation sous sa forme actuelle.

En respectant notre âme, nous donnons à ses fantaisies validité et importance sans les réduire à leur sens littéral. Il nous faut bien sûr passer aux actes à l'occasion, mais peut-être pas aussi souvent ni aussi rapidement que nous en avons l'habitude. Nous pouvons également voir nos actes avec un peu plus d'imagination que d'habitude. Que faut-il comprendre, par exemple, quand des idées de séparation envahissent tout à coup une relation autrement parfaitement saine entre deux personnes? Est-ce la fin de la relation, ou bien faut-il chercher plus loin?

Marianne, une femme sensible, réfléchie et bien intentionnée, vint un jour me consulter avec une idée en tête. « Je dois me séparer de mon mari, commença-t-elle, le visage marqué par la douleur. Et j'ignore si je pourrai y arriver.

— Qu'est-ce qui se passe? demandai-je.

— C'est un homme merveilleux ; je l'aime et je le respecte. Mais j'ai besoin de me séparer de lui. Nous nous disputons beaucoup, et notre vie sexuelle est au plus bas. Nous avons trois enfants, et c'est un père extraordinaire. Mais mon besoin de me séparer est plus fort que mon souci pour mes enfants. »

Je remarquai qu'elle employait continuellement le mot « séparation ». Nous parlâmes de ses pensées et de ses attentes. Elle se sentait anéantie à l'idée de mettre fin à son mariage, mais son besoin s'était fait si pressant qu'elle savait que rien ne pourrait la dissuader de passer aux actes. Je décidai de faire porter notre attention sur l'image précise que son âme présentait, celle de la séparation.

Dans son étude sur l'alchimie médiévale, Jung fait de l'idée de séparation une activité de l'âme. La *separatio* était une activité que les alchimistes jugeaient essentielle au procédé de transformation des éléments ordinaires en or. Jung a appliqué cette image obscure à la psychologie : pour lui, la *separatio* est le bris en parties des éléments de la psyché qui demandent différenciation. Ils étaient probablement trop accolés les uns aux autres, et il était devenu impossible de les considérer individuellement. Paracelse faisait de la *separatio* l'activité primordiale de la création, à la fois pour ce qui concerne la création de l'univers et pour tout acte de création humain. J'avais ces notions anciennes à l'esprit en écoutant Marianne parler de son désir de séparation.

Dans un mariage comme celui de Marianne, la plus évidente cause du besoin de séparation vient du manque de différenciation entre les deux individus. Quand deux personnes deviennent amoureuses, quand elles se fréquentent, fondent un foyer, leurs fantasmes s'épousent parfois ; chacune vit alors son propre mythe par l'intermédiaire de l'autre. Quand cela se produit, il peut être difficile de sentir son individualité propre. Au fil de nos discussions, il devint évident que Marianne s'était déjà fortement identifiée à d'autres et qu'elle avait essayé de se libérer de ces emprises. Ses parents, par exemple, la surprotégeaient et refusaient de la laisser vivre à sa guise. Elle avait aussi une sœur dont elle sentait trop l'interférence dans sa vie.

Au début de son mariage, raconta-t-elle, Marianne avait voulu créer sa propre famille, séparée de ses parents et libre de leur influence. Sans répit, par le biais de leur soutien financier, ses parents trouvaient le moyen de s'immiscer au cœur de sa famille. Par ailleurs, elle semblait inconsciente du fait qu'elle ne permettait pas à son mari d'exprimer sa propre individualité, qu'elle se comportait à son endroit comme le faisaient ses propres parents. Il me semblait, à tout considérer, que sa vie avait besoin de toutes sortes de séparations, surtout dans sa manière de se comporter avec les autres. Quant à sa psyché, elle semblait chercher à libérer son esprit du sentiment d'emprisonnement éprouvé depuis des années.

Un jour, Marianne me déclara qu'elle avait résolu de quitter la maison. Elle rendrait la séparation réelle, disait-elle. Depuis quelque temps, nous avions parlé des diverses significations que prenait son désir de séparation, et elle me dit qu'elle gardait ces sens à l'esprit, même si elle sentait intuitivement qu'elle devait faire plus que d'en parler. Sa décision me parut aussi sensée. La conscience qui s'élargit demande parfois des transformations radicales. En vivant seule, elle pourrait connaître avec plus de précision ce que son âme cherchait.

Elle déménagea, trouva un nouvel emploi et se fit de nouveaux amis. Elle fréquenta quelques hommes et goûta en général sa nouvelle liberté. Elle fut surprise de découvrir que son mari s'accommodait bien du nouvel arrangement. Pour la première fois depuis des années, elle commença à éprouver de la jalousie. Elle s'aperçut que l'un des motifs de séparation, inconscient jusque-là, avait été de punir son mari ou, du moins, de lui montrer l'étendue de sa colère.

Elle expérimenta la vie en dehors du modèle de son enfance. Ses parents, bien entendu, s'opposèrent violemment à la séparation ; aux yeux de Marianne, c'était un avantage supplémentaire. Il lui plut d'aller à l'encontre de leurs valeurs et de leur approbation. Elle s'était mariée jeune et, pour la première fois de sa vie, elle découvrit à peu près la vie de célibataire et l'indépendance. Elle aimait. Elle se découvrait et ressentait les choses d'une manière toute nouvelle.

Après trois mois de *separatio,* elle décida de rentrer à la maison auprès de son mari. Maintenant, des années plus tard, elle est épanouie chez elle, et l'idée de mettre fin à sa relation ne la tracasse plus. D'autres intérêts, non moins importants mais à peu près sans rapport avec le mariage, font partie de sa vie. D'un certain point de vue, enfin, elle est « séparée ».

L'histoire de Marianne nous montre que l'attention portée aux messages de l'âme peut nous entraîner dans des lieux inattendus. Les idées de séparation semblent opposées à l'amour et au mariage, mais elles font partie de leur face cachée, que l'on peut accepter avec imagination, sans détruire l'amour. On peut même considérer le divorce comme une sorte de réalisation de l'amour, comme la vie sans plénitude. L'amour nous commande plusieurs choses, y compris des gestes qui paraissent aller à l'encontre des sentiments d'attachement et de loyauté. Ces ombres peuvent pourtant réussir à ramener l'amour dans sa demeure, peut-être mystérieuse et imprévisible.

Les ombres de l'amour

Notre expérience amoureuse serait incomplète si nous ne traitions de l'ombre de l'amour. L'amour qui ne s'attache qu'au romantisme et au positif échoue aux premiers signes d'ombre : pensées de séparation, perte de confiance et d'espoir en la relation, changement impromptu des valeurs du partenaire. Cette vision partiale rend également impossibles les idéaux et les attentes. Si l'amour n'arrive pas à atteindre ses idéaux, son inefficacité le détruit. J'aime à me rappeler que la littérature et l'art peignent l'amour sous les traits d'un enfant aux yeux bandés, ou encore sous ceux d'un adolescent indiscipliné. Par nature, l'amour est synonyme d'une inefficacité qui réunit toute la gamme des émotions amoureuses. L'amour trouve son âme dans les sentiments d'inachèvement, d'impossibilité et d'imperfection.

En thérapie, je rencontre très souvent les ombres de l'amour. La personne se présente avec l'intention sincère de trouver l'attention et la guérison, et puis elle devient amoureuse du thérapeute. En elle-même, la situation — les rencontres régulières, la pièce privée, les discussions intimes — peut s'avérer aussi efficace et aussi intense que la potion d'amour d'Iseult. Les émotions puissantes du patient trouvent peu de réponses chez le thérapeute — si elles en trouvent jamais.

« Pourquoi ne me parlez-vous pas de votre vie ? demandera éventuellement à son thérapeute une patiente désespérée. Vous restez là assis bien tranquille, à votre aise, distant, sous le couvert de votre professionnalisme, tandis que je me décarcasse. Je me rends vulnérable et je vous aime. Mais vous ne m'aimez pas. Je fais partie d'une ribambelle d'amoureuses ; vous devez être voyeur ! »

Nous cédons facilement à ces fantasmes d'amour avec certaines personnes, surtout quand elles exercent une profession particulière : les professeurs, les directeurs, les infirmières et les secrétaires. Pour l'âme, l'amour est bien réel, mais dans le contexte du quotidien, il n'a pas beaucoup de pertinence. La thérapie, la médecine, l'éducation, dans l'ambiance des conversations chaleureuses, des confessions intimes et de l'écoute, font naître l'amour. Il est tellement réconfortant d'écouter l'autre, de prendre soin de son bien-être que l'auréole magique descend à l'insu de celui qui écoute.

Les Grecs racontent l'histoire étrange d'un amour noir. Admète était un homme distingué qui avait reçu une faveur spéciale d'Apollon à qui il avait prêté assistance. En récompense, il avait reçu la faculté d'éviter la mort. Quand celle-ci voulut l'emmener aux Enfers, Admète obtint la permission de trouver quelqu'un qui consentirait à prendre sa place et à mourir pour lui. Il demanda à sa mère et à son père, qui avaient connu une existence longue et heureuse, de mourir à sa place. Ils refusèrent, pour des motifs compréhensibles. Sa femme, Alceste, accepta cependant et s'en alla avec la Mort. Incidemment, Héraclès se trouvait dans les parages. Quand il entendit l'histoire, il courut après la Mort et se battit avec elle pour lui arracher sa prisonnière. Et puis une femme voilée, qui ressemblait à Alceste, sortit des Enfers, apparemment sauvée par Héraclès.

Cette légende, comme je la comprends, raconte l'un des mystères profonds et inexplicables de l'amour. L'amour entretient une relation de proximité avec la mort. On comprend d'habitude qu'il appartient à l'épouse de donner sa vie pour son mari. Mais cette interprétation, prise au sens littéral, mène à la misogynie et à la soumission superficielle. Pour ma part, je trouve que la mort d'Alceste équivaut à celle de Narcisse au bord de la source. L'amour nous entraîne loin de la vie, loin des projets que nous avions faits. Alceste incarne la partie féminine de l'âme, destinée à quitter la vie pour s'enfoncer dans les profondeurs — qui prennent la forme de la mort et du monde souterrain. Pour nous abandonner à l'amour et au mariage, nous devons accepter la mort. La soumission entraîne une perte pour la vie, mais un gain pour l'âme. Comme nous l'ont enseigné les Grecs, la psyché se trouve chez elle dans le monde souterrain. L'amour peut sembler présenter certains avantages pour l'ego et pour la vie, mais l'âme se nourrit de l'intimité entre l'amour et la mort. Le manque de volonté et la perte de contrôle propres au sentiment amoureux peuvent nourrir l'âme.

Malgré tout, il n'est pas facile d'admettre l'aspect mortel de l'amour. Il contredit nos valeurs et nos attentes terrestres ; il entre en conflit avec notre besoin de contrôle. Comme les parents d'Admète, nous pouvons trouver de fort bonnes raisons pour décliner l'invitation quand se présente la mort. J'ai, après tout, des projets, une vie aisée. Pourquoi devrais-je céder à cet amour qui viendra tout bouleverser pour de bon ? Nous pouvons aussi, comme Héraclès, faire preuve d'héroïsme et arracher ce que nous voulons aux griffes de la mort. Peut-être qu'Alceste se trouve dans mon cœur, prête à se soumettre aux exigences de l'amour ; mais il se peut qu'Héraclès s'y trouve aussi et que l'idée même de la soumission d'Alceste le rende suffisamment furieux pour qu'il use de sa force et se batte avec la mort.

La fin de l'histoire reste mystérieuse et ambivalente. Est-ce bien Alceste qui est revenue des Enfers ? Pourquoi est-elle voilée ? Est-il possible qu'en forçant le retour de ce qui a été perdu dans l'amour nous ne retrouvions que l'ombre de la réalité ancienne ? Peut-être ne pouvons-nous jamais ramener l'âme à la vie. Peut-être restera-t-elle perpétuellement voilée, en partie protégée des rigueurs de l'existence. L'amour exige une soumission totale.

En arrachant l'âme à la mort, nous nous comportons comme Héraclès dans nos tentatives thérapeutiques pour réussir notre vie ; nous arrachons une personne à la dépression en l'engageant activement dans la vie — précisément ce que fait ce dernier. Mais quand une âme voilée se tient devant nous, quand l'individu s'est adapté mais qu'il reste caché, il souffre forcément d'une distorsion de l'âme. Quand nous ramenons quelqu'un à la vie au moyen de médicaments, nous nous apercevons très souvent que nous avons en face de nous un zombie, semblable à la femme qu'Héraclès ramène des Enfers. Il est encore une alternative à cette lutte pour la vie : elle consiste à trouver en nous quelque chose d'Alceste, qui consentirait à mourir, à *subir* le destin que l'âme exige.

Nous croyons connaître l'amour, tant des points de vue théoriques que pragmatiques. L'amour pourtant cherche les mystérieuses niches obscures du monde souterrain de l'âme. Il se réalise dans la mort, plus dans la fin de ce que la vie avait été jusque-là que dans le commencement de ce que nous espérons. L'amour nous entraîne aux limites du connu. En ce sens, nous sommes tous Alceste chaque fois que nous consentons à l'amour et que nous décidons de l'accompagner quand il se présente sous les traits de la mort.

L'amour convivial

Entre autres exigences pressantes, l'âme a besoin de communauté. Mais la communauté, du point de vue de l'âme, diffère un peu de sa forme sociale. L'âme recherche l'attachement, la diversité des êtres, l'intimité et la particularité. Dans la communauté, ce sont précisément ces qualités que l'âme cherche, pas la similitude de pensée ni l'uniformité.

Dans notre société, de nombreux signes montrent que nos expériences de la communauté manquent de profondeur. Tous les gens qui passent d'une église à l'autre, dans l'espoir de satisfaire leur intangible faim de communauté, cherchent activement. Ils déplorent la destruction de la famille et des quartiers ; ils se plaignent surtout de la solitude, responsable d'une souffrance émotionnelle profonde qui conduit au désespoir et aux pensées suicidaires.

J'ai connu une femme sociable, à la conversation agréable et aux intérêts nombreux. Elle était très occupée, mais la nuit, elle n'arrivait plus à se distraire : le démon de la solitude lui apparaissait et elle ne réussissait pas à dormir. Elle était vice-présidente d'une grande entreprise. Chez elle pourtant, elle souffrait tellement de solitude qu'elle commença à songer au suicide.

Elle avait beau me parler constamment de gens merveilleux, me raconter à quel point elle aimait être entourée de ses amis, j'avais l'impression qu'elle en mettait trop, comme si elle avait voulu se persuader elle-même. Un jour, elle me parla de la visite qu'elle avait rendue à une vieille amie. À la fin de leur conversation, celle-ci avait essayé de l'embrasser, mais ma cliente avait reculé. Il était malséant, pensait-elle, que son amie montre ouvertement son affection. Elle se demandait si son amie était bisexuelle et si elle avait tenté de la séduire.

La solitude de cette femme, pensai-je, était sans rapport avec le nombre de personnes dans sa vie, mais avait tout à voir avec une sorte d'autoprotection morale. Un peu plus tard, elle me raconta une autre aventure. Elle se trouvait à une réception sur une plage en compagnie de nombreuses personnes. Comme à l'accoutumée, elle s'était rendue utile : elle avait préparé la nourriture et apporté les assiettes aux convives. Quand le groupe avait réclamé la présence de tout le monde pour chanter et jouer des sketches, elle s'était retirée dans l'ombre. Quelqu'un la vit et l'entraîna au centre du groupe. Elle savait qu'elle pouvait trouver une excuse et s'en aller, mais quelque chose en elle lâcha prise et elle entreprit de chanter une chanson de son enfance. Elle n'avait jamais rien fait du genre et elle en éprouvait de la gêne, mais le groupe y prit plaisir. Après cet épisode, elle sentit qu'elle avait fait une percée dans sa solitude. Elle avait mis de côté son rigorisme et ses idéaux pour s'adonner à une véritable expérience de communauté.

Dans son *Éloge de la folie,* l'humaniste de la Renaissance, Érasme, dit que la folie rassemble les gens dans l'amitié. La communauté ne se nourrit pas dans les hauteurs. Elle fleurit dans les vallées de l'âme plutôt que sur les sommets de l'esprit. Bill, un prêtre dont nous ferons la connaissance dans un autre chapitre, me parla plusieurs fois de son ordre religieux pour lequel l'idéal de convivialité correspondait aux préceptes d'ouvrages sur la vie religieuse écrits par des ermites. Pourtant, quand il repensait à sa prêtrise, il trouvait bien peu de collègues qui aient été des amis vrais. Il s'était toujours senti bien seul au milieu de la communauté. L'intimité n'y avait pas beaucoup de place, dit-il. On s'attendait à ce que vous parliez de religion, de sports peut-être, mais jamais de vous-même. Au beau milieu de ses luttes personnelles, particulièrement quand son esprit scrupuleux le tourmentait, il s'assoyait parmi les autres prêtres pour entendre chaque jour : « Tu parles d'une équipe, ces Yankies ! » S'il n'était pas question de sport, il n'était pas question de « communauté ».

Le sentiment de solitude peut provenir de l'idée que la communauté nous accueille. Bien des gens attendent qu'un groupe communautaire les invite ; jusqu'à ce que cela se produise, ils se sentent seuls. On trouve peut-être dans cette idée quelque chose de l'enfant qui attend que sa famille prenne soin de lui. La communauté n'est pourtant pas la famille. C'est un groupe de personnes rassemblées par un sentiment d'appartenance. Ce sentiment-là n'est pas un droit acquis. « Appartenir » est un verbe positif, il signale une action concrète. « L'amour est le gardien de la vie, écrit Ficin dans l'une de ses lettres ; mais pour être aimé, il faut aimer. » L'individu qui souffre de solitude peut sortir et commencer à appartenir au monde, non pas en se joignant à des associations, mais en admettant ses sentiments de parenté : avec d'autres êtres, avec la nature, avec la société, avec le monde. Le sentiment de parenté est un signal de l'âme. Quand nous consentons à l'occasionnelle vulnérabilité de nos sentiments de parenté, l'âme entre dans la vie et n'a pas besoin de se manifester par le biais des symptômes.

Comme toutes les autres activités de l'âme, la communauté se rattache à la mort et au monde souterrain. La « communauté des saints » de la chrétienté nous parle de tous les êtres du présent et du passé à qui nous sommes apparentés à l'intérieur de la communauté humaine. Du point de vue de l'âme, les morts font autant partie de la communauté que les vivants. À ce propos, Jung émet un commentaire mystérieux dans le prologue à ses mémoires : « C'est ainsi que les êtres, eux aussi, ne sont devenus pour moi d'impérissables souvenirs que dans la mesure où leur nom était depuis toujours inscrit dans le livre de mon destin : faire connaissance avec eux équivalait à un ressouvenir [1]. » La communauté du dehors s'épanouit quand nous sommes en contact avec les êtres intérieurs qui peuplent nos rêves et nos pensées. Pour surmonter notre solitude, nous devons permettre à ces figures intérieures de vivre : celle qui

1 C.G. Jung, *Ma vie* (1966), Paris, Gallimard, 1973, p. 22. Traduction du Dr Roland Cahen, d'Yves Le Lay et de Salomé Burckhardt.

veut chanter, celle qui jure de colère, celle qui est plus sensuelle ou plus critique ou même plus nécessiteuse que le « je » ne voudrait l'admettre. Admettre qui je suis, c'est aussi admettre ces êtres dans ma vie, pour que leur communauté intérieure serve de socle au sentiment d'appartenance à la vie. Je « me souviens » d'êtres dont j'ai fait la connaissance parce que je suis en contact avec le monde archétypal de mon imagination. Sur la base de cette connaissance de moi, je peux aimer qui je rencontre et être aimé en retour. La communauté s'enracine incommensurablement loin ; le processus de l'appartenance, du soulagement de la solitude, commence dans les profondeurs de l'âme.

L'amour garde l'âme sur la voie de son destin et retient la conscience au bord du gouffre infini propre à l'âme. Je ne veux pas dire que les relations interpersonnelles n'ont pas d'importance pour les amours de l'âme. Au contraire : en admettant l'importance de l'amour pour l'âme, nos amours terrestres s'ennoblissent hors de toute mesure. Cette famille, cet ami, cet amant, ce partenaire est une manifestation de la force active de la vie et incarne le puits d'amour qui garde à l'âme sa vie et sa plénitude. Nul chemin ne mène à l'amour divin sinon celui de la découverte de l'intimité et de la communauté humaines. La première nourrit la seconde.

Le soin de l'âme exige donc une ouverture aux multiples formes de l'amour. Il n'est pas accidentel que tellement des problèmes rencontrés en thérapie proviennent de l'amour. En ces temps troublés, il peut être utile de nous rappeler que l'amour n'est pas une banale question de relation ; il relève aussi de l'âme. Les déceptions amoureuses, même les trahisons et les deuils, servent notre âme au moment précis où, dans nos vies, elles deviennent des tragédies. L'âme appartient en partie à la temporalité et en partie à l'éternité. Quand la partie temporelle nous désespère, nous devrions songer à la part promise à l'éternité.

CHAPITRE 5

L'envie et la jalousie, des poisons qui guérissent

Même si le soin de l'âme ne cherche pas à changer, à réparer, à ajuster, à améliorer, nous devons tout de même trouver le moyen de vivre avec nos sentiments troublants, comme la jalousie et l'envie. Ces émotions peuvent nous rendre tellement malades, s'avérer tellement corrosives que nous ne voulons pas les garder pures, nous y complaire pendant des années sans aller nulle part. Comment faire autrement que de tâcher de nous en débarrasser ? Notre aversion pour elles nous ouvre précisément la voie : tout ce qui est très difficile à accepter doit contenir une ombre particulière, le germe d'une créativité enveloppée de négativisme. Comme on l'a vu si souvent, pour ce qui est de l'âme, les éléments qui ont le moins de valeur sont aussi les plus créateurs. La roche que rejette le constructeur devient pierre angulaire.

L'envie et la jalousie font partie de nos expériences communes. Ce sont toutefois des sentiments fort différents l'un de l'autre. Le premier est le désir pour ce que l'autre possède, tandis que le second exprime la crainte que l'autre nous enlève ce que nous avons. Ils corrodent par contre tous les deux le cœur. Ils peuvent l'un et l'autre nous donner l'impression que nous sommes laids. Ils n'ont rien de noble. Simultanément toutefois, nous nous y sentons étrangement attachés. Le jaloux prend un certain plaisir à ses soupçons, et l'envieux nourrit son désir des possessions des autres.

La mythologie laisse entendre que l'envie et la jalousie s'enracinent profondément dans l'âme. Même les dieux deviennent parfois jaloux. L'*Hippolyte* d'Euripide, par exemple, raconte l'histoire d'un jeune homme dévoué exclusivement à la pure déesse Artémis. Aphrodite devient terriblement vexée par son étroitesse d'esprit et par son dédain pour l'amour et le sexe surtout, les domaines de la vie dont elle a charge. Furieuse et jalouse, Aphrodite rend Phèdre, la belle-mère d'Hippolyte, amoureuse de lui. Toutes sortes de complications et de grabuges s'ensuivent naturellement. Hippolyte finit piétiné par ses chevaux, lorsqu'il cède à la panique devant la vague gigantesque, en forme de taureau, créée dans la mer par Aphrodite. Cette mort contient une certaine justice poétique : Hippolyte aimait plus ses chevaux — animaux qui représentent son énergie nerveuse et son esprit — que les gens, les femmes surtout.

Dans la tragédie grecque, les dieux et les déesses nous parlent directement. Au commencement de la pièce d'Euripide, Aphrodite avoue : « Je cause des ennuis à quiconque m'ignore ou me déprécie avec un orgueil obstiné. » Du cinquième siècle avant Jésus-Christ nous vient une observation toute freudienne : réprimez votre sexualité et vous aurez des ennuis. Notre sexualité profonde, nous apprend la déesse, peut être bouleversée quand, en toute conscience et connaissance de cause, nous ne répondons pas à ses besoins. (Artémis connaît aussi des sentiments de jalousie. Vers la fin de la pièce, elle déclare, en pensant à Aphrodite : « Je lui prendrai l'un de ses favoris et je l'abattrai avec mon arc. »)

Hippolyte contient une sorte de jalousie particulière, un triangle composé de deux déesses et d'un mortel. Si le quotidien donne lieu à des émotions de jalousie, allègue la tragédie, les grands thèmes mythiques en contiennent aussi. Nous avons tendance à croire qu'il est possible de contrôler la jalousie avec de la volonté et de la compréhension, et nous nous efforçons d'en tirer le meilleur parti. En dépit de nos efforts, l'âme humaine est le lieu de grands combats qui se déroulent au loin, hors de la portée de la compréhension rationnelle. La jalousie bouleverse à ce point parce qu'il s'agit d'autre chose qu'un phénomène de surface. Quand elle apparaît, les intérêts et les valeurs se livrent bataille au fond de l'âme. Tout ce que nous pouvons faire, c'est de nous efforcer de ne pas nous identifier avec les émotions et de laisser la bagarre trouver sa propre issue.

La jalousie

Si les arts sacrés de la tragédie et de la mythologie nous rapportent la jalousie des dieux, nous pouvons croire que cette émotion obéit à une volonté divine. La jalousie n'est pas que de l'insécurité ou de l'instabilité émotionnelle. Si les dieux éprouvent aussi de la jalousie, c'est que notre expérience de l'émotion doit relever de l'archétype ; le contexte familial, la personnalité et la relation ne suffisent pas à l'expliquer. La tension que nous ressentons quand nous sommes jaloux peut provenir davantage de la collision de deux mondes supérieurs que de notre situation personnelle. Quand on veut comprendre la jalousie de l'âme, il faut penser au mythe pour saisir le contexte de ces émotions intenses et de restructuration profonde que nous éprouvons alors.

L'histoire d'Hippolyte nous donne un indice quant au but de la jalousie. L'homme avait l'habitude consciente de négliger la déesse dont la tâche consiste à abriter une dimension extrêmement importante de la vie humaine, l'amour, le sexe, la beauté et le corps. Il est bon, déclare la déesse, de se dévouer à la pureté et à l'indépendance d'Artémis, mais il est aussi important et valable d'éprouver du désir pour une autre. Parce que le jeune homme néglige ces besoins, il provoque la colère jalouse de la déesse et sa propre mort. Il n'honore qu'un seul des dieux du mystère divin, la pureté morale et l'exclusivité sexuelle, et en malmène un autre. La faute d'Hippolyte, c'est de nier les besoins polythéistes de l'âme.

Quand on aborde la question du point de vue de la mythologie, on peut faire de notre propre douleur, de nos soupçons paranoïdes, de nos rages jalouses la plainte d'un dieu qui ne reçoit pas suffisamment d'égards. Nous pouvons ressembler à Hippolyte, nous consacrer sincèrement et honnêtement à des principes absolus tandis qu'à notre insu, des exigences différentes et apparemment incompatibles nous sont imposées. La pureté arrogante d'Hippolyte et sa haine vitriolique des femmes équivalent à son refus de s'ouvrir à un monde différent de celui qu'il aime et admire. À la fin, les animaux qui représentent son esprit indépendant sont ceux-là même qui le détruisent. Son monothéisme élevé le tue. Il est trop pur, trop simple ; il résiste trop aux tensions créées par les exigences que la vie impose au cœur.

Quand se manifeste la jalousie, l'individu subtil et complexe s'avère puriste et rigoriste. La jalousie veut que l'on se soumette à une nouvelle exigence de l'âme, alors que l'individu a trouvé refuge dans le rigorisme. Nous devons tout de même garder à l'esprit que la jalousie est une tension archétypale, la collision de deux besoins tout aussi valables — dans le cas d'Hippolyte, le besoin de pureté et celui de partage entre Artémis et Aphrodite. Nous refusons de nous aliéner Artémis dans nos efforts pour nous débarrasser de la jalousie ou la contourner. Il faut ménager un espace et un contrôle suffisants pour que ces deux déesses trouvent un arrangement qui leur permette de coexister. C'est précisément la raison d'être du polythéisme et l'une des manières primordiales d'avoir égard à son âme.

Hippolyte signifie « libre comme les chevaux ». Les chevaux du héros de ce mythe, les animaux de son esprit, sont libres. Ils ont sauté les barrières du corral. Ils sont beaux mais dangereux. Nous rencontrons parfois l'esprit d'Hippolyte chez des gens qui ne sont pas toujours jeunes, mais qui se dévouent avec ferveur pour un culte ou une cause. Leurs motifs et les objets de leur dévotion sont nobles et sans tache, et leur engagement peut susciter l'inspiration. L'étroitesse de leur esprit révèle cependant quelque chose de plus noir : l'aveuglement aux autres valeurs et parfois même un élément sadique, un étalement de force trop facilement justifié.

Comme toutes les émotions qui se teintent d'ombre, la jalousie peut s'avérer une bénédiction cachée, un poison qui guérit. On peut voir la tragédie d'Euripide sous l'angle de la guérison de l'orgueil d'Artémis. Hippolyte, rigide et fermé, est torturé : en se manifestant, sa névrose spirituelle se guérit. La fin semble tragique, mais la tragédie, même dans le quotidien, peut restructurer l'individu de façon fort valable. La tragédie est douloureuse et, d'une certaine manière, destructrice, mais elle ordonne autrement les choses. La seule manière *d'échapper* à la jalousie est de passer *par* elle. Nous devons laisser la jalousie marquer son point et faire son travail de réorientation des valeurs fondamentales. La souffrance qu'elle engendre vient — du moins en partie — de l'ouverture aux territoires inexplorés et de l'abandon des anciennes valeurs familières face aux nouvelles possibilités inconnues et menaçantes.

J'ai déjà travaillé avec un jeune homme qui ressemblait beaucoup à Hippolyte, mais qui enfourchait une bicyclette au lieu de monter un cheval. Il travaillait dans un snack-bar et était amoureux de l'une de ses collègues. Il ne pensait qu'à elle et, même s'ils étaient sortis une fois ou deux ensemble, se sentait souvent repoussé. Quand il parlait d'elle, il commençait par employer des termes aimants, amoureux, mais il passait vite à la critique. Il se plaignait de sa froideur et de son égocentrisme. (Il n'est pas rare que la personne jalouse se sente altruiste et raisonnable, blanche du vice d'individualisme, et trouve l'être aimé égoïste.) Un jour, ce jeune homme vint me trouver pour me dire qu'il avait perdu le contrôle. Sans pitié, il avait crié après elle et l'aurait sans doute frappée si sa passion l'avait entraîné plus loin.

L'intensité de sa rage nous a tous deux inquiétés. L'une des raisons pour lesquelles l'individu qui se prête une grande pureté peut devenir violent est précisément qu'il ignore son propre potentiel. Quoi qu'il en soit, je ne tenais pas à m'opposer à son âme, qui bouillait alors de fantasmes de jalousie. De son côté, il s'en prit cependant à ses sentiments et à ses pensées : « Comment puis-je faire ces choses-là et me sentir aussi mal ? » répétait-il à l'envi.

Ses protestations, pensai-je, lui gardaient son innocence. Même si ses actions devenaient de plus en plus menaçantes, il insista sur le fait qu'il était incapable de jalousie et qu'il n'avait jamais rien vécu du genre. Je voulus en savoir un peu plus sur sa jalousie. Il est tentant de penser que des sentiments aussi puissants relèvent purement et simplement de l'émotion. Nous passons outre au contenu, aux idées, aux souvenirs, et aux fantasmes qui baignent dans cette mer d'émotions. Je voulais, entre autres, connaître l'être qui, en lui, était jaloux. Instruit par Euripide, je me demandai si, à l'instar d'Hippolyte, il ne méprisait pas certains autels.

Il ne suffit pas de personnaliser la jalousie et de parler de *mon* insécurité. En ramenant la jalousie à une faute de l'ego, nous ignorons sa complexité et évitons l'âme profonde où loge le défaut. Il faut entendre la jalousie ; nous pourrons découvrir une partie de son histoire dans notre vie et peut-être dans notre famille, les circonstances qui lui ont donné naissance et le mythe qui y est à l'œuvre. Comme cette histoire n'est jamais évidente, nous avons tendance à porter attention aux émotions qui sautent aux yeux et à les interpréter de manière superficielle. Je voulais pousser plus loin, connaître les êtres et les éléments qui présidaient à la déclaration sommaire : « Je me sens jaloux. » On dirait qu'en portant des égards à notre âme nous devions écrire notre propre tragédie pour connaître le mythe dans lequel nous nous situons. C'est en tout cas une façon de trouver l'imagination dans l'émotion ; et l'on sait qu'on ne peut découvrir l'âme qu'en imagination.

« Je pense qu'elle voit quelqu'un d'autre, me lança-t-il le lendemain du jour où il avait crié après elle.

— Qu'est-ce qui vous fait dire cela ? demandai-je.

— Elle n'était pas chez elle quand je lui ai téléphoné, et elle m'avait dit qu'elle y serait.

— Étiez-vous en train de l'épier ?

— Oui. Je n'y peux rien, avoua-t-il, les yeux soudain remplis de larmes.

— Qu'est-ce que vous savez de vous-même et que votre jalousie refuse d'admettre ?

— Je pense qu'on ne peut pas me faire confiance. D'habitude, je ne suis pas très fidèle dans une relation.

— Qu'est-ce qui se passerait si elle l'apprenait ?

— Elle serait libre de fréquenter qui elle veut.

— Vous ne voulez pas qu'elle soit libre de le faire.

— Dans ma tête, je veux sûrement qu'elle soit libre. Je crois en la liberté. Je déteste les relations de possession. Mais d'instinct, je suis incapable de lui laisser la moindre liberté.

— Ainsi, votre jalousie vous rend moins tolérant.

— Oui. Et je n'arrive pas à y croire. Ça va à l'encontre de tous mes principes.

— Qu'est-ce que vous diriez d'essayer d'apprendre quelque chose de votre jalousie ? Comme l'importance d'être moins ouvert. Peut-être que vous avez besoin de faire montre de moins de tolérance dans la vie en général.

— Il peut être valable d'être moins ouvert, d'être intolérant?

— J'arrive à l'imaginer, renchéris-je. J'ai l'impression que, dans votre âme, il y a un petit enfant très actif et très influent qui cherche l'ouverture et la liberté totales. Dans la poubelle de la répression, il reste un besoin d'ordre et de limite, et votre petit enfant s'agite, devient sauvage et déraisonnable, potentiellement violent. Se pourrait-il que votre capacité d'exiger des choses soit coupée de vous et qu'elle agisse de son propre chef?

— Je suis un disciple de la liberté, clama-t-il fièrement. Dans une relation, les gens doivent s'accorder beaucoup d'espace l'un à l'autre .

— Peut-être qu'il est temps de réévaluer vos principes. Votre rage et vos soupçons demandent un certain ajustement et de la réflexion. Avec ou sans votre consentement conscient, votre jalousie limite votre vie.

— Je suis en train de devenir un flic. Ça ne me ressemble pas. Et elle, c'est la criminelle. Je sens que j'ai le droit de la punir pour cela. »

La jalousie met en scène un étrange ensemble d'êtres : il y a le moraliste, le détective, le paranoïaque, l'ultraconservateur. Le terme *paranoïa* revêt d'ordinaire son sens étymologique et veut dire « faculté de penser (*noïa*) à côté (*para*) », pensée à côté de soi, folie. Je préfère pourtant considérer la paranoïa comme la connaissance à côté de soi. Ces êtres d'âme, le moraliste et les autres, qui prétendent savoir tant de choses, veulent découvrir ce qui se passe. Ils supposent que la menace et le danger se préparent. Ils flairent sans relâche la piste des faits, mais ils se comportent comme s'ils ignoraient le moindre détail. Si mon jeune homme ne s'identifiait pas si fortement avec son enfant innocent, il saurait ce qui se passe. Son innocence le manipule et l'aveugle. En fait, il sait, mais en s'identifiant avec l'innocent il n'a pas besoin d'agir en fonction de son savoir.

Le savoir paranoïde comble le masochiste qui prend plaisir à être blessé. Différents types de masochisme prennent le rôle de l'enfant innocent, ce qui peut être *apotropaïque*. (Le terme fait référence à la magie et au rite en vue de se prémunir contre les influences maléfiques.) En jouant le rôle de l'innocent, le jeune homme n'avait pas besoin de pénétrer dans le monde complexe des relations. Il pouvait cacher ses propres libertés et en accuser son amie. S'il l'approchait comme un adulte complexe, il devrait aussi faire face à la possibilité d'un rejet de la part de son amie — peu importent les raisons — ou bien affronter la complexité de sa nature. Au lieu de cela, il se retirait auprès de l'enfant dans un lieu où, étrange paradoxe, sa douleur le protégeait.

Les sentiments de violence qu'il éprouvait montraient à quel point il était loin du pouvoir de la connaissance. Aveuglé par un nuage d'innocence, il semblait ne connaître ni son amie, ni lui-même, ni la complexité des relations interpersonnelles en général. Il demandait une attention toute simple. Comme il ne l'obtenait pas, il se sentait contrôlé et manipulé. Ensuite, au lieu de ressentir un pouvoir véritable, une rage violente émanait de lui.

Paradoxalement, s'il devait, au nom de son âme, permettre à sa jalousie de jouer au détective au lieu de rester le complexe paranoïde indépendant, il découvrirait bien des choses sur son propre compte et sur celui de l'amour. S'il pouvait laisser le moraliste s'installer plus profondément dans son âme, il pourrait trouver une sensibilité morale souple qui ferait autant de place à la tolérance qu'à l'exigence. L'élément paranoïde de sa jalousie gardait hors d'atteinte toute possibilité de connaissance approfondie et se dissociait de sa volonté et de ses intentions. Cet élément restait irréaliste et faussé, même s'il contenait le matériau brut de sa sagesse. Ce symptôme revêt une grande importance, mais il a besoin qu'on l'« éduque », qu'on le fasse sortir et qu'on l'examine. Il doit devenir beaucoup plus complexe et dépasser la violence et la suspicion vaine.

Dans le cadre des discussions des mois suivants, les émotions pures de jalousie ont soulevé maintes histoires, nombre de souvenirs et plusieurs idées. Nous ne cherchions pas l'indice fondamental qui serait en mesure de les expliquer et de les faire disparaître. Au contraire, les histoires ont donné du corps à sa jalousie pour qu'elle puisse se manifester avec plus de richesse. L'idée consistait à laisser sa jalousie se manifester plus que moins, et perdre ainsi un peu de sa compulsion. Le côté obsessif de la jalousie, qui semble relever de sa fonction cachée, se manifeste quand elle ne se révèle pas et qu'on ne lui donne pas de place.

Quand les sentiments et les images de jalousie pénètrent le cœur et l'esprit, une sorte d'initiation se produit. Le jaloux découvre de nouvelles façons de penser et apprend à apprécier les exigences complexes de l'amour. C'est un baptême du feu dans une nouvelle religion de l'âme. En ce sens, et comme le montre si brillamment la tragédie d'Euripide, la jalousie sert le polythéisme de l'âme. Son moralisme rigide s'exprime comme il se doit ; de la sorte, il est possible de le tempérer au nom de la souplesse et de l'exploration des valeurs.

Mon Hippolyte moderne refusait de grandir et de faire partie d'une société hétérogène. Chez Euripide, le jeune homme passe tout son temps avec ses compagnons adolescents et avec ses chevaux. Les femmes sont pour lui symboles de menace et de contamination — « altérité » incarnée dans toutes les représentantes d'un même sexe. Mon homme à la bicyclette était excessivement *puer,* petit garçon dans ses pensées, dur dans son comportement. Il possédait une étrange qualité que l'on trouve quand les contraires s'approchent l'un de l'autre. Il était pur et brutal, il avait des valeurs élevées et sa haine des femmes était bien laide. Ses valeurs idéales étaient tellement immaculées qu'il ne voyait pas sa propre ombre de morgue et de misogynie. La pureté avait vaincu son âme qui s'en trouvait profondément troublée.

Héra, la déesse de la jalousie

Aphrodite et Artémis ne sont pas les seules représentantes de la jalousie dans la mythologie : tous les dieux et toutes les déesses sont capables de rages violentes. La plus jalouse reste sans doute Héra, l'épouse de Zeus. Elle est toujours prête à éclater de jalousie quand il est question de son mari, un coureur de jupons sans pareil. De tout temps, on a admiré la grandeur de ce dieu, mais on lui a reproché son infidélité amoureuse. Même dans l'imagerie de la vie mortelle, la mythologie n'est tout de même pas une galerie des qualités et des faiblesses humaines. Nous devons pousser le mythe plus loin pour comprendre sa nécessité et son mystère. Si nous considérons le mythe avec un esprit poétique, nous constatons qu'il a du sens en ce qui concerne le chef de l'univers à la recherche d'un attachement de nature érotique avec tout ce qui appartient au monde.

Comment se sent l'épouse de ce désir ambulant? Pour l'espèce humaine, cela équivaut à être la maîtresse d'un artiste follement inspiré ou d'un politicien doté d'un charisme qui en fait un leader mondial. Comment une femme peut-elle être l'épouse d'un dieu dont le désir embrasse l'univers sans se sentir constamment menacée?

Il est curieux que, dans la mythologie grecque, l'épouse du plus puissant des dieux soit connue surtout pour sa jalousie. Elle n'est pas la reine qui prête l'oreille à la souffrance de ses sujets. Elle n'est pas la beauté pure aux rênes d'un pouvoir absolu. C'est une épouse capricieuse, épouvantablement furieuse, trahie et bafouée. La rage d'Héra prend autant la couleur de sa jalousie que la luxure, celle du règne de Zeus. On dirait que la jalousie avait autant d'importance dans le maintien de la vie et de la culture que le pouvoir politique et les conseils de Zeus. D'un point de vue mythologique, la jalousie est l'épouse des forces qui régissent la vie et la culture.

Zeus, qui règle les conflits essentiels de l'existence et sert de « parrain », désire chacun des vivants du monde qu'il gouverne. Tandis que son désir vagabonde par le monde, la colère d'Héra parle au nom de la maison, de la famille et du mariage. Les tensions qu'ils vivent sont le yin et le yang de la maison et du monde, de « nous » et de l'« autre ». Il est extraverti, elle est introvertie. La créativité érotique fabrique le monde, tandis que la jalousie préserve le foyer et l'intériorité. Si nous n'éprouvions pas de jalousie, trop de situations se produiraient, trop d'expériences seraient vécues, trop de relations s'établiraient sans jamais acquérir de profondeur. La jalousie sert l'âme en imposant limites et réflexion.

L'une des embûches que rencontre l'approche monothéiste dans une religion polythéiste est la validation que l'on peut trouver un peu partout dans les expériences improbables du polythéisme. Dans la religion d'Héra, on honore la possessivité, entre autres vertus. À son avis, il est non seulement convenable, mais encore nécessaire de trouver l'infidélité monstrueuse. Mon jeune homme violemment jaloux n'a pas encore découvert la vertu de possessivité. Il sent sa jalousie étrangère à lui et à ses valeurs ; sa possessivité est de la sorte compulsive et accablante : elle le frappe alors qu'il ne s'y attend pas. Son désir désespéré de fidélité pour son amie compense un sentiment d'union peu enraciné. Il joue de l'intimité et de la camaraderie, mais quand ces sentiments lui viennent réellement, ils lui semblent étrangers. Il ne sait qu'en faire.

Dans une culture qui valorise la liberté individuelle et le choix, le désir de possession — qui n'en est pas moins réel — appartient à l'ombre. La jalousie établit toujours un rapport avec une autre personne. Mais cette relation a des exigences rigoureuses. Comme le sait si bien Héra, la jalousie nous demande d'aimer l'attachement et la dépendance, de risquer de provoquer l'autre jusqu'à l'intolérable souffrance de la séparation, et la satisfaction amoureuse avec un autre partenaire.

En même temps, nous devons nous le rappeler, malgré sa possessivité, le dieu de la libération érotique attire Héra. Elle incarne la moitié de la dialectique de l'attachement et de la dispersion du désir. Elle entre en jeu dans la tension, la possession ou la dépossession de l'autre. Il existe une manière de réunir les différents aspects de nous-mêmes ; elle consiste à expérimenter cette tension, à constater que nous sommes tous des individus à part entière, finalement seuls dans cette vie, et que nous dépendons cependant tous les uns des autres. Quand une partie de nous cherche à connaître de nouvelles expériences, de nouvelles personnes, à recommencer, la jalousie nous rappelle l'attachement et souffre fantasmatiquement la douleur sans fin de la séparation et du divorce.

L'épouse archétypale

Dans une société où les femmes sont victimes d'oppression, où tout ce qui est féminin est sous-estimé, le titre d'« épouse » n'a pas grand-chose d'enviable. Quand cette image de l'*anima* ne trouve pas de place dans la psyché des hommes, épouse devient synonyme de dépendance ; à la femme échoient toutes les responsabilités relatives à la maison et aux enfants. Les hommes sont dégagés des contraintes de la vie domestique, mais ils en subissent également une perte, car la vie domestique et familiale procure beaucoup de sentiments et d'imagination à l'âme. Les hommes préfèrent d'ordinaire les sentiers aventureux des affaires, du commerce ou de la carrière. La femme de carrière perd aussi son *anima* si elle se consacre au mythe de la culture à bâtir. Les hommes et les femmes peuvent regarder de haut l'image de l'épouse et se sentir heureux d'échapper à son infériorité. Dans ce contexte, le mythe d'Héra nous rappelle le respect dû à l'épouse. Sa figure mythique nous laisse entendre que l'« épouse » est une face profonde de l'âme.

Pour Héra, la personne devient individu quand elle se définit par rapport à une autre, même si cette idée va à l'encontre de toutes nos idées modernes d'indépendance et de détachement. De nos jours, il ne paraît pas convenable de trouver son identité dans la relation avec l'autre. C'est pourtant là que réside le mystère d'Héra. Elle est dépendance faite dignité et — même — divinité. Dans les temps reculés, on l'honorait et on lui vouait une affection et un respect profonds. Quand les gens se plaignent de devenir trop dépendants chaque fois qu'ils s'engagent dans une relation, nous pouvons y voir un manque de sensibilité à ce qui relève d'Héra. Peut-être que le remède consiste à cultiver l'estime de l'union totale et de l'attachement en amour.

Dans une relation, il faut une sensibilité et un talent particulier à l'homme et à la femme qui évoquent l'épouse. Nous réduisons d'ordinaire la réalité archétypale à un rôle social. La femme glisse dans le rôle d'épouse, et l'homme la traite comme telle. Il existe pourtant une différence importante entre l'archétype et le rôle. Il y a moyen d'attirer Héra dans la relation pour que l'attention et le service à l'autre ait de l'importance pour les deux partenaires. On pourrait aussi évoquer Héra dans une atmosphère de dépendance et d'identité mutuelles. Dans l'esprit d'Héra, le couple protège la relation et accorde de la valeur aux signaux de dépendance réciproques. Au nom d'Héra, vous téléphonez quand vous êtes en voyage ou quand vous séjournez hors de la ville. Au nom d'Héra, vous incluez votre partenaire quand vous faites des projets d'avenir.

Les sentiments de jalousie pourraient fort bien se rattacher à cet élément de dépendance du partenariat. La jalousie appartient à l'archétype. Héra est aimante et jalouse. Quand on n'accorde pas suffisamment d'importance au véritable compagnonnage, Héra quitte la scène, et la relation se trouve réduite à un banal compagnonnage. Les partenaires se divisent alors : il y a d'un côté l'indépendant qui prend le parti de la liberté, et le « codépendant », celui que la jalousie tourmente. Quand, dans un mariage, l'un des partenaires est manifestement l'épouse — et ce n'est pas toujours la femme —, Héra ne reçoit aucun égard. Si votre mariage connaît des symptômes de difficulté, cherchez la détresse d'Héra.

Le mariage qu'Héra honore avec tant de ferveur n'est pas seulement la relation concrète entre un homme et une femme, c'est toute connexion, qu'elle soit de nature émotionnelle ou cosmique. Comme le dit Jung, le mariage est toujours une affaire de l'âme. Héra protège peut-être également les éléments différents qui nous font ou qui modèlent la société.

Les gens rêvent souvent de femmes et de maris. Si nous y voyons plus que le mariage réel, nous pouvons y trouver des guides pour considérer des unions encore moins évidentes. Un homme rêve, par exemple, qu'il se trouve dans un bar en compagnie d'une femme qui l'attire. Elle l'embrasse et il y prend plaisir, mais il passe tout de même son temps à se retourner pour voir si sa femme le regarde. Dans la vie, cet homme est heureux en ménage, même si, à l'occasion, il se trouble quand d'autres femmes l'attirent. De temps à autre, il rêve aussi à l'alcool. Dans ces rêves, il fait d'ordinaire la rencontre d'un homme ivre qui lui répugne. Cet homme est très collet monté, très guindé, alors il n'est guère étonnant que ses rêves s'ouvrent dans différentes directions. La conscience qu'il a de son « épouse », de tout ce qu'il a épousé, est puissante et le sert bien. S'il devait succomber à tout ce qui le séduit, son mariage prendrait fin et sa vie se retrouverait en pièces détachées. Par ailleurs, les besoins dionysiaques et aphrodisiaques de son âme, exprimés par l'alcool et la sexualité dans ses rêves, réclament également son attention. En réalité, c'est la tension qui mine sa vie : une invitation à expérimenter et à explorer une direction plus passionnelle défie sa loyauté à son épouse réelle et à son système de valeurs.

Une femme raconte un rêve au cours duquel son mari et ses trois enfants font, en compagnie de trois femmes rousses inconnues, un pique-nique sur le flanc d'un coteau. Les femmes, lui dit le rêve, sont les amantes de son mari. Elles montrent aussi un intérêt de nature érotique aux enfants. La rêveuse les observe d'une fenêtre de leur maison et en ressent un mélange de plaisir devant le bonheur de sa famille et de jalousie par rapport aux trois femmes.

Encore une fois, nous voyons à l'œuvre la dialectique propre à Héra : la rêveuse prend plaisir à son rôle d'épouse et de mère, mais ressent aussi la jalousie d'Héra au ton érotique des trois femmes. L'image de trois femmes apparaît très fréquemment dans les rêves et en art : les trois Grâces, les trois Destinées, le passé, le présent et le futur. Il est possible qu'une nouvelle passion flamboyante (le rouge) et décisive — pas nécessairement une personne — pénètre dans l'âme de la rêveuse, y ramenant les tensions coutumières entre la nouvelle passion et les valeurs existentielles chéries. La rêveuse joue le rôle d'observatrice dans sa maison, comme Héra occupée à regarder de loin cette nouvelle dynamique se développer.

Nos amours conjugales ne sont pas toujours humaines. Le poète Wendell Berry livre à ce propos une confession intéressante dans l'un de ses ouvrages. Tout comme l'individu peut entretenir des rêves érotiques à propos d'une autre que son épouse, dit-il, quand il voyage, il devient parfois amoureux d'un lieu et éprouve fortement l'envie d'y déménager. Berry prend alors le point de vue d'Héra, et recommande de rester fidèle au chez-soi. Nous ne devrions pas, conseille-t-il, céder à ces tentations de l'extérieur. Les rêves sur ce thème semblent moins sûrs de ce que nous *devrions* faire quand ils portent ce genre de tension (entre la fidélité à la réalité et la promesse contenue dans une nouvelle passion). Ils se contentent de présenter les circonstances et le sentiment de jalousie qui maintient la loyauté au chez-soi. Pour prendre soin de notre âme, nous n'aurons d'autre choix que d'ouvrir nos cœurs suffisamment grand pour contenir cette tension et y prêter une oreille attentive.

Encore un mot sur Héra : Karl Kerényi, historien et ami de Jung, a élaboré sa propre approche archétypale de la mythologie ; il livre d'ailleurs un commentaire étrange dans son ouvrage *Zeus et Héra*. Quand elle faisait l'amour, rapporte-t-il, Héra était comblée, complète. (Le mot *complète* en passant est un terme propre à Héra; d'autres mots grecs, qui appartiennent aux attributs d'Héra, s'apparentent à *telos,* qui signifie fin ou but.) Il est essentiel, déclare donc Kerényi, que Héra atteigne son but et trouve sa plénitude dans l'acte sexuel. Il peut sembler évident que l'acte sexuel fasse partie du rôle d'épouse, mais je tiens à préciser que l'aspect particulier de la satisfaction de l'intimité et du compagnonnage a sa divinité. Héra était honorée en tant qu'amante de Zeus. *L'Hymne homérique à Héra* raconte qu'elle et Zeus ont joui d'une lune de miel de trois cents ans. Qui plus est, chaque année, raconte Kerényi, Héra renouvelait sa virginité dans la source de Kanathos (une source où l'on immergeait chaque année la statue d'Héra) et qu'elle se présentait ensuite à Zeus sous les traits d'une fille avant de voir sa sexualité comblée.

En langage jungien, nous pourrions dire qu'Héra fait partie de l'*anima* de la sexualité. Sur la couche nuptiale, les partenaires peuvent se rencontrer comme pour la première fois, profiter de la virginité renouvelable imaginaire d'Héra. Quand une relation amoureuse honore Héra, elle bénéficie des plaisirs de la satisfaction du lien charnel entre les partenaires. Le problème, c'est qu'on ne peut pas évoquer une seule partie d'Héra ; il faut faire appel à sa nature entière, y compris à sa jalousie et à son statut d'épouse, qui peuvent parfois s'accompagner de sentiments d'infériorité et de dépendance. Pour trouver l'âme de la relation amoureuse et de la relation sexuelle, il est peut-être nécessaire d'estimer les sentiments inférieurs qui appartiennent à l'« épouse » archétypale.

Le dieu qui apporte la maladie, dit-on, est aussi celui qui la guérit. C'est le « guérisseur blesseur » ou le « blesseur guérisseur ». Si la jalousie est la maladie, le guérisseur pourrait bien être Héra, qui connaît la jalousie mieux que quiconque. Nous sommes donc revenus à notre point de départ. Si nous voulons guérir de notre jalousie, nous devrons employer une approche homéopathique. Pour honorer Héra, nous devrons peut-être faire entrer dans notre cœur les éléments de la jalousie : la dépendance, la découverte de l'identité à travers l'autre et la volonté de protéger l'union. Quand la jalousie devient compulsion et excès, c'est peut-être qu'Héra se plaint de négligence et que la relation n'a pas la plénitude que la déesse seule est en mesure de lui apporter. Étrangement, il est possible que la jalousie contienne les semences de la plénitude sexuelle et de l'intimité.

L'envie

Semblable à la jalousie en ce qu'elle darde le cœur, l'envie est l'un des sept péchés capitaux et appartient de toute évidence à l'ombre. Encore une fois, nous posons la question difficile : comment prendre soin de son âme quand elle se manifeste teintée de la verdeur de l'envie ? Comment pouvons-nous ouvrir notre esprit à ce péché capital ? Pouvons-nous percevoir les exigences de l'âme quand elle nous déchire d'envie pour ce que l'autre possède ?

L'envie peut nous consumer ; avec sa causticité, elle peut vider notre cœur de toute autre émotion, de toute autre pensée. Elle peut déranger une personne, la rendre « folle » de la vie, du statut et des possessions des autres. Mes voisins sont heureux ; ils ont de l'argent, des enfants ; ils ont réussi. Pourquoi pas moi ? Mon amie a un bon emploi ; elle est belle, et chanceuse ; pourquoi pas moi ? Dans l'envie, il y a peut-être une bonne part d'apitoiement sur son propre sort, mais il y a surtout un désir très amer.

Même si l'ego semble plein d'envie, il ne s'agit pas d'abord d'un trouble de l'ego. L'envie ronge le cœur. Le cœur subit quant à lui le pouvoir corrosif de l'envie. Ce n'est assurément pas un excès de l'ego, c'est plutôt une activité de l'âme, un processus douloureux dans l'alchimie de cette dernière. Le problème de l'ego, c'est de trouver réponse à l'envie, de trouver comment réagir aux désirs fous qu'elle inspire. Nous devons — tâche qui ne devrait pas nous surprendre — trouver ce que l'envie attend de nous.

Les compulsions sont toujours composées de deux parties ; l'envie n'y échappe pas. D'un côté, l'envie est le désir pour quelque chose, et de l'autre, c'est une résistance aux désirs du cœur. Dans l'envie, le désir et la dénégation travaillent la main dans la main pour donner lieu à une impression caractéristique de frustration et d'obsession. Même si l'envie semble relever du masochisme (l'envieux pense qu'il est victime de malchance), elle demande aussi énormément de volonté pour résister ainsi au destin et à l'être. Dans l'opacité de l'envie, on est aveugle à sa propre nature.

Quand le masochisme se manifeste, le sadisme ne se cache

jamais bien loin. L'envieux sadique combat férocement le sort que le destin lui a tracé. Il se sent privé et trahi. Parce qu'il est coupé de la valeur potentielle de son propre destin, il a mis au point des fantasmes dans lesquels les autres ont bénéficié de chance.

Quand on porte égard à une âme envieuse, il ne faut pas chercher à se défaire de l'envie, mais à la diriger vers son propre destin. La douleur de l'envie ressemble à la souffrance corporelle : elle nous arrête et nous fait prendre conscience que quelque chose ne va pas et qu'il faut y prêter attention. Ce qui ne va pas, c'est que notre vision de proche est brouillée. L'envie, c'est l'hypermétropie de l'âme, son incapacité de voir ce qui nous est proche. Nous n'arrivons pas à voir la nécessité et la valeur de notre existence.

J'ai déjà connu une femme qui a souffert pendant des années d'une envie déchirante, vive, implacable. Tout le jour, pour améliorer son sort, elle travaillait dur à la manufacture qui l'employait; quand venait la nuit, elle se cachait chez elle. Elle ne pouvait supporter les vies pleines que menaient les gens de son entourage. Dans sa solitude, elle était inconsolable et extrêmement malheureuse. Elle décrivait inlassablement par le menu le bonheur de ses amis. Elle savait tout ce qui leur arrivait de bien. Chaque fois qu'elle entendait parler du succès ou de la faveur obtenue par l'un ou l'autre de ses amis, elle en subissait un choc : un autre clou venait de s'enfoncer dans le cœur des pensées envieuses qui l'accompagnaient sans relâche. Ses amis avaient de bonnes familles, leur travail les comblait, ils ne souffraient pas de solitude et avaient une bonne vie sexuelle. En l'écoutant, on avait l'impression que le monde entier nageait dans le bonheur tandis qu'elle portait seule le fardeau de la solitude et de la pauvreté.

Le masochisme a un côté caché : la tyrannie intentionnelle. Les souffrances de cette femme voilaient son rigorisme. Elle jugeait sans merci les amis qu'elle enviait. Dans sa propre famille, elle planait au-dessus de ses deux fils, qui étaient dans la trentaine, et s'efforçait de contrôler chacun de leurs mouvements. Elle semblait bien altruiste en consacrant ainsi sa vie à leur bien-être et en se privant elle-même, mais elle avait aussi le plaisir de diriger l'existence de quelqu'un d'autre. Son envie reflétait sa préoccupation pour la vie des autres et sa négligence à l'endroit de la sienne propre.

Quand elle vint me consulter pour que je l'aide à guérir son problème d'envie, je songeai que je pourrais l'inviter et entendre ce qu'elle avait à dire. Elle prétendait, bien entendu, vouloir que je l'en débarrasse habilement. À l'instar du jaloux, l'envieux est attaché à son envie et voudrait bien y attirer tout le monde. La personne qui parle de l'envie ressemble aux missionnaires religieux qui s'efforcent de convertir des païens. Derrière toutes les histoires d'envie se trouve le message suivant : « N'êtes-vous pas aussi scandalisé que moi ? » Je ne voulais pas me trouver coincé dans son sentiment de scandale. Je voulais savoir comment l'envie agissait et connaître ce qu'elle voulait.

Elle avait grandi dans une famille qui n'avait pas beaucoup d'argent et qui ne s'occupait pas très bien des siens, adultes et enfants. Son éducation religieuse stricte lui avait laissé en effet maintes inhibitions relatives à la sexualité et à l'argent et lui avait donné l'idée fixe de se sacrifier pour les autres. Elle avait vécu deux mariages et deux divorces difficiles et douloureux. Mais tous ces faits ne suffisaient pas à expliquer son envie accablante. Au contraire, en récitant la litanie des tourments qui l'avaient affectée à chaque occasion, elle rationalisait sa situation. Ces arguments convaincants faisaient partie de son complexe. Ils huilaient et polissaient les rouages de son envie.

Ironiquement, les explications colériques de cette femme au regard de ses malchances l'empêchaient de ressentir la peine de son passé. Évidemment, les symptômes sont souvent douloureux, mais ils prémunissent aussi l'individu contre une souffrance plus profonde, associée à la conscience de la réalité du sort. On aurait dit que son envie avait aspiré toute cette souffrance et, étonnamment, l'empêchait de s'approprier son passé.

Nous avons entrepris notre travail en révisant ses innombrables histoires de privation. Je cherchai à connaître les moyens qu'elle utilisait pour se distancer subtilement de la douleur et de la conscience de son mal. Elle excusait, par exemple, sa famille. « Ils ne connaissaient pas mieux. Ils faisaient leur possible. Ils avaient de bonnes intentions. » J'essayai de passer outre à ces rationalisations pour que nous puissions tous deux sentir la tristesse et le vide de son passé et admettre les limites et les échecs de ses parents.

Devant la détresse de l'envie, il est tentant de se faire meneuse de claque. « Tu peux y arriver ! Tu peux réussir tout ce que tu veux ! Tu es aussi capable que n'importe qui ! » Cette approche tombe toutefois dans le piège tendu par l'envie : « Je vais m'efforcer de remettre ma vie sur la bonne voie, mais je sais déjà que c'est voué à l'échec. » Le problème, ce n'est pas que l'individu soit incapable de vivre une bonne vie, c'est plutôt sa capacité de ne pas le faire. Si nous évitons de compenser avec notre soutien et notre pensée positive, nous pouvons apprendre à respecter le symptôme et à le laisser nous guider jusqu'au soin de l'âme. Si l'envieux souhaite que la vie lui soit meilleure, il est peut-être bon de ressentir l'intensité de son vide. Sous leur aspect duveteux, les désirs peuvent réprimer le vide si douloureux : ils détournent l'attention vers les possibilités irréalistes et superficielles. Il était évident que cette femme était incapable de ressentir sa propre désolation et son propre vide.

Une fois qu'elle a commencé à parler honnêtement de sa vie à la maison et de ses amis, qui vivaient les mêmes malchances que les autres êtres humains, le ton geignard céda la place à quelque chose de plus solide et de plus sobre. Elle a pu alors prendre la responsabilité de sa situation et, avec le temps, l'améliorer.

Dans l'envie et la jalousie, les fantasmes sont convaincants et captivants, même s'ils baignent dans une atmosphère quelque peu éloignée de la réalité. Ces fantasmes sont des illusions, des images que l'on tient à distance pour qu'elles n'affectent pas directement la vie. Quand on s'installe dans une existence imaginaire, on évite l'âme. Celle-ci se rattache toujours à la vie d'une manière ou d'une autre. Les symptômes de la jalousie et de l'envie tiennent la vie à une distance sécuritaire ; quand la jalousie et l'envie invitent l'âme, elles ouvrent l'une et l'autre le chemin du cœur pour que l'amour et l'attachement puissent y être réclamés.

Il est bon que la jalousie et l'envie résistent toutes deux à la raison et aux efforts pour les éliminer. Elles nous demandent de plonger dans le mystère, au fond de l'âme, par-delà les idées de santé et de bonheur. La jalousie et l'envie appartiennent aux dieux ; et ce n'est qu'en se rendant sur les lieux de cette activité divine que l'on peut trouver une solution qui transforme, qui entraîne l'individu vers les lieux inconnus de l'impulsion mythique. En fin de compte, ces émotions troublantes tracent la voie qui mène à une existence vécue avec plus de profondeur, plus de maturité et plus de souplesse.

Nous devons bien sûr prendre soin de notre âme, mais il est également vrai que l'âme prend soin de nous. Nous pouvons comprendre de la sorte l'expression « soin de l'âme » de deux façons. D'un côté, nous faisons de notre mieux pour respecter les manifestations de l'âme, quelles qu'elles soient ; de l'autre, l'âme est l'instance qui prend soin de nous. Même dans sa pathologie — et peut-être surtout dans sa pathologie — l'âme prend soin de nous en nous forçant à sortir de l'étroitesse du profane. Seule, la restauration de la sensibilité à un mythe particulier est capable de soulager sa souffrance. Sa souffrance entame donc un mouvement vers une spiritualité accrue. Ironiquement, la pathologie peut mener à la plénitude religieuse.

CHAPITRE 6

L'âme et le pouvoir

L'âme n'exerce pas son pouvoir comme le feraient l'ego et la volonté. Quand nous voulons réaliser quelque chose, nous rassemblons nos forces, mettons au point une stratégie et y consacrons tous les efforts nécessaires. James Hillman parle dans ce cas de comportement héroïque ou herculéen. Le terme porte à ses yeux un sens péjoratif : nous utilisons la force brute et considérons les choses d'un point de vue étroit et rationnel. Le pouvoir de l'âme, par contre, ressemble à un immense réservoir ou — pour employer une image traditionnelle — à la force de l'eau dans une rivière au courant rapide. Il est naturel, pas manipulé, et prend son origine à une source inconnue. Face à ce genre de pouvoir, nous devons porter attention au moyen que l'âme veut prendre pour s'imposer à la vie. Nous devons trouver une manière astucieuse de donner à ce pouvoir son articulation et sa structure ; nous devons en prendre la responsabilité. Mais nous devons aussi garder à l'esprit que les intentions et les besoins de l'âme ne nous sont peut-être que partiellement accessibles.

Ni la volonté égocentrique ni la passivité pure ne servent l'âme. Le travail de l'âme exige réflexion et labeur. Songeons aux sociétés de l'Antiquité qui ont investi des sommes, des énergies et des matériaux fabuleux pour la construction de pyramides, de mégalithes, de temples et de cathédrales au nom du jeu sacré ou de l'imagination sainte. Il nous faut trouver la perspective de l'âme qui nourrit l'action de passion et de contemplation imaginaire.

Je me souviens que Jung, autant dans sa théorie que dans sa vie personnelle, essayait constamment de découvrir ce qu'il appelait la « fonction transcendante », le point de vue qui embrasse autant les profondeurs mystérieuses de l'âme que la compréhension consciente et l'intention. Pour Jung, cette fonction transcendante, c'est précisément le *moi* : le pivot de l'action et de l'intelligence qui soupèse à la fois l'âme et l'intellect. Il ne s'agit pas d'une simple construction théorique. Comme Jung l'a montré avec son propre travail sur l'âme, ce peut être une façon de vivre. Le pouvoir venu de cette nouvelle source d'action s'enracine profondément et ne s'embrouille pas de façon destructrice dans des motifs narcissiques. Le *Tao Te King* (30) dit :

> Aussi l'homme juste doit-il se montrer résolu
> Sans user de forces.

L'utilisation du pouvoir de l'âme n'a rien à voir avec le besoin de combler les manques de l'ego ou de compenser maladroitement pour sa perte de pouvoir.

D'où vient le pouvoir de l'âme? Comment l'utiliser? Je crois qu'il provient d'endroits inattendus. D'abord, du fait de vivre proche de son cœur, pas loin de lui. Paradoxalement, le pouvoir de l'âme peut venir de l'échec, de la dépression et de la perte. En règle générale, l'âme apparaît dans les manques et les trous de l'expérience. Il est d'ordinaire tentant de trouver une manière subtile de nier ces manques ou de garder une distance par rapport à eux. Nous avons tous, à un moment ou à un autre, perdu un emploi ou souffert d'une maladie et trouvé en nous une force inattendue.

Les particularités de la personnalité, du corps ou des circonstances donnent aussi naissance au pouvoir de l'âme. La voix résonante de l'un lui fera parcourir le monde. Un autre aura pour lui la ruse, l'intelligence et l'imagination. Les appas sexuels d'autres n'auront pas besoin d'être exploités pour donner vie au pouvoir.

Un jeune en mal de pouvoir cherchera parfois dans des endroits conventionnels et oubliera de considérer ses propres qualités. Il s'efforcera de parler doucement et de paraître à son aise alors qu'il souffrira d'anxiété et connaîtra le doute. On pense parfois qu'il suffit d'avoir l'air calme pour que le pouvoir s'impose. Ces démonstrations crues de force et de confiance tombent immanquablement à plat ; la personne baigne encore davantage dans son insécurité.

On enseigne aux auteurs à « écrire ce qu'ils connaissent ». On pourrait donner le même conseil à ceux qui cherchent le pouvoir de l'âme : allez selon votre talent. Nombre d'entre nous gaspillons temps et énergie à être ce que nous ne sommes pas. Nous allons alors à l'encontre de notre âme, parce que la personnalité naît de l'âme comme l'eau naît des profondeurs de la terre. Nous sommes qui nous sommes en raison du mélange spécifique qui fait notre âme. L'âme de chacun est très particulière, malgré son contenu universel, archétypal. Le pouvoir commence avec la connaissance de cette âme spéciale, qui diffère peut-être tout à fait de l'idée que nous nous sommes faite de nous-mêmes ou de ce que nous voulons être.

Un ami me présenta un jour à un auditoire auquel j'allais

donner une conférence. « Je vais vous dire, commença-t-il, ce que Tom n'est pas : ce n'est pas un artiste, ce n'est pas un homme instruit, ce n'est pas un philosophe, ce n'est pas... »

En entendant tout ce que je n'étais pas, je me sentais humilié. À l'époque, j'enseignais à l'université et j'étais censé donner au moins l'impression que j'avais des lettres. Et pourtant, je savais que je n'en avais pas. La présentation de mon ami était sage et rigoureusement exacte. Peut-être bien qu'à notre tour nous pourrions, de temps à autre, nous vider de notre identité. En réfléchissant à ce que nous ne sommes pas, nous pourrions voir surgir de manière impromptue la révélation de ce que nous sommes. Encore une fois, le *Tao Te King* (22), ce testament de la vacuité de l'âme, prend la parole en des termes que Jésus reprend en écho :

> Courbé mais droit
> Vide mais rempli.

La vacuité de l'âme ne porte pas d'anxiété. En fait, le pouvoir surgit quand nous éprouvons le sentiment de vide et que nous résistons à la tentation de remplir prématurément ce manque. Nous devons contenir le vide. Nous laissons trop souvent échapper ce vide fertile en cherchant des substituts au pouvoir. La tolérance de la faiblesse, pourrait-on dire, mène à la découverte du pouvoir; toute démonstration de force pour échapper à la faiblesse n'appartient pas au pouvoir véritable. L'âme ne peut pas se manifester si nous remplissons constamment tous les vides avec des activités bidon.

J'ai connu un jeune homme qui voulait devenir écrivain. Quelque chose en lui le poussait à voyager, à mener une vie nomade, mais il regarda autour de lui et vit tous ses pairs étudier. Il renonça alors à ses envies de voyages et s'inscrivit à certains cours universitaires. Il échoua, on s'en doute bien, et puis fit un long voyage. Il est facile de passer outre aux indications évidentes et persistantes de l'âme — dans le cas du jeune homme aux fantasmes et aux désirs de voyages — pour fabriquer en lieu et place du pouvoir au prix d'efforts coûteux et exigeants.

La logique et le langage de l'âme

L'une des principales difficultés rencontrées quand on cherche à porter des égards à son âme, est de saisir la nature de son discours. L'intelligence travaille avec la raison, la logique, l'analyse, la recherche, les équivalences, les oppositions. Mais l'âme pratique une mathématique et une logique différentes. Elle présente des images que l'esprit doté de raison ne peut pas comprendre tout de suite. Elle insinue, laisse des impressions fugaces, exerce sa persuasion plus au moyen du désir que de la raison. Pour pénétrer le pouvoir de l'âme, il faut connaître son style et porter attention. L'âme donne maintes indications, mais elles sont habituellement extrêmement subtiles.

Deux légendes du soufisme montrent à quel point la logique de l'âme peut sembler étrange à l'esprit héroïque, raisonnable. Dans la première, Nasrudin rencontre un professeur de musique pour avoir des leçons.

« Combien coûtent les cours ? demande-t-il.

— Quinze dollars la première, et dix chacune des suivantes, répond le professeur.

— Parfait, réplique Nasrudin. Je commencerai par la deuxième. »

J'ignore s'il faut lire cette histoire en vertu des principes religieux du soufisme. J'ai pour ma part l'impression d'y trouver l'astuce mercuriale de l'âme dont il est possible de tirer un grand pouvoir et une logique particulière qui va à l'encontre des attentes naturelles. Les alchimistes enseignaient que le travail de l'âme est opus contra naturam, un travail contre la nature. Cette histoire illustre bien comment la compréhension que l'âme a des choses est « artificielle ». D'une certaine manière, elle me fait penser à une parabole de Jésus, celle des deux hommes qui se présentent au travail en fin de journée et touchent les mêmes émoluments que ceux qui ont œuvré depuis l'aube.

L'âme ne profite pas nécessairement d'un labeur long et ardu ou de l'équité. Elle produit ses effets plus par magie que par effort. Ce n'est pas parce que vous avez travaillé longtemps et honnêtement que vous tirerez de l'âme les bénéfices que vous cherchez. Vous ne devriez pas non plus travailler innocemment, accepter de vous échiner et vous attendre à en retirer quelque chose. Vous pouvez faire comme Nasrudin et tenter de tirer astucieusement le maximum de la dépense la moins grande. « Je cherche depuis un an, dira un patient en thérapie ; quelque chose aurait déjà dû se produire. » « J'ai choisi l'analyste dont les services coûtent le plus cher, lancera un autre ; je devrais bénéficier du meilleur traitement. » Cette logique de la consommation, fondée sur l'équité et sur la raison, n'a rien à voir avec le fonctionnement de l'âme et pourrait bien être la manière la moins efficace de chercher son pouvoir.

L'autre histoire du soufisme est encore plus mystérieuse.

Nuri Bey était un Albanais réfléchi et respecté qui avait épousé une femme beaucoup plus jeune que lui.

Un soir qu'il rentrait à la maison plus tôt qu'à son habitude, un serviteur fidèle vint le trouver et lui annonça : « Votre épouse, notre maîtresse, se conduit de manière suspecte. Elle se trouve dans des appartements avec un coffre qui appartenait à votre grand-mère et qui est suffisamment grand pour contenir un homme. Il ne devrait contenir que quelques broderies anciennes. Je crois qu'il y a beaucoup plus. Elle me refuse le droit d'y jeter un coup d'œil, moi, votre plus vieux serviteur. »

Nuri entra dans la chambre de sa femme pour la trouver inconsolable, assise à côté du coffre de bois massif.

« Me permettrais-tu de regarder dans le coffre? demanda-t-il.

— Pourquoi? À cause de la suspicion d'un serviteur, ou parce que tu n'as pas confiance en moi?

— Ne serait-il pas plus simple d'ouvrir le coffre sans penser aux sous-entendus? s'enquit Nuri.

— Je ne crois pas que c'est possible.

— Est-ce sous clef?

— Oui.

— Où est la clef?

— Congédie le serviteur, fit-elle en lui montrant l'objet, et je te la donnerai. »

Le serviteur fut congédié. L'épouse remit la clef à son mari et se retira, de toute évidence troublée.

Nuri Bey réfléchit longtemps. Et puis il appela quatre de ses jardiniers. Durant la nuit, ils portèrent ensemble le coffre qui n'avait pas été ouvert dans un coin reculé du domaine et l'enterrèrent.

Il n'en fut plus jamais question.

C'est une histoire captivante et mystérieuse. Encore une fois, j'ignore s'il faut y voir des principes religieux. Pour ma part, j'y vois l'âme, représentée de manière typique par l'épouse, comme un récipient du mystère. Le vieil homme, le *senex,* veut ouvrir le coffre et trouver l'explication du mystère. Comme dans l'histoire de la leçon de musique, il s'y trouve une ombre, l'idée que le coffre cache peut-être un homme. Le coffre de la femme ne pourrait-il pas contenir autant l'humanité qu'une personne, comme s'il s'agissait de l'enveloppe de l'âme humaine? En prenant la parole au nom de l'âme, la femme s'enquiert des fantasmes de son mari quant au contenu du coffre. De manière typiquement héroïque, il cherche à ouvrir le coffre, à écarter les « sous-entendus » et aller à la solution la plus simple : regarder ce que cache la boîte.

Combien de fois perdons-nous ainsi des occasions de laisser l'âme faire son travail en passant tout de suite aux solutions définitives sans nous arrêter pour considérer les sous-entendus ? Nous vivons dans une société de résultats, avide de passer aux actes et de mettre fin à toute tension ; nous laissons ainsi filer des chances de connaître nos motifs et nos secrets. Pour l'épouse, il ne serait pas possible d'ouvrir le coffre sans considérer les sous-entendus.

Elle en possède pourtant la clef. Jung dit que l'*anima* est le visage de l'âme. Dans cette histoire, elle est celle qui peut ouvrir et refermer le coffre. Le fin mot de l'histoire : est-ce que l'homme ouvrira le coffre de force ? Avons-nous besoin de comprendre tous les mystères ? Nous avons l'habitude d'entendre parler des grandes découvertes de la science (celle des atomes, des particules, de l'ADN) ; naturellement, nous croyons que les mystères n'existent que pour être résolus. L'alternative peut paraître étrange, mais elle a son intérêt : servons-nous de notre intelligence et de nos habiletés pour préserver les mystères.

C'est une histoire pédagogique, parce que nous y apprenons comment composer avec les choses de l'âme. Nuri Bey réfléchit longtemps. Avec sa réflexion, il crée son propre espace intérieur ; ensuite seulement il est prêt, conformément aux besoins de son âme. Il fait appel à quatre jardiniers ; Jung y aurait fait du chiffre quatre le symbole de la plénitude. Ensemble, ils transportent de nuit le coffre dans un coin reculé du terrain où ils l'enterrent et ils n'en parlent plus jamais. Nous pensons que le pouvoir vient de la compréhension et de la révélation. L'histoire d'Œdipe devrait nous avoir appris que ça ne mène jamais bien loin. Œdipe résout l'énigme du Sphinx, mais devient aveugle, après quoi seulement il apprend lentement à apprécier les mystères qui dépassent la raison humaine. Du point de vue de l'âme, il est aussi important — sinon plus — de s'assurer de la nécessité de la curiosité et de la suspicion, de permettre à certaines choses de rester éloignées et cachées, de faire confiance à l'âme sœur (ou à la sœur de l'âme) pour les choses qui ne devraient pas connaître la lumière du jour.

Un homme me parla un jour de la femme qu'il aimait. Ils s'étaient querellés et, dans le feu de sa détresse, il lui avait envoyé une lettre irréfléchie et impétueuse. Avant la livraison de la missive, il lui avait téléphoné et lui avait demandé de ne pas la lire. Elle lui raconta plus tard qu'aussitôt la lettre arrivée, elle l'avait déchirée. Elle avait éprouvé une difficile curiosité; dans la corbeille, sur le papier tordu et chiffonné, elle pouvait voir les gribouillis de son écriture. Elle avoua avoir été tentée, mais avoir résisté. À ce moment-là, me dit l'homme, il sentit que le lien entre eux était resté intact. Le respect qu'elle lui avait montré avait resserré leur relation. Quand il me fit ce récit, je pensai à Nuri Bey et à la leçon particulière sur le pouvoir de l'âme qu'il avait apprise en réfléchissant et en décidant que le coffre resterait fermé.

Ces récits montrent bien que l'action ne révèle pas toujours la puissance. Nuri Bey aurait facilement pu dominer son épouse et découvrir ses secrets, mais en préservant son intimité, il a maintenu son pouvoir. En général, nous conservons notre pouvoir quand nous protégeons celui des autres.

La violence et le besoin de pouvoir

Le mot *violence* vient du vocable latin *vis*, qui veut dire « forces physiques ». Son étymologie laisse entendre que, dans la violence, se manifeste le dynamisme de la vie. Si cette vitalité fondamentale ne se trouve pas dans le cœur, nos répressions et nos compromis, nos peurs et nos manipulations narcissiques semblent la laisser paraître de manière distordue.

Ce serait se tromper que d'approcher la violence avec l'idée toute simple de s'en débarrasser. Si nous tentons d'enrayer notre violence, il y a de fortes chances que nous nous coupions également du pouvoir profond qui sous-tend la vie créatrice. La répression n'accomplit jamais ce que nous voulons, nous enseigne d'ailleurs la psychanalyse. Le réprimé fait toujours retour de manière monstrueuse. Le courant de l'existence de l'âme, sa *vis,* ressemble à la force naturelle de la plante, à l'herbe qui pousse à travers le ciment et qui, en un temps relativement court, efface les grands monuments de notre société. Si nous tentons de dompter et de contrôler ce pouvoir intérieur, il finira inévitablement par trouver son chemin vers la lumière.

Pour la plupart des problèmes émotionnels des gens en thérapie, je poserais le diagnostic de « répression des forces de la vie ». De nos jours, les thérapeutes exhortent couramment leurs patients à exprimer leur colère, un peu comme s'il s'agissait d'une panacée. Je crois, pour ma part, que la colère et son expression ne sont que des voies dans les *forces* de la vie qui se sont atténuées et que les gens ont du mal à ressentir dans notre société moderne. Les médecins de la Renaissance plaçaient la colère et la force de la vie sous l'égide d'un seul dieu, Mars. Chacun, enseignaient-ils, recèle en lui une force explosive prête à se déchaîner dans le monde. Mars se manifeste quand nous sommes nous-mêmes, quand nous laissons notre individualité et nos dons uniques s'exprimer. Quand nous nous donnons la permission d'exister totalement et honnêtement, notre vision *pique au vif* le monde que défie notre manière d'être.

Dans le monde du spectacle et de la politique, nous voyons parfois des gens dotés d'un talent exceptionnel éclater littéralement sur la scène publique avec une énergie et une imagination absolument irrépressibles. En étant eux-mêmes, ils ont un éclat qui nous stupéfie. En parlant de leur apparition sur scène, nous employons souvent la métaphore du « météore ». Ils scintillent, brûlent et marquent notre monde timide et docile. Nous disons qu'ils ont du « charisme », mot qui signifie faveur divine et don. Leur pouvoir ne vient pas de l'ego. Dans leur personnalité et dans leurs actions, nous voyons briller une lumière divine.

Tout au cours de l'histoire de l'humanité, l'expression de l'individualité a été perçue comme une menace pour le *statu quo*. En dépit de tout ce que l'on dit en faveur de l'individu, notre société favorise la conformité de maintes façons. Nous nous laissons plaisamment endormir par la platitude et la prévisibilité de la vie moderne. Nous pouvons voyager partout, nous aurons bien du mal à trouver un magasin ou un restaurant ne serait-ce qu'un peu différents des autres. Partout dans les centres commerciaux, dans les quartiers des restaurants, dans les cinémas, nous voyons les mêmes vêtements, les mêmes marques, les mêmes menus, les mêmes rares films, la même architecture. Dans un restaurant de la côte Est américaine, vous pouvez vous asseoir sur une chaise parfaitement identique à celle sur laquelle vous vous étiez assis dans un restaurant de la côte Ouest. La répétition, dit pourtant la psychanalyse, c'est la mort. La répétition nous prémunit contre les poussées de la vie individuelle. Elle cherche la paix mortifère d'une société qui a banni la surprise.

Une banalité, un nouveau plat, par exemple, peut s'avérer menaçante. On sait d'ailleurs que la mode vestimentaire peut témoigner de la conformité ou de l'anarchie d'un individu. Les groupes politiques se sont identifiés par la longueur de leur chevelure. Ces banals choix du quotidien ont un pouvoir authentique ; et la société qui se soucie de l'ordre et de la bonne marche de ses affaires peut graduellement et inconsciemment s'aplanir au nom du bien-être apparent de l'ensemble.

Il n'est pas rare que les forces réprimées et que les symptômes finissent par réapparaître sous forme d'objets ; nos fantasmes se cristallisent sous l'apparence d'un objet au pouvoir et à l'attrait du fétiche. En ce sens, avec le mystère et la menace qu'il contient, notre arsenal nucléaire porte en négatif ce qui a été ignoré dans l'âme. Les bombes et les missiles nous rappellent constamment chaque jour notre propre destruction. Ils nous forcent à nous souvenir que nous ne pouvons pas tout contenir, tout contrôler, que notre société peut tous nous tuer, comme elle peut éliminer les gens d'autres sociétés et même la planète tout entière. L'arsenal est un fétiche inouï du pouvoir. L'analyste jungien, Wolfgang Giergerich, a tracé un parallèle entre la bombe et le veau d'or de la Genèse. L'un et l'autre sont des idoles. Giergerich fait remarquer que le veau est en réalité un taureau, c'est-à-dire une image de pouvoir animal sans bornes. Au moment mythique où Moïse détruit le taureau, rapporte-t-il, il bannit le pouvoir obscur et élève des autels à la lumière. Nos bombes perpétuent le veau d'or ostracisé. Parce que nous avons refusé de nous associer avec les forces obscures, elles se sont imposées sous une forme objectale où elles demeurent fascinantes et mortelles.

Je vois donc un lien entre notre violence apparemment sans solution et notre platitude répétitive chérie. La tradition nous l'enseigne depuis des siècles, : l'âme a besoin de la grâce défiante et profonde de Mars, qui fait rougeoyer tout ce qui l'entoure du feu de la vie passionnante, ajoute un élément créateur à toute action, et sème les graines du pouvoir dans le sillon de chaque instant et de chaque circonstance. Quand on dédaigne Mars ou qu'on le mésestime, il est forcé de réapparaître sous les traits du fétiche et du comportement violent. Mars est infiniment plus puissant que l'expression personnelle de la colère. Créateur et destructeur tout à la fois, calibré pour la lutte, il est la vie elle-même.

L'âme n'a rien de neutre. Elle est le siège et la source de la vie. Ou bien nous répondons aux exigences que l'âme exprime par ses fantasmes et ses désirs, ou bien nous souffrons de la négligence que nous nous infligeons. Le pouvoir de l'âme peut nous précipiter dans l'extase ou dans la dépression. Il peut être créateur ou destructeur, doux ou agressif. Le pouvoir germe dans l'âme et exerce, en tant que manifestation de l'âme, son influence sur la vie. Sans la plénitude de l'âme, il n'y a pas de pouvoir véritable ; et sans pouvoir, il n'y a pas de plénitude véritable de l'âme.

Le sadomasochisme

Quand on néglige le pouvoir de l'âme, qu'on l'usurpe ou qu'on joue avec lui, on éprouve un sérieux problème de sadomasochisme, dont le rayon d'action va du syndrome clinique grave jusqu'à la dynamique des transactions quotidiennes. Dans le sadomasochisme, le vrai pouvoir, celui qui s'exerce sans victime ni tyran, se divise en deux parties : la violence et la victimisation, le dominant et le dominé. Même si, au premier abord, le sadomasochisme a toutes les apparences de la force, il témoigne en réalité d'un manque de pouvoir. Chaque fois qu'un individu en prend un autre pour victime, le pouvoir véritable a été perdu et a fait place à un drame dangereux pour les deux parties.

La division du pouvoir sadomasochiste possède toutes les caractéristiques des comportements symptomatiques : elle est destructrice, et contient une polarisation dont l'un des extrêmes est apparent tandis que l'autre est caché. Les gens qui usent de violence sont de toute évidence dominateurs ; leur faiblesse et leur sentiment d'impuissance sont moins apparents. Par ailleurs, ceux qui tiennent d'ordinaire le rôle de la victime peuvent très bien n'avoir pas conscience de leurs propres méthodes subtiles de contrôle. Pour ces raisons, il est très difficile de faire face aux problèmes de pouvoir : les choses ne sont pas ce qu'elles semblent être. Les faiblards se gonflent et s'efforcent d'agir avec force ; les durs cachent leur vulnérabilité ; et nous omettons tous de gratter la surface. Nous supposons que les pouvoirs fabriqués autour de nous sont authentiques, et nous en devenons les victimes.

En tant que thérapeute, je fais face à cette division chaque jour. Une femme vint un jour en larmes me raconter que l'homme qu'elle avait épousé il y a dix ans avait une liaison. Il me fut tout de suite évident qu'elle voulait que je sympathise avec son sentiment de trahison, que je maudisse l'homme avec elle, et que je trouve moyen de le remettre sur le droit chemin. Je gardai mes distances. Dès le début, j'avais senti deux choses : son impression exagérée d'être une victime et sa volonté de me dominer. Tandis qu'elle me parlait, ces deux aspects devinrent de plus en plus évidents. Elle avait tellement intégré son rôle de victime, elle s'y était tellement identifiée qu'elle n'avait absolument pas conscience de ses efforts pour contrôler son mari et ma personne. Quand je lui fis remarquer, elle me déclara que je faisais erreur et qu'elle ne reviendrait plus. Sa menace apparente ne me fit pas peur; nous avons fini par démêler les choses. En quelques semaines, son mari mit fin à sa liaison et le couple recouvra une partie de son harmonie. Je m'étonnai de la vitesse avec laquelle la situation avait été réglée. La femme me raconta qu'en thérapie, quelques années plus tôt, elle avait déjà abordé le sujet du contrôle. Elle avait cru, comme plusieurs d'entre nous, qu'elle pouvait « régler » définitivement ses problèmes. Sa véritable force vint de sa capacité de prêter attention à son indignation et de sonder son âme à un moment où il lui était facile de faire porter le blâme à son mari.

L'ange noir de la destruction

La violence a beaucoup à voir avec l'ombre, particulièrement avec celle du pouvoir. Pour bien des gens qui sont nés et ont grandi en Amérique, l'innocence — l'absence ou le rejet de l'ombre — entrave l'accomplissement du pouvoir de l'âme. Quand les gens parlent du pouvoir et de l'innocence, ils font souvent référence à leur éducation religieuse, qui leur a appris d'une manière ou d'une autre à tendre l'autre joue et à souffrir. L'image du troupeau de brebis pour représenter les paroissiens, souligne David Miller, maintient l'idée qu'il est bon d'être faible et soumis.

Il est encore une autre façon de perdre le pouvoir ; elle consiste à s'identifier avec le *puer,* un fantasme extrêmement puissant dans la psyché américaine. L'idéalisme de la jeunesse, les discussions, les chances égales, les gens tous égaux entre eux, toutes ces expressions de l'idéal américain ne portent pas seulement une ombre, elles rendent aussi le pouvoir indésirable à plusieurs personnes. Le pouvoir est réprimé vers l'ombre ; en conséquence, nombre de luttes de pouvoir ont lieu dans le secret, sournoisement.

Les rêves présentent souvent des images du pouvoir obscur dans lesquels le rêveur ou bien brandit des armes ou bien en devient victime. Un homme d'âge moyen me raconta, par exemple, le rêve suivant : il attendait à une porte l'ouverture d'une banque. Une femme attendait avec lui, tout comme quelques autres personnes. Il remarqua soudain que deux hommes proches de lui avaient des revolvers dans leurs poches. Il pouvait en voir poindre la crosse. Il s'aperçut que les hommes se préparaient tranquillement à passer à l'action. Instinctivement, il se mit à s'enfuir en courant, pris de panique à l'idée des coups de feu. Il abandonna son amie, sans même une pensée pour elle, et se réveilla avec un sentiment de culpabilité face à sa lâcheté.

L'homme croyait que son rêve illustrait sa peur de la violence. Il avait beaucoup de mal à faire face aux confrontations les plus ordinaires. Il lui serait plus coutumier, me dit-il, de s'inquiéter à l'excès du sort de sa compagne. Dans le rêve, la panique faisait pourtant disparaître son altruisme et le poussait à opérer une retraite étonnamment rapide. Il me raconta d'autres rêves au cours desquels il éprouvait de la panique en présence de revolvers et ne pensait qu'à sa propre sécurité. Dans ses rêves, il ne participait jamais à la bagarre, et il pensait qu'il s'agissait chez lui d'une faiblesse de caractère.

Parfois, il nous est utile de considérer les figures du rêve comme des anges. Elles ont l'air humaines, mais elles appartiennent au royaume de l'imaginaire, où n'ont plus cours les lois naturelles et morales de la vie réelle. Leurs actions peuvent être mystérieuses; il ne faut pas les comprendre de manière littérale. Dans les deux hommes, j'ai vu des anges noirs se livrer à des actes auxquels le rêveur ne songerait même pas. Il avait beau craindre leurs armes et s'enfuir en courant, il n'était peut-être pas lâche. La fuite est une réaction normale en présence d'armes à feu, surtout quand on en n'a pas une soi-même. Il serait aussi possible de voir dans l'abandon de sa compagne quelque chose qui se produit quand il sent sourdre la violence. À ce moment-là, il n'est plus proche du monde féminin sensible qu'il pense habituellement devoir protéger.

Le rêve ne parlait pas que des armes : il y était aussi question de voler une banque. On pourrait penser que le rêve établit la nécessité du vol. Pour nous entendre avec les autres, il nous faut parfois porter un masque noir, porter une arme dans la poche — dans la région phallique et contre l'utérus féminin.

La religion regorge de contes étonnants d'arrangements financiers amoraux. Comme on l'a vu, Jésus raconte l'histoire du gérant qui donne les mêmes gages à ceux qui ont travaillé toute la journée et à celui qui n'a travaillé qu'une heure. Les Grecs commémoraient l'histoire d'Hermès, qui le premier jour de sa vie, vola le veau de son frère Apollon. Pour bénéficier des cadeaux d'Hermès, il nous faut peut-être nous faire dérober nos valeurs apolliniennes. L'histoire de Nasrudin et de la leçon de musique nous invite à tricher. Dans l'Évangile et dans d'innombrables toiles représentant la crucifixion, Jésus apparaît cloué sur la croix entre deux voleurs, dont l'un, dira-t-il, ira au ciel avec lui. On interprète souvent cette représentation comme l'humiliation de Jésus, mais on peut aussi y voir l'élévation du vol.

Le *De Profundis* (« des profondeurs insondables »), la lettre de prison d'Oscar Wilde, illustre extraordinairement bien la théologie romantique, et aborde la place de l'ombre dans la représentation de Jésus.

> L'humanité a toujours vénéré dans le saint celui qui s'élevait au plus près de la perfection divine. Alors que le Christ, dans l'étonnante grâce de sa divine incarnation, a toujours estimé chez le pécheur cela même qui pouvait conduire à la plus haute perfection de l'homme. Son dessein fondamental ne visait pas plus à transformer les hommes qu'à apaiser leurs souffrances... Bien plutôt, en un sens que l'humaniste n'a pas encore saisi, le Christ percevait dans la souffrance et le péché mêmes l'éclat du sacré et la promesse d'un achèvement suprême [1].

Si nous laissons Oscar Wilde nous guider pour comprendre théologiquement le rêve de l'homme, nous pouvons considérer les deux bandits comme les deux voleurs encadrant Jésus. Ils pourraient être des anges déchus qui ont pour mission de voler des banques. Ils pourraient illustrer une vérité pénible : pour enrichir son âme, il faut parfois piller le réservoir de la richesse en usant de force et de noirceur. Il ne suffit pas d'obtenir ce qu'on attend, ce pour quoi on a travaillé ou souffert. À l'instar de Jésus, nous pouvons nous retrouver en compagnie de voleurs et de bandits comme lorsque nous nous croyons les plus innocents, les plus féminins, davantage sur nos gardes.

1 Traduction de René Lapierre.

L'ombre est une réalité terrifiante. Quiconque parle avec désinvolture d'intégrer l'ombre — comme s'il était possible d'apprivoiser l'ombre comme on apprend une langue étrangère — ne connaît pas la noirceur qui la caractérise toujours. La peur n'est jamais loin du pouvoir. L'innocence véritable se trouve toujours dans le voisinage de la culpabilité. Les trois croix du Golgotha ne se contentent pas de représenter le triomphe de la vertu sur le vice. Elles illustrent ce que la chrétienté a de plus précieux, la trinité. Elles nous guident vers le grand mystère qu'a fait remarquer Oscar Wilde : la vertu n'est jamais authentique quand elle se sépare du mal. Nous ne subissons la violence de notre monde que si nous refusons d'admettre sa place en nos cœurs et nous contentons de nous identifier avec l'innocence ordinaire.

Les gens me rapportent souvent des rêves de revolvers et autres armes. Je ne crois pas qu'elles compensent pour l'innocence de la vie autant qu'elles ne signalent l'amour de l'âme pour le pouvoir. Les rêves censurent moins le potentiel de l'âme que l'auto-analyse consciente. Les armes nous disent aussi que, dans la société, elles sont des objets de rite. Les revolvers sont également bannis et révérés. Parmi tous les objets qui nous entourent, étrangement fascinant et troublant, le revolver est l'un des plus mystérieux. Ceux qui contestent le bannissement des armes à feu s'expriment peut-être au nom d'une idole du pouvoir qui maintient sous nos yeux les forces de la vie, *vis*. Le revolver est dangereux non seulement parce qu'il menace nos existences, mais encore parce qu'il fétichise notre désir de pouvoir, qu'il garde ce pouvoir à la fois à l'œil et loin de sa présence dans nos vies. Les vieux canons peints placés dans des lieux stratégiques de nos villes — il y en a justement un sur la route qui mène à ma maison dans un petit village paisible — montrent la ferveur avec laquelle nous honorons ces objets sacrés, représentations du sacrement de notre capacité de puissance meurtrière.

On dit souvent que le fusil est un symbole phallique. Je pense au contraire que le phallus est un symbole du fusil. Son pouvoir nous fascine (il est intéressant de noter que le mot « fascine » faisait à l'origine référence au phallus). Mais je ne crois pas que le fusil est aussi masculin qu'il nous semble. Le mot anglais qui le désigne, *gun,* vient du nom d'une femme, Gunnhild, qui signifie « guerre » en scandinave. Il est aussi un autre type d'arme à feu célèbre, « la grosse Bertha », un canon dont le nom nous permet de croire que l'arme à feu peut équivaloir à la puissance éclatante de l'âme féminine.

L'âme est explosive et puissante. Par le biais de l'imagination — prérequis constant de l'action et source du sens — elle peut accomplir tout ce qu'elle veut. Avec la force de ses émotions, l'âme est une arme à feu remplie de pouvoir potentiel et d'effets. La plume, qui exprime la passion de l'âme, pèse plus lourd que l'épée, parce que l'imagination peut changer à la racine la vie des gens.

Nous ne nous réclamons pas du pouvoir de l'âme pour notre propre compte ; nous devenons ses victimes. Nous subissons nos émotions au lieu de sentir qu'elles travaillent pour nous. Nous gardons en nous pensées et passions, les débranchant du courant de la vie, et elles viennent nous ennuyer, nous faisant sentir profondément perturbés ou, paraît-il, nous rendant malades. Nous savons tous l'inconfort de la colère rentrée, qui monte et se transforme en rage et en ressentiment corrosifs. Même l'amour inexprimé crée une pression qui exige qu'on la laisse sortir d'une manière ou d'une autre.

Si la violence est la force réprimée de la vie qui s'exprime sous forme de symptôme, le remède consiste à porter des égards au pouvoir de l'âme. Parce qu'on ne peut pas vraiment les réprimer, il est fou de nier l'individualité, l'excentricité, l'expression personnelle, la passion, tous signes de ce pouvoir. Si le crime hante nos rues, la pauvreté et les conditions de vie misérables n'en sont pas les seuls responsables du point de vue de l'âme ; nous le devons plutôt à la mise en échec des manifestations de l'âme et de son esprit.

On a exécuté Socrate et Jésus, deux enseignants de la vertu et de l'amour, en raison du pouvoir troublant et menaçant de leurs âmes, pouvoir que révélait leur vie personnelle et leurs paroles. Ils ne portaient pas d'armes, et pourtant ils constituaient une menace, parce que rien n'est plus puissant que la révélation de l'âme. Voici une autre raison de placer Jésus entre deux voleurs : il était un criminel aux yeux de l'autorité qui nie l'âme. La criminalité et la transgression, quand elles ne passent pas par l'acte violent, sont des vertus noires du cœur, nécessaires à la présence totale de l'individu sur Terre. C'est au moment où nous les réprimons qu'elles errent dans les rues des villes, incarnations de l'ombre rejetée.

L'existence riche de l'âme s'accompagne toujours de son ombre ; une partie du pouvoir de l'âme vient de ses noires vertus. À mesure que l'ombre se fait de plus en plus noire, nous devons renoncer à nos prétentions d'innocence, si nous voulons vivre de l'intérieur, dans la plénitude de l'âme. Le principal bénéfice que l'on tire de la reddition de l'innocence pour que l'âme s'exprime totalement, c'est l'accroissement du pouvoir. Devant un pouvoir profond, la vie devient forte et passionnée, signe que l'âme est engagée et qu'elle s'est exprimée. Quand nous l'honorons, Mars teinte de rouge tout ce que nous faisons, donnant à notre vie plus d'intensité, de passion, de force et de courage. Quand nous le négligeons, nous subissons les assauts de la violence non réprimée. Ainsi, importe-t-il de vénérer Mars et de laisser l'âme éclater dans la vie, dans la créativité, l'individualité, l'iconoclasme et l'imaginaire.

CHAPITRE 7

Les cadeaux de la dépression

L'âme se manifeste dans une variété de couleurs, y compris toutes les teintes de gris, de bleu et de noir. Pour prendre soin de notre âme, nous devons respecter tous les registres de ses couleurs et résister à la tentation de ne favoriser que le blanc, le rouge et l'orangé, ses couleurs brillantes. L'idée « brillante » de coloriser les vieux films en noir et blanc montre la cohésion de notre société dans son rejet général du noir et du gris. Dans une société qui se prémunit contre le tragique de l'existence, la dépression fait figure d'ennemi, d'irrémédiable maladie. Dans une société vouée à ce type d'éclairage, la dépression sera, pour compenser, inhabituellement forte.

Le soin de l'âme exige notre respect à l'égard des manifestations de ce genre. Devant la dépression, nous pourrions nous demander : « Qu'est-ce qui se passe ? La dépression a-t-elle un rôle à jouer ? » Nous devons nous garder de nier la mort — ce qui est facile à faire — surtout quand nous faisons face à la dépression, une humeur proche de nos sentiments de mortalité. Qui plus est, nous devrions peut-être développer un certain goût pour les humeurs dépressives, respecter de manière positive leur place dans les cycles de notre vie.

Certains sentiments et certaines pensées ne semblent apparaître que dans les humeurs noires. En faisant disparaître l'humeur, nous supprimons ces idées et ces réflexions. La dépression peut servir de « canal » aux sentiments « négatifs » valables, comme l'expression de l'affection l'est pour les émotions amoureuses. Les sentiments d'amour donnent naturellement naissance aux gestes d'attachement. De la même manière, le vide et la grisaille de la dépression évoquent la conscience et l'articulation de pensées autrement cachées derrière l'écran des humeurs plus légères. Un patient se présentera parfois en thérapie dans une humeur sombre. « Je n'aurais pas dû venir aujourd'hui, se plaindra-t-il. Je me sentirai mieux la semaine prochaine, et nous pourrons continuer. » Je suis pourtant heureux qu'il soit venu, parce qu'ensemble nous entendrons des pensées et sentirons son âme comme il n'est pas possible de le faire dans ses humeurs joyeuses. La mélancolie donne à l'âme la chance d'exprimer une facette de sa nature qui a autant de valeur qu'une autre, mais qui se cache en raison de notre répulsion pour sa noirceur et son amertume.

L'enfant de Saturne

De nos jours, nous semblons préférer l'expression *dépression* à celles de *tristesse* et de *mélancolie*. Peut-être que sa forme latine lui donne l'air plus clinique et plus grave. Pourtant à une autre époque, il y a cinq ou six cents ans, la mélancolie appartenait au domaine du dieu latin Saturne. Être déprimé, c'était « être en Saturne »; on appelait d'ailleurs « enfant de Saturne » l'individu prédisposé chroniquement à la mélancolie. Comme on a accolé à la dépression le dieu et la planète qui porte son nom, on l'a aussi associée aux qualités de Saturne. On l'appelait également le « vieil homme », celui qui présidait à l'« Âge d'or ». Chaque fois que nous parlons de l'âge d'or ou du bon vieux temps, nous évoquons ce dieu, patron du passé. La personne qui souffre de dépression pense parfois que les bons moments appartiennent au passé, qu'il ne reste rien pour le présent ou pour l'avenir. Ces pensées mélancoliques s'enracinent profondément dans la préférence de Saturne pour les jours passés, pour les souvenirs et l'impression que le temps file. En dépit de leur tristesse, ces pensées et ces sentiments favorisent les désirs que l'âme éprouve en même temps pour la temporalité et l'éternité. D'une manière étrange, elles peuvent être agréables.

Nous associons parfois la dépression au vieillissement, mais la dépression relève davantage du vieillissement de l'âme. Non seulement Saturne éprouve-t-il de l'affection pour le « bon vieux temps », encore ramène-t-il l'idée que la vie continue : nous vieillissons, acquérons de l'expérience et devenons plus sages. Même au milieu ou à la fin de la trentaine, il arrive qu'en pleine conversation une personne se souvienne de quelque chose qui s'est passé il y a vingt ans. « Je n'ai jamais dit cela avant ! s'écriera-t-elle, paralysée sous le choc. Il y a vingt ans ! Je vieillis ! » C'est le cadeau de l'expérience et de l'âge que nous fait Saturne. Associée à la jeunesse, l'âme acquiert désormais des qualités importantes, positives et secourables. Quand on renie son âge, l'âme s'égare en s'accrochant à la jeunesse.

La dépression nous fait cadeau de l'expérience, qui ne correspond pas tant à la réalité qu'à une attitude à notre propre endroit. Elle nous donne l'impression d'avoir franchi une étape, d'être devenus plus vieux et plus sages. De savoir que la vie est souffrance, et que la connaissance fait une différence. Nous ne pouvons plus profiter de la joie vigoureuse et insouciante de la jeunesse. Cette conscience entraîne à la fois de la tristesse (en raison de la perte) et du plaisir (à cause du sentiment d'acceptation et de connaissance de soi). La conscience de l'âge porte une auréole de mélancolie et procure une certaine noblesse.

Nous résistons, bien sûr, à l'incursion de Saturne que nous appelons dépression. Il est difficile de laisser filer sa jeunesse, parce que cet affranchissement exige l'acceptation de la mort. Ceux d'entre nous qui choisissent la jeunesse éternelle, du moins je le crois, se préparent de sérieux épisodes de dépression. Nous invitons Saturne quand nous tentons de remettre à plus tard le culte que nous lui devons. La dépression de Saturne donnera alors sa teinte et sa profondeur à l'âme qui, pour une raison ou une autre, a caressé l'idée de rester jeune. Saturne fait mûrir et vieillir tout naturellement, tout comme la température, les vents et le temps usent la grange. En Saturne, la réflexion s'approfondit, les pensées embrassent une période plus étendue, et les événements de toute une vie se distillent dans la nature fondamentale de chacun.

Dans les textes classiques, on présente Saturne comme un être froid et distant, mais il possède d'autres attributs. Les ouvrages de médecine en font le dieu de la sagesse et de la réflexion philosophique. Dans une lettre à Giovanni Cavalcanti, un homme d'état prospère et un poète, Ficin parle de Saturne comme d'un « cadeau unique et divin ». À la fin du XVe siècle, Ficin a écrit un ouvrage à l'intention particulière des érudits et des gens studieux pour les mettre en garde de trop inviter Saturne dans leurs âmes. En raison de leurs occupations sédentaires, les érudits peuvent facilement souffrir de dépression grave, dit-il, et doivent trouver le moyen de contrer leurs humeurs sombres. Mais on pourrait aussi écrire un ouvrage sur les dangers de l'existence sans étude ni spéculation, sans réflexion sur la vie elle-même. À cause de leur noirceur, les humeurs de Saturne peuvent s'avérer dangereuses, mais la contribution de celui-ci à l'économie de l'âme est indispensable. Si nous permettons à la dépression de nous rendre visite, nous la sentirons dans notre corps, dans nos muscles et dans notre visage ; nous serons soulagés du fardeau de l'enthousiasme juvénile et de l'« insoutenable légèreté de l'être ».

Nous arriverions peut-être à apprécier le rôle de la dépression dans l'économie de l'âme si nous parvenions seulement à retirer au vocable ses connotations négatives. Que se passerait-il si la « dépression » n'était qu'un état, ni bon ni mauvais, une chose faite par l'âme au moment où elle le désire et pour ses propres raisons ? Que se passerait-il s'il ne s'agissait que de l'une des planètes qui tournent autour du Soleil ? L'un des avantages que l'on trouve à parler de Saturne au lieu d'employer le terme clinique « dépression » est que nous considérons alors la mélancolie davantage comme une manière d'être que comme un problème à résoudre.

Le vieillissement réveille les saveurs de la personnalité. L'individu émerge avec le temps, comme le fruit pousse et mûrit. Pour la Renaissance, la dépression, le vieillissement et l'individualité vont de pair : la tristesse du vieillissement fait partie de l'individu. Les pensées mélancoliques creusent un espace intérieur où peut s'installer la sagesse.

La tradition associe Saturne au plomb, qui donne à l'âme son poids et sa densité, qui permet aux éléments légers et aériens de se fondre ensemble. En ce sens, le processus dépressif abrite un resserrement valable de pensées et d'émotions. En vieillissant, nos idées, par le passé légères, décousues et isolées les unes des autres, se rassemblent pour nous donner des valeurs et une philosophie, et procurer à notre existence sa substance et sa fermeté.

En raison de son vide douloureux, nous sommes souvent tentés de chercher à sortir de la dépression. Nous pouvons cependant tirer une grande satisfaction de ses humeurs et de ses pensées. On fait parfois de la dépression un état sans idées — sans rien à quoi s'accrocher. Il nous faut peut-être voir plus grand et constater que nous pouvons, malgré leur négativisme, nous approprier les sentiments de vide, de perte des structures et du sens familier de la vie, de la disparition de l'enthousiasme ; nous pouvons nous en servir pour rafraîchir notre imagination.

Quand nous sommes appelés, à titre de conseillers ou d'amis, à observer la dépression et à trouver des moyens d'y faire face chez les autres, il nous est possible d'abandonner l'idée monothéiste que la vie doit toujours être joyeuse et laisser la mélancolie nous instruire. Nous pouvons apprendre de ses qualités et suivre sa voie, devenir plus patients en sa présence, diminuant nos attentes excitées, adoptant une attitude attentive tandis que l'âme fait face à son destin avec une tristesse et un sérieux absolus. Notre amitié peut lui faire une place, qui l'accepte et la retient. Comme toutes les autres émotions, la dépression peut, bien sûr, dépasser les limites ordinaires, devenir une maladie tout à fait débilitante. Même dans les cas extrêmes cependant, même au milieu de traitements radicaux, nous pouvons chercher Saturne et trouver le moyen de nous en faire un ami.

On a souvent peur que la dépression ne finisse jamais, que jamais plus la vie ne soit heureuse et active. Cette impression d'être pris au piège, pour toujours prisonnier des murs de Saturne, fait partie du modèle. Dans l'exercice de ma pratique, quand j'entends cette crainte, je pense que c'est bien là le style de Saturne, sa manière de travailler l'âme, que de donner cette impression de contrainte, d'errements sans but. Un thème rassemble d'ordinaire les humeurs saturniennes. Cette angoisse semble décroître quand nous cessons de combattre les éléments saturniens propres à la dépression, que nous essayons plutôt d'apprendre d'elle et de faire de ses noires vertus des traits de notre personnalité.

Les insinuations de la mort

Saturne est aussi le moissonneur, le dieu de la récolte, le patron de la fin de l'année et de ses fêtes, les Saturnales ; pour cette raison, les images de la mort peuvent s'infiltrer dans les périodes de dépression. Des gens dépressifs de tous âges disent parfois que leur vie est finie, que leurs espoirs pour l'avenir ont été vains. Ils ont perdu leurs illusions parce que les valeurs et les principes en vertu desquels ils avaient jusque-là vécu n'avaient soudain plus de sens. Les vérités chéries s'enfoncent dans la terre noire de Saturne comme la menue paille au moment de la récolte.

Le soin de l'âme exige l'acceptation de cette mort. Il est bien tentant de favoriser nos idées coutumières, de vouloir vivre jusqu'à la dernière seconde, mais il nous faudra peut-être finir par y renoncer, par entrer dans la marche de la mort. Si le symptôme nous donne l'impression que notre vie est finie, qu'il n'y a pas lieu de continuer, l'approche positive consisterait peut-être à céder de manière consciente et astucieuse aux émotions et aux pensées de finalité que la dépression a suscitées. Nicolas de Cuse, certainement l'un des meilleurs théologiens de la Renaissance, raconte comment, dans une sorte de vision, alors qu'il était en voyage (sur un bateau, en fait), il s'est aperçu que nous devrions admettre notre ignorance des choses profondes. En découvrant que nous ne savons pas qui est Dieu et quelle est notre raison d'être, dit-il, nous apprenons l'ignorance, celle du sens et de la valeur de notre existence. C'est le début d'une sorte de savoir plus assis, plus ouvert, qui ne se referme jamais sur les idées toutes faites. Empruntant sa métaphore favorite à la géométrie, il soutient que la connaissance absolue du fondement de notre existence équivaut à un cercle et que nous devons, au mieux, arriver à réaliser un polygone, la forme raccourcie du savoir absolu.

Le vide et la dissolution du sens si fréquents dans la

dépression montrent à quel point nous nous sommes attachés à notre façon de comprendre et d'expliquer notre vie. Nos valeurs et notre philosophie personnelles semblent souvent trop bien emballées, laisser trop peu de place au mystère. La dépression s'installe et crée un vide. Les anciens imaginaient que Saturne était la planète la plus éloignée de nous, tout au bout de l'espace froid et vide. La dépression troue nos théories et nos suppositions. On peut tout de même faire de ce processus douloureux une source de guérison valable.

Même s'il a surtout fait du style le pivot de la vie, Oscar Wilde a évoqué cette vérité ; il connaissait l'importance du vide. De sa cellule de prison où on l'avait enfermé pour avoir aimé un autre homme, il a écrit une lettre extraordinaire, le *De Profundis,* dans laquelle il fait remarquer :

> L'ultime énigme reste le moi. Une fois que nous sommes parvenus à soupeser le Soleil, à calculer les étapes de la Lune, et à tracer, étoile par étoile, la carte des sphères célestes, le moi demeure irrésolu. Qui donc peut calculer l'ellipse de sa propre âme [1] ?

Nous devons apprendre, comme de Cuse l'a fait, qu'il nous est impossible de calculer (remarquez l'image mathématique) l'orbite de notre propre âme. Ce curieux genre d'éducation (l'apprentissage de nos limites) n'appartient pas qu'au seul conscient ; il peut venir d'une humeur dépressive captivante qui chasse, du moins momentanément, notre joie et nous renvoie à l'appréciation fondamentale de nos hypothèses et des buts véritables de notre existence.

Dans les textes anciens, on disait souvent de Saturne qu'il était « vénéneux ». En faisant valoir les effets positifs des humeurs

1 Traduction de René Lapierre.

saturniennes, je ne veux pas passer outre à la terrible souffrance qu'elles peuvent engendrer. Je ne veux pas dire non plus que seules les formes mineures de mélancolie offrent leurs dons uniques à l'âme ; les longs épisodes de dépression grave peuvent aussi balayer et restructurer les principes en vertu desquels nous avons vécu. Les « enfants de Saturne » incluaient traditionnellement les charpentiers, représentés en train d'assembler les fondations ou les squelettes des nouvelles habitations. Pendant nos accès mélancoliques, il se peut qu'un nouveau travail soit en train de s'accomplir, une éradication de l'ancienne structure pour construire une nouvelle habitation. En fait, les rêves dépeignent souvent des sites et des édifices en construction, ce qui nous permet de croire que l'âme est *en train de s'ériger,* produit du travail et de l'effort inventif. Durant les épisodes de dépression, faisait remarquer Freud, la vie extérieure peut sembler vide, mais un travail peut s'accomplir à toute vitesse à l'intérieur.

Accepter la dépression

Pour parler comme Jung, on pourrait considérer Saturne comme une figure de l'*animus*. Celui-ci est la partie profonde de la psyché qui enracine les idées et les abstractions dans l'âme. Nombre de gens ont une *anima* forte : ils ont l'imagination fertile, ils sont proches de la vie, pratiquent l'empathie et sont attachés à leur entourage. Mais ces gens ont du mal à s'éloigner de l'attachement émotionnel pour voir ce qui se passe, pour lier leurs expériences, leurs idées et leurs valeurs. Pour employer une autre métaphore ancienne relative à l'âme, leur expérience est « humide », parce qu'ils s'engagent dans la vie du point de vue de l'émotion ; ils pourraient tirer profit d'une excursion dans les régions éloignées du froid et sec Saturne.

La sécheresse peut séparer la conscience des émotions

humides caractéristiques d'un engagement étroit avec la vie. Nous constatons souvent ce développement chez les gens âgés qui pensent à leur passé avec distance et détachement. Parfois le point de vue de Saturne peut, en fait, être dur, voire cruel. Dans *la Dernière bande,* la pièce mélancolique de Samuel Beckett, se dessine un portrait humoristique et mordant de la réflexion saturnienne. Avec son magnétophone, le personnage principal, Krapp, fait rejouer les enregistrements qu'il a faits tout au long de sa vie, et écoute avec une tristesse considérable ses voix du passé. Après l'une des bandes, il s'assoit pour en écouter une autre :

> Viens d'écouter ce pauvre petit crétin pour qui je me prenais il y a trente ans, difficile de croire que j'aie jamais été con à ce point-là. Ça au moins c'est fini, Dieu merci [1].

Ces quelques lignes révèlent à la fois une distance entre le passé et le présent, une perspective plus froide et une déstructuration des valeurs. Dans la plupart des pièces de Beckett, nous entendons des personnages exprimer leur dépression et leur désespoir, leur incapacité de trouver le moindre sens antérieur ; ils nous montrent pourtant aussi une noble folie propre à la vie criblée de moments de solitude. Dans la tristesse absolue de ces personnages, nous pouvons saisir un mystère de la condition humaine. Il n'est pas fou — malgré notre impression — de voir tout à coup disparaître le sens et la valeur, et d'être atterrés par le besoin de nous retirer et par des émotions vagues de désespoir. Ces sentiments ont leur raison d'être et exercent une sorte de magie sur l'âme.

Krapp, dont le nom suggère la dévaluation de l'existence propre à la dépression, montre que nous n'avons pas à voir le

---

1 Samuel Beckett, la Dernière Bande (1959), Paris, de Minuit, 1965, p. 27. Traduit de l'anglais par l'auteur.

remords froid et l'autojugement comme des symptômes cliniques, mais comme une folie nécessaire qui a un rôle à jouer pour l'âme. La psychologie professionnelle pourrait bien tenter de corriger l'autocritique de Krapp — dont elle ferait une forme de masochisme névrotique —, Beckett ne continuerait pas moins de montrer qu'elle comporte un certain sens, en dépit de sa laideur et de sa folie.

Quand Krapp écoute ses enregistrements et murmure ses imprécations, il nous permet aussi de nous voir nous-mêmes, au beau milieu d'un processus de distillation, occupés à faire tourner sans relâche nos souvenirs dans notre esprit. Avec le temps, quelque chose émerge de cette réduction saturnienne : l'or dans la boue. Dans sa noirceur, distillé par la dépression, on peut trouver un éclat précieux — peut-être le plus beau cadeau de la mélancolie : notre nature essentielle.

Si, dans notre modernité, nous persistons à traiter la dépression comme une maladie dont on ne peut guérir qu'avec des moyens mécaniques et chimiques, nous pourrions perdre les cadeaux de l'âme que seule la dépression peut apporter. Ainsi la tradition nous enseigne-t-elle que Saturne règle, noircit, soupèse et durcit tout ce qu'il touche. Si nous supprimons les humeurs saturniennes, nous aurons bien du mal à garder la vie chaleureuse et lumineuse coûte que coûte. Une mélancolie accrue, occasionnée par la répression de Saturne, pourra même nous submerger davantage. Nous pourrions y perdre la netteté et la substance de l'identité que Saturne donne à l'âme. En d'autres termes, les symptômes saturniens de la perte incluent un sentiment d'identité vague, l'incapacité de considérer sérieusement sa propre existence, et un malaise général, un ennui, reflet pâle des sombres humeurs de Saturne.

Saturne enfouit la personnalité au fond de l'âme plutôt que de la laisser à la surface de la personnalité. Nous connaissons notre identité quand notre âme trouve son poids et sa mesure. Nous savons qui nous sommes parce que nous avons découvert de quoi nous sommes faits. La pensée dépressive a isolé notre identité, l'a « réduite » — au sens chimique — à son essence. Des mois ou des années de concentration sur la mort ont laissé dans l'âme un résidu fantomatique blanchâtre, le « moi » nu et essentiel.

Le soin de l'âme demande que l'on cultive la représentation de la dépression du monde. Quand nous parlons en termes cliniques de la dépression, nous pensons à une pathologie des émotions ou du comportement. Quand, par contre, nous pensons à la dépression comme à une visite de Saturne, nombre des qualités de son monde nous apparaissent : le besoin de solitude, le resserrement de la fantaisie, la distillation de la mémoire, la complaisance envers la mort, pour n'en citer que quelques-unes.

Pour l'âme, la dépression est une initiation, un rite de passage. Quand nous pensons que la dépression, si triste et si ennuyeuse, est blanche d'imagination, nous oublions ses aspects initiatiques. Nous imaginons peut-être l'imagination d'un point de vue étranger à Saturne. Sensibilité, images de catharsis, émotions de regret et de perte peuvent remplir le vide. Le gris, teinte de l'humeur, peut se révéler aussi intéressant et bigarré que dans les photographies en noir et blanc.

Si nous faisons une pathologie de la dépression, si nous la traitons comme un syndrome dont il faut guérir, les émotions saturniennes n'ont d'autre choix que de s'exprimer dans des comportements anormaux et des passages à l'acte. Quand il se présente, nous pourrions convier Saturne et lui donner une place adéquate où s'installer. Certains jardins de la Renaissance réservaient une tonnelle à Saturne — un endroit ombragé et éloigné où il était possible de se retirer et de laisser entrer la dépression sans crainte d'être dérangé. Nous pourrions modeler notre attitude et notre manière de traiter la dépression sur l'aménagement de ce genre de jardins. Certaines personnes ont besoin de se retirer et de montrer leur froideur. En tant qu'amis et conseillers, nous devrions laisser de la place à ces sentiments sans tenter de les changer ou de les interpréter. Notre société elle-même pourrait admettre Saturne dans ses édifices. Nos habitations, nos édifices commerciaux devraient contenir une pièce ou un jardin qui nous permette de nous y réfugier pour méditer, penser, ou tout simplement pour être seuls. Quand elle s'efforce d'admettre l'âme, l'architecture moderne semble favoriser les cercles ou les carrés où chacun peut joindre la communauté. La dépression a pourtant une force centrifuge : elle s'éloigne du centre. Nous parlons d'ailleurs souvent de nos édifices et de nos institutions comme de « centres ». Saturne leur préférerait sans doute le terme d'avant-postes. Les hôpitaux et les écoles contiennent souvent des salles communes, mais ils pourraient tout aussi bien abriter des « salles non communes », des lieux de retraite et de solitude.

Quand on laisse la télévision fonctionner alors que personne ne la regarde ou la radio jouer toute la journée alors que personne n'écoute, on se prémunit peut-être contre le silence de Saturne. Nous cherchons à supprimer l'espace vide qui entoure cette planète éloignée, mais en remplissant ces vides, nous les forçons peut-être à jouer le rôle de symptômes, à trouver, pestiférés, refuge dans nos cliniques et nos hôpitaux, au lieu d'en faire des guérisseurs et des enseignants, leurs rôles pourtant traditionnels.

Pourquoi n'arrivons-nous pas à admettre cette facette de l'âme? L'une des raisons est sans doute que notre connaissance de Saturne nous vient des symptômes. Le vide nous apparaît trop tard et trop crûment pour contenir l'âme. Dans nos villes, les maisons aux fenêtres murées et les commerces en faillite signalent la « dépression » économique et sociale. Dans ces secteurs urbains « déprimés », on élimine le mal de la volonté et de la participation consciente pour ne le laisser s'exprimer que comme manifestation externe d'un problème ou d'une maladie.

Des points de vue de l'émotion et de l'économie, nous considérons la dépression comme un échec et une menace, comme une surprise qui s'immiscerait dans nos attentes et nos projets autrement sains. Que se passerait-il si, dans nos existences, nous faisions de la place à Saturne et à ses trous noirs? Que se passerait-il si nous nous attachions Saturne en nous conciliant ses valeurs dans notre façon de vivre? (La conciliation signifie en même temps la reconnaissance et le respect, devenus moyens de protection.)

Nous devrions également honorer Saturne en nous montrant plus honnêtes face à la maladie grave. Les travailleurs des centres d'accueil vous diront combien les membres des familles peuvent gagner en discutant ouvertement des maladies terminales. Nous pourrions aussi nous servir de nos propres maladies, de nos visites chez le médecin ou à l'hôpital pour nous rappeler notre mortalité. Nous n'avons pas d'égards pour notre âme quand nous nous protégeons de l'impact que ces situations produisent sur nous. Il n'est pas nécessaire d'être de véritables saturniens dans ces cas-là; quelques petits mots honnêtes relatifs à la mélancolie qui nous habite peuvent nous concilier Saturne.

Parce que la dépression est l'une des faces de l'âme, nous accueillons l'intimité quand nous l'admettons et la convions parmi nos relations. Si nous nions ou cachons tout ce qui habite dans l'âme, nous ne pouvons être présents aux autres. Quand nous camouflons les endroits sombres, nous perdons un peu de notre âme; en parlant en leur faveur, en parlant d'eux, nous nous approchons de la communauté et de l'intimité véritables.

Les pouvoirs curatifs de la dépression

Il y a quelques années, Bill, le prêtre dont j'ai parlé un peu plus haut, vint me voir et me rapporta une histoire remarquable. Dans sa soixante-cinquième année, après trente ans de prêtrise, ce pasteur compatissant d'une paroisse campagnarde avait donné ce qu'il croyait être une aide parfaitement adéquate à deux de ses paroissiennes. Son évêque croyait cependant qu'il s'était servi maladroitement des fonds de l'Église et avait mal évalué d'autres situations. Après toute une vie de respect, on lui avait donc donné deux jours pour faire ses bagages et quitter le diocèse.

Quand il commença à me parler de sa situation, Bill se montra animé et intéressé à ses expériences. Il participait volontiers aux séances de thérapie de groupe, où il avait trouvé des manières de faire face à certains aspects de sa colère. À un moment donné, avec l'idée de venir en aide à ses collègues, il avait même décidé de devenir thérapeute lui-même. Quand il m'entretint de ses ennuis, il me fournit des explications et des excuses qui me parurent naïves. « J'essayais seulement de lui venir en aide, déclara-t-il à propos de l'une des femmes. Elle avait besoin de moi. Si elle n'avait pas eu besoin de mon attention, je ne la lui aurais pas accordée. »

Je savais que je devais trouver comment faire face aux expériences et aux interprétations inhabituelles de Bill sans porter de jugement. Nous passâmes un temps considérable à examiner ses rêves. Il devint d'ailleurs vite expert dans la lecture de leur imagerie. Je l'invitai également à apporter les peintures et les dessins qu'il avait faits durant sa thérapie de groupe. Ces discussions, semaine après semaine, nous permirent de jeter un coup d'œil à sa nature. Par le biais de son art, Bill avait également la chance d'examiner attentivement son environnement familial et certains des événements qui l'avaient amené à la décision de devenir prêtre.

Et puis une chose curieuse se produisit. À mesure que les explications naïves cédaient la place à des pensées plus substantielles concernant les thèmes plus généraux de sa vie, son humeur changeait. Au fur et à mesure qu'il exprimait sa colère à l'égard de la manière dont on l'avait traité tout au long de sa vie de séminariste et de prêtre, il perdait de sa légèreté. Durant cette période, il avait emménagé dans une résidence pour prêtres où il vivait très retiré. Il goûtait sa solitude et avait décidé de ne pas participer aux activités de la maison. Graduellement les blessures de ses expériences récentes s'aggravèrent, et il devint véritablement dépressif.

Bill critiquait désormais les autorités religieuses et parlait de manière plus réaliste de son père, qui avait tenté de devenir prêtre et avait échoué. Jusqu'à un certain point, Bill pensait qu'il n'était pas fait pour la prêtrise, qu'il avait pris la place de son père, s'efforçant de réaliser les rêves de son père et non les siens.

Bill faisait suffisamment confiance à sa dépression pour lui laisser une place importante dans sa vie. Comme tout vrai dépressif, il commençait invariablement toute conversation de la même manière : « Ça ne sert à rien. C'est fini. Je suis trop vieux pour avoir ce que je veux dans la vie. J'ai fait des erreurs, et je ne peux rien y changer. Tout ce que je veux, c'est rester dans ma chambre et lire. » Malgré ces propos, Bill poursuivit sa thérapie ; chaque semaine, il parla de sa dépression.

Ma stratégie thérapeutique — si on peut l'appeler ainsi — consistait à amener chez Bill une attitude d'acceptation et d'intérêt pour sa dépression. Je n'avais pas de technique élaborée. Je ne le poussai pas non plus à assister à des ateliers sur la dépression ou à faire l'essai des fantasmes dirigés pour entrer en contact avec le déprimé en lui. Le soin de l'âme est moins héroïque encore. Je tentai tout simplement d'admettre l'expression de son âme à ce moment-là. Je lui fis remarquer les transformations lentes et subtiles du ton et des thèmes qu'il abordait, de son attitude, de ses mots, de ses rêves et des images de sa conversation.

Quand, dans le cours de sa dépression, Bill déclara qu'il n'aurait jamais dû se faire prêtre, je ne pris pas l'affirmation au pied de la lettre, parce que je savais à quel point la prêtrise avait eu de l'importance dans sa vie. Il découvrait l'ombre de sa vocation. À cause de la réflexion de Bill sur ses limites, sa vie de prêtre avait pris une profondeur, acquis une âme. Pour la première fois, Bill faisait face aux sacrifices qu'il avait dû faire pour être prêtre. Il ne s'agissait pas d'un désaveu absolu de la prêtrise ; c'était plutôt un achèvement. Même en découvrant les uns après les autres les sacrifices qu'il avait dû faire, remarquai-je, il parlait en même temps de sa loyauté à l'Église, de son intérêt continu pour la théologie, et de son souci pour la mort et l'après-vie. D'une certaine manière, il découvrait l'objet réel de sa prêtrise. Le prêtre docile, compulsivement secourable, se mourait, tandis qu'un homme — un individu — plus fort, moins manipulé prenait sa place.

Dans sa dépression, Bill ne pouvait voir que la mort, la fin d'une existence familière et la vacuité graduelle des valeurs et des significations qu'il chérissait depuis longtemps. Manifestement, la dépression remédiait à sa naïveté. Pour la plupart des gens, la qualité la plus importante est aussi le plus grand défaut. Le souci que Bill se faisait pour tous les êtres animaux, végétaux et humains le rendait compatissant et sensible aux autres. Par contre, sa vulnérabilité en faisait aussi l'objet des blagues de ses collègues, qui n'avaient jamais pris conscience de la souffrance qu'elles occasionnaient. Sa générosité ne connaissait pas de limites et, en un sens, l'avait détruit. Sa dépression le rendait malgré tout plus fort, lui conférant une fermeté et une solidité nouvelles.

Grâce à sa dépression, Bill pouvait aussi mieux voir la méchanceté dans sa vie. Avant cela, sa naïveté accordait d'emblée à tout le monde une approbation affable. Pour elle, il n'existait ni héros ni ennemis. Dans sa dépression, Bill commença à ressentir les choses plus profondément ; son hostilité envers ses collègues se manifesta crûment. « Je leur souhaite de tous mourir jeunes », proféra-t-il un jour entre ses dents.

« Je suis vieux. Il n'y a pas à se le cacher. J'ai soixante-dix ans. Qu'est-ce qui me reste ? Je suis content quand ces jeunes balourds tombent malades. Ne me dites pas qu'il me reste bien du temps à vivre. Il n'y en a pas. »

Bill croyait fermement qu'il était vieux. Comment aurais-je pu le contredire, nier la réalité ou son âge? Je croyais cependant que ses affirmations le protégeaient, l'empêchaient de considérer d'autres possibilités d'identification. Paradoxalement, elles lui permettaient de se protéger contre les aspects les plus sourds de sa dépression. En renonçant à ce moment précis, il n'avait pas à entretenir les pensées ou à ressentir les émotions qui l'attendaient au détour.

Il me raconta un jour un rêve au cours duquel il descendait la première volée d'un escalier abrupt. Il entreprit d'en descendre une seconde. Mais cette dernière était trop étroite pour lui, et il refusait d'aller plus loin. Derrière lui, une femme l'exhortait à continuer tandis qu'il résistait. Son rêve illustrait l'état de Bill à ce moment-là. Il était bien engagé dans une descente, mais combattait l'idée de plonger plus en profondeur.

La plainte de Bill : « Je suis un vieil homme; il ne me reste rien » n'exprimait pas vraiment l'installation de Saturne en lui. Même si elle semblait affirmer son âge, elle attaquait en réalité le vieil âge. Quand il formula sa plainte, je me demandai si on l'avait privé de l'occasion de grandir durant toutes ses années de séminaire et de prêtrise. Il me raconta que, d'une certaine façon, il s'était senti comme un enfant tout ce temps-là, qu'il ne s'était jamais soucié d'argent ou même de survie, qu'il s'était contenté de suivre les directives de ses supérieurs. Le destin l'avait déséquilibré, envoyé réfléchir. Pour la première fois, il remettait tout en question, et il grandissait à un rythme effarant.

« Je pense au rêve où vous descendez un escalier étroit, lui dis-je, avec la femme, derrière vous, qui vous exhorte à poursuivre votre descente… Je pense que nous pourrions avoir recours à Freud et y voir une tentative de naissance. »

— Je n'ai jamais considéré les choses sous cet angle, dit-il, intéressé.

— Dans votre mélancolie, on dirait que vous vous trouvez en bardo. Savez-vous ce que c'est ?

— Non, répondit-il. Je n'ai jamais entendu parler de cela.

— *Le Livre des morts tibétain* décrit le bardo comme la période entre deux incarnations, la période qui précède le prochain retour à la vie.

— Je n'ai pas vraiment envie des choses de la vie ces temps-ci.

— C'est exactement ce que je veux dire. Vous ne voulez pas participer à la vie. Vous vous trouvez entre deux vies. Le rêve pourrait bien vous inviter à descendre dans le canal.

— Je résiste fortement dans ce rêve-là ; et la femme me trouble.

— Comme tout le monde, répliquai-je en pensant à quel point il est difficile de renaître, surtout quand la première naissance a été si douloureuse et vouée à l'échec, selon toute apparence.

— Je ne suis pas prêt, dit-il avec pénétration et conviction.

— Pas de problème, fis-je. Vous saurez exactement quand vous le serez. Il est important d'être au rendez-vous. Le bardo prend du temps ; il ne faut pas le presser. Il n'y a pas de raison de naître prématurément.

— Il n'y a rien d'autre à faire ? demanda-t-il en se levant pour retourner à sa « caverne », comme il appelait sa chambre au monastère.

— Je ne crois pas, repris-je, souhaitant pouvoir lui donner un espoir spécifique.

Dans ses cours de théologie, Bill avait tout compris ; il pensait savoir ce qui est bon pour l'âme. Après avoir appris de sa dépression, il avait un point de vue plus vrai. « Je ne dirai plus jamais à qui que ce soit comment vivre, déclara-t-il. Je ne peux que parler aux autres de leurs mystères. » Comme Oscar Wilde dans sa dépression, Bill avait une perspective plus large, il commençait à prendre conscience des mystères. On pourrait croire que s'il est familiarisé avec le mystère, c'est bien un prêtre. Mais la dépression de Bill poussait, pourrait-on croire, encore plus loin son éducation théologique.

La dépression de Bill finit par disparaître. Il trouva un emploi dans une autre ville où il travaillait en même temps comme conseiller et comme prêtre. Sa période d'apprentissage des vérités de Saturne a produit certains effets. Il a réussi à aider les gens à considérer honnêtement leur vie et leurs émotions, alors que, par le passé, avec ses encouragements positifs, il aurait tenté de les dissuader de parler de leurs sentiments noirs. Il avait aussi appris comment on se sent quand on est privé de respect et de sécurité. Il pouvait ainsi mieux comprendre le découragement et le désespoir des gens qui venaient le consulter et lui rapportaient des tragédies.

Le soin de l'âme ne demande pas que l'on se complaise dans le symptôme, mais il exige que l'on s'efforce d'apprendre de la dépression les qualités dont l'âme a besoin. Qui plus est, il s'efforce d'intégrer les qualités de la dépression au tissu de la vie pour que l'esthétique de Saturne — sa froideur, son isolement, sa noirceur et son vide — contribuent à la texture du quotidien. En tirant des leçons de sa dépression, l'individu peut s'habiller du noir de Saturne pour imiter son humeur. En réponse à ses sentiments saturniens, il peut entreprendre un voyage en solitaire. Il peut construire dans son arrière-cour une grotte pour se retirer. Ou, au-dedans de lui, laisser exister ses pensées et ses sentiments dépressifs. Tous ces gestes répondent de manière positive à une visite des émotions dépressives de Saturne. Il y a des manières concrètes d'avoir des égards pour son âme dans sa beauté sombre. Ce faisant, nous pouvons pénétrer le mystère du vide du cœur. Nous pouvons aussi découvrir que la dépression a son ange propre, un esprit-guide dont le travail consiste à emporter l'âme dans ces endroits éloignés où elle trouve sa perspective spécifique et tire profit d'une vision des choses toute spéciale.

CHAPITRE 8

La poétique de la maladie physique

Le corps humain est une immense source d'imagination, un terrain sur lequel joue capricieusement l'imagination. Le corps est l'âme sous son jour le plus riche et le plus expressif. Dans le corps, l'âme s'exprime d'innombrables manières, avec des gestes, des vêtements, des mouvements, des formes, des expressions, de la température, des éruptions cutanées, des tics, des maladies.

Les artistes ont tenté de représenter les pouvoirs expressifs du corps de maintes façons, depuis les odalisques jusqu'aux portraits officiels, depuis les chairs de Rubens jusqu'aux géométries cubistes. La médecine moderne, par ailleurs, s'acharne à trouver des remèdes et ne s'intéresse pas à l'art du corps. Elle veut enrayer toutes les anomalies avant même que nous ayons la chance de les lire, de chercher leur sens. Elle limite le corps à des éléments chimiques et anatomiques et cache le corps expressif derrière des graphiques, des tableaux, des nombres et des diagrammes structurels. Imaginons une approche médicale plus respectueuse de l'art, plus intéressée au caractère suggestif symbolique et poétique d'une maladie ou d'un organe défectueux.

Un jour, j'eus avec une diététicienne une conversation sur le cholestérol portant sur certaines de ces questions. Personnellement, j'ai bien du mal à faire du cholestérol le facteur clé de ma relation à mon cœur et à ma nourriture. Je lui parlai de mes doutes.

« Le cholestérol est un problème majeur, affirma-t-elle. Les gens qui ont des problèmes cardiaques devraient tout spécialement comprendre l'importance du contrôle du cholestérol dans leur régime alimentaire. »

— Je ne doute pas que le cholestérol existe, répondis-je, mais je me demande si nous ne nous en tenons pas trop aux faits.

— Ce qu'il y a d'étonnant, poursuivit-elle, c'est que l'aspirine peut contrôler ses effets négatifs. Il suffit d'en prendre une tous les deux jours.

— Recommandez-vous que nous prenions tous de l'aspirine régulièrement pour contrôler notre cholestérol ?

— Si vous souffrez d'un taux élevé de cholestérol ou de problèmes cardiaques, oui, soutint-elle.

— Pourquoi ?

— Pour vivre plus longtemps, dit-elle.

— Alors, en combattant le cholestérol nous repoussons la mort ?

— Oui.

— Est-ce un déni de la mort ? demandai-je de manière plus significative. Je me souviens de la déclaration d'Ivan Illich à l'effet qu'il ne voulait pas mourir de la maladie. Il voulait mourir de la mort.

— Il est possible qu'il *s'agisse* d'un déni de la mort.

— Est-il possible d'admettre avoir un problème de cholestérol et de le voir autrement, d'en faire autre chose qu'une manière de lutter contre notre mortalité ?

— Je ne sais pas. Nous faisons certaines hypothèses, nous ne les fouillons pas.»

C'est exactement là le problème du corps. Nous soutenons certaines hypothèses auxquelles nous ne réfléchissons pas. Si nous le faisions, nous pourrions voir autrement le cholestérol.

« Est-ce que ça aurait un rapport avec la congestion des autoroutes ? demanda son mari, un psychanalyste. Peut-être que nous refusons toute congestion. Nous avons un besoin maladif de passages dégagés, sur la route autant que dans nos artères. »

J'appréciai son commentaire qui nous permettait de sortir du royaume de la chimie et traitait le symptôme comme un symbole, une lentille à travers laquelle nous pouvions voir le problème sous un jour nouveau. Je ne veux pas dire que les problèmes de circulation sur les autoroutes *causent* les blocages artériels. Quand nous donnons une forme métaphorique au problème du cholestérol, nous commençons aussi à donner forme à la poétique du corps.

Il y a quelques années, à Dallas, James Hillman donna une conférence sur le cœur. Il y démontra que la tendance actuelle à faire du cœur une pompe mécanique ou un muscle est extrêmement limitée et pouvait même être impliquée dans la fréquence des affections cardiaques. Quand nous parlons des problèmes cardiaques de la sorte, nous ignorons les images dotées d'âme que le cœur, siège du courage et de l'amour, nous envoie. En faisant du cœur un objet, nous nous en servons pour faire une promenade ou courons pour lui donner de l'exercice. Il perd tout pouvoir métaphorique et se trouve réduit à l'état de fonction. Tandis que Hillman parlait, un homme assis au premier rang se leva. Il portait un ensemble de jogging et déclara à haute voix que le cœur est, en fait, un muscle qu'il faut faire travailler pour ne pas subir de crise cardiaque.

Le point de vue de Hillman était le suivant : nous portons atteinte au cœur quand nous traitons comme un organe physique simple ce que la poésie et la chanson ont depuis des siècles considéré comme le siège de l'affection. Tout imprégnés que nous sommes de la pensée moderne, nous avons du mal à nous souvenir de nos propres partis pris. Bien entendu, le cœur est une pompe. C'est un fait. Notre problème, c'est que nous n'arrivons pas à dépasser les structures de la pensée qui confèrent de la valeur au fait et jugent non essentielle la réflexion poétique. En un sens, ce point de vue constitue en lui-même un manque du cœur. Nous pensons désormais avec notre tête, nous ne pensons plus avec notre cœur.

Nous accordons de l'intelligence et du pouvoir au cerveau, soutient Robert Sardello, un collègue de James Hillman, et puis nous nous empressons de réduire le cœur à l'état de muscle. Mais, poursuit-il, le cœur a sa propre intelligence. Il n'a pas besoin des ordres du cerveau : il sait ce qu'il faut faire. Le cœur a ses raisons qui sont sympathiques ou antipathiques au cerveau. Il a son propre style, il bat avec une force particulière, fait remarquer Sardello, selon qu'il connaît la passion, la colère ou le sexe, par exemple. Le cerveau pense froidement à la réalité crue, tandis que le cœur pense selon des rythmes passionnés.

Le cœur n'est que l'un des multiples organes dont les fonctions et les formes nous ont procuré avec le temps une grande richesse métaphorique. D'un point de vue historique, l'âme loge dans les humeurs, le foie, la vésicule biliaire, les intestins, la glande pituitaire et les poumons. Le mot *schizophrénie*, par exemple, signifie *phrènes* — ou poumons — « coupés » ou « séparés ». S'agit-il d'une banale licence poétique ou bien le pouvoir du corps, dans ses multiples parties, crée-t-il un champ polycentrique pour l'âme? Hillman et Sardello laissent entendre que le corps a pour fonction de nous donner des émotions et des images propres à ses organes hautement définis.

Les symptômes et la maladie

La psychanalyse a tenté d'établir soigneusement des liens entre l'expérience psychologique et les maladies physiques. La psychologie et la médecine se sont cependant toutes deux montrées réticentes à lire ces connexions poétiques. Au XVe siècle, Marsile Ficin a observé que Mars dissout les intestins. De nos jours, en employant un langage différent, mais avec peut-être un point de vue identique, nous pensons qu'il existe une relation entre la colère réprimée et la colite. Dans l'ensemble toutefois, nous n'avons qu'une compréhension sommaire de la relation entre un symptôme physique particulier et les émotions.

Le mot *symptôme* ressemble au mot *symbole*. Étymologiquement, un symbole est fait de deux choses « liées ensemble », tandis que le symptôme est fait de choses qui « se placent ensemble » comme par accident. Nous croyons que les symptômes sortent de nulle part ; nous essayons rarement de « lier ensemble » deux choses, la maladie et son image, par exemple. La science préfère les interprétations univoques. Une lecture de premier niveau lui suffit. La poésie, par ailleurs, ne veut jamais cesser d'interpréter. Elle ne cherche pas de fin à la signification. La réponse poétique à la maladie peut sembler inadéquate dans un contexte médical, parce que les interprétations que font la science et l'art diffèrent radicalement. La lecture poétique du corps qui s'exprime dans la maladie demande une appréhension toute nouvelle des lois de l'imaginaire, en particulier une volonté de laisser l'imagination voguer dans des perspectives toujours nouvelles, toujours plus profondes.

Ces dernières années, certaines gens se sont élevés contre l'approche métaphorique de la maladie, parce qu'ils ne veulent pas que nous blâmions les patients pour leurs problèmes physiques. Si le cancer est lié à la manière de vivre d'un individu, plaident-ils, nous rendons l'individu responsable d'une maladie sur laquelle il n'y a aucun contrôle. Il est vrai que le blâme ne peut mener qu'à la culpabilité, qu'il n'accroît pas l'imagination. Et pourtant, dans les termes mêmes de Sardello : « L'objectif du traitement thérapeutique est de rendre l'imagination aux choses qui sont devenues purement physiques. » Chaque fois que nous blâmons, nous cherchons un bouc émissaire à une dislocation réelle qu'il est difficile de trouver et dans laquelle nous, individus et membres d'une société, sommes impliqués. Le blâme remplace défensivement l'examen honnête de la vie qui chercherait à nous faire apprendre de nos erreurs. Essentiellement, c'est une manière d'éviter la conscience de ses erreurs. Si notre cœur nous attaque ou si le cancer nous plonge dans des fantaisies de la mort, recommande Sardello, nous devrions écouter ces symptômes et ajuster notre façon de vivre. Au lieu de blâmer, nous devrions réagir. L'écoute des messages corporels n'équivaut pas au blâme d'un patient.

J'ai vécu une expérience qui montre à sa façon la relation entre le corps et l'image. J'éprouvais depuis quelque temps une douleur au bas du côté gauche. Le médecin ignorait ce que c'était, mais comme la douleur ne s'était pas aggravée depuis plusieurs semaines, il me suggéra de surveiller attentivement ses manifestations et décida de ne pas me donner de traitements héroïques. J'étais tout à fait d'accord. J'allai consulter un couple qui pratique une forme douce de massage. L'homme et la femme sont sensibles au contexte général dans lequel se présente la douleur.

Comme c'était ma première visite, alors ils me posèrent des questions d'ordre général. Que mangez-vous ? Comment fonctionne votre corps en général ces temps-ci ? Y a-t-il dans votre vie en ce moment des choses que vous pensez reliées à votre douleur ? Si la douleur pouvait parler, que dirait-elle ?

J'appréciai le fait que la séance commence par une contextualisation de la douleur. Je découvris que ce simple échange produisait sur moi un effet profond. Il m'indiquait la voie à suivre pour observer le monde autour de la douleur et écouter sa poétique.

Et puis, tandis que je m'allongeais sur la table, les deux — un de chaque côté — se mirent à me masser doucement. Très vite, je me relaxai profondément. Je dérivai jusqu'à un lieu d'inconscience éloigné de ma petite chambre dans mon petit village. Mes sens captaient des sons autour de moi, mais mon attention avait coulé dans une région abritée de la vie.

Je sentais leurs mains se mouvoir le long de mon corps, lentement et sans pression. Et puis, je sentis leurs doigts au lieu de ma douleur. Je m'attendais à sortir de ma retraite et à me protéger de leur contact. Je restai plutôt dans cette région de conscience lointaine.

Tout à coup plusieurs gros tigres imposants, aux couleurs vives, bondirent hors d'une cage. Ils se tenaient si près que je ne pouvais pas voir tout leur corps. Leur couleur éclatait plus que tout ce qui pouvait exister dans le monde naturel. Ils semblaient en même temps féroces et enjoués.

« Comment vous sentez-vous quand je vous touche ici ? demanda la masseuse.

— Les tigres sont arrivés, répondis-je.

— Parlez-leur, fit-elle. Trouvez leur message. »

J'aurais bien aimé trouver, mais il était évident que ces tigres n'étaient pas intéressés à me parler en français. « Je ne crois pas qu'ils parlent », dis-je.

Même si je m'adressais à la masseuse, les tigres restaient à jouer dans le petit bout de jungle qui s'était ouvert dans la pièce faiblement éclairée. Je ne devins pas ami avec eux ; de toute évidence, ils ne s'apprêtaient pas à devenir des animaux de compagnie. Mais je les observai un bout de temps, intimidé par la force et l'éclat de leurs corps puissants. Quand le massage eut pris fin et que les tigres furent rentrés chez eux, on me dit que les animaux apparaissent souvent dans la salle de massage.

Je partis en songeant que je devrais passer plusieurs

semaines à réfléchir à cette visite. Des tigres, je retenais surtout le courage, la force, l'autodétermination bref, les qualités du cœur dont j'avais bien besoin à ce moment-là. Leur présence — non pas leur sens — sembla me donner confiance et force. Longtemps après, quand je commençai à sentir que la douleur cherchait à s'insinuer de nouveau en moi, je rappelai les tigres et en tirai un certain courage. Je pensai aussi que je pourrais apprendre d'eux à montrer mes couleurs véritables, à ajouter un peu d'éclat et de bravade à mon attitude.

Quand nous amenons l'imagination au corps, nous ne pouvons pas attendre d'explications complexes et de solutions évidentes aux problèmes. On définit et on traite souvent le symbole comme s'il s'agissait de l'assortiment superficiel de deux choses. Dans les ouvrages sur les rêves, par exemple, on lit que le serpent fait toujours référence au sexe. En profondeur cependant, le symbole consiste à mêler deux choses incongrues et à vivre dans la tension qui existe entre elles, en observant les images qui en surgissent. Dans cette approche du symbole, il n'existe pas de limite, pas de fin à la réflexion, pas de signification simple, pas de directive claire quant à ce qu'il faut faire ensuite.

Il ne peut pas y avoir de dictionnaire synonymique de l'imagerie corporelle. Le traitement que j'avais entrepris était moins un travail destiné à enrayer la douleur qu'une stimulation de mon imagination. Il voulait me faire réfléchir davantage à mon corps et à ma vie. Le symptôme, c'est justement cela : le corps et la vie s'entremêlent comme par accident. Le remède consiste à contenir cette coïncidence. Ce pourrait également être une manière de lire les multiples images androgynes de l'art et de la mythologie : mâle et femelle en un seul corps pour représenter notre tentative en vue de maîtriser la dualité et vivre ses tensions parfois grotesques. La poésie, qu'il s'agisse de littérature ou de corps, exige que nous maintenions ensemble des choses qui semblent étrangères les unes aux autres.

La poétique, qui veut que l'on sorte la poésie des bibliothèques pour la faire entrer dans le clinique, mène plus profondément au corps et à sa douleur que ne le font les mesures et les interprétations univoques, purement physiques. Elle n'est cependant pas plus claire. La clarté n'est pas l'un des cadeaux de la poésie. Par contre, celle-ci confère au corps profondeur, perspective, sagesse, vision, langage et musique. Nous ne pensons pas à ces qualités quand la maladie nous afflige.

La sensibilité aux images nourrit l'intuition, plus directement reliée à l'émotion et à la réponse comportementale que l'interprétation rationnelle. En outre, les images ont la propriété de rester intactes. Ainsi, longtemps après la fin de mon traitement, mes tigres restent source d'émerveillement et de perspicacité. Aucun message spécifique, aucun sens particulier extrait par moi ne les a jamais vaincus. Ce genre de chirurgie est habituellement fatal à l'animal qui sort de la jungle spéciale où je m'étais aventuré.

Patricia Berry fait une affirmation importante à propos du corps et des images. Ces dernières ont elles-mêmes un corps, dit-elle, mais nous n'apprécions pas le corps subtil de l'imaginaire, parce que nous nous sommes, avec le temps, trop attachés à la réalité. Pour donner corps aux images, nous cherchons toujours à établir des corollaires dans la vie réelle. Ainsi, le rêve doit-il porter sur ce qui s'est passé durant la journée. Une toile doit parler de la vie du peintre. La douleur à mon côté doit provenir de ce que j'ai mangé. Il nous faut une imagination vive pour prendre conscience que les images ont leur propre corps. Les tigres brillaient avec leurs rayures orangées ; leurs corps étaient massifs et lourds. Quand nous permettons à ces images de prendre corps, nous sommes moins enclins à en faire des abstractions.

Peut-être que nous « habitons davantage notre corps » — comme on dit — non seulement quand nous faisons de l'exercice, que nous dansons ou que nous nous faisons masser, mais aussi quand nous voyons les corps de l'imagination. J'ignore ce que *signifiaient* les couleurs des tigres, et j'ignore aussi ce que sous-entendait leur force musculaire. Il me semblait important de les laisser posséder leur propre corps. Parce qu'ils sont les fruits de mon imagination, dans ce processus je me suis rapproché d'une entente intime avec mon propre corps, quel qu'il soit.

Le plaisir du corps

Si mon côlon souffre en raison de mon angoisse, c'est que cet organe n'est pas un banal morceau de chair au fonctionnement biologique. Il a un lien avec la conscience et avec un mode d'expression particulier. Sandor Ferenczi, le célèbre collègue hongrois de Freud, a déclaré que les parties du corps avaient leur propre « érotisme organique ». Comme je le comprends, il voulait dire que chacune des parties du corps a sa propre vie privée et, comme on pourrait le dire, sa propre personnalité qui prend plaisir à ses activités. Mon côlon était malheureux ; si je pouvais porter des égards à ses plaintes, je pourrais commencer à comprendre ce qui le rendait malade, ce qui, pourrait-on dire, le rendait « mal à l'aise ».

Les images corporelles ressemblent aux images oniriques. Touchez mon côté et une jungle apparaîtra. Nombre de gens qui se rendent chez le médecin ont leurs propres « cartes cognitives » du corps, leur propre imagination de l'intérieur du corps et de ce qui se passe au moment de sa maladie. Si nous ne persistions pas tant à trouver des significations univoques, à ne rechercher que les avis des experts — qui sont autant de fabrications que les pensées du patient — nous pourrions porter plus d'attention à l'imagination de la maladie du patient. Nous pourrions même prendre au sérieux l'hypocondrie, la considérer comme une expression authentique du malaise de l'âme.

L'« érotisme organique » de Ferenczi laisse non seulement entendre que les parties du corps ne se contentent pas de fonctionner, mais encore qu'elles y prennent du plaisir. Au lieu de demander si l'organe *fonctionne,* on pourrait demander s'il a du plaisir. Ferenczi nous invite à changer le fondement mythique de nos idées à propos des parties du corps, de passer de la performance au plaisir. Je me vois déjà interroger mes reins : « Êtes-vous détendus ? Jouissez-vous de vos activités aujourd'hui ? Est-ce que je fais quelque chose qui vous déprime ? »

En anglais, l'équivalent de « maladie », *disease,* signifie « ne pas avoir les coudes détendus ». Le terme *ease* vient du latin *ansatus,* « qui a des poignées » ou « coudes repliés, poings sur les hanches », une posture détendue, non pas crispée par l'effort. *Disease* veut dire sans coudes, sans place pour les coudes. *Ease* est une forme de plaisir, *dis-ease* une perte de plaisir. Quand il cherche à poser un diagnostic, le professionnel de la santé devrait donc commencer son interrogatoire par des questions qui ont trait au plaisir. Jouissez-vous de la vie ? Qu'est-ce qui vous cause du déplaisir ? Est-ce que vous combattez le plaisir que recherchent certaines parties de votre corps ? L'histoire de la philosophie nous enseigne quelque chose de remarquable : chaque fois que l'âme occupe le centre de l'attention, le plaisir est l'un des sujets les plus fréquemment abordés.

Fait également curieux : chaque fois que plaisir et âme se trouvent liés sous la plume des philosophes, le plaisir est aussi rattaché à la contrainte. Comme on l'a vu, Épicure menait une existence simple et enseignait la philosophie du plaisir. Ficin qui, dans sa jeunesse, épousa ouvertement la philosophie épicurienne (il la vécut plus qu'il ne l'adopta, mais il en parla ouvertement), accordait une grande place au plaisir. Malgré cela, il était végétarien, mangeait peu, voyageait encore moins et chérissait, entre toutes possessions, les amis et les livres. La devise de son académie florentine s'étalait sur une bannière qui disait LE PLAISIR AU PRÉSENT. Dans l'une de ses lettres, il donnait ce conseil épicurien : « Ne laisse pas ta méditation t'emporter plus loin que le plaisir, laisse-la même un peu à la traîne. »

Au lieu de faire de la maladie un simple phénomène physique nous pourrions en faire un état de l'individu et du monde, l'échec du corps à trouver son plaisir. Le plaisir ne fait pas nécessairement référence à la gratification des sens ou à la poursuite frénétique des expériences, des possessions ou des amusements nouveaux. L'épicurien véritable se donne au plaisir avec des égards pour son âme ; ainsi, il n'en devient pas compulsif. Si nous mêlions l'érotisme organique de Ferenczi et la contrainte épicurienne, nous pourrions vivre dans un monde où nos oreilles ne seraient pas assaillies toute la journée par des sons discordants ou par des musiques de centres commerciaux. Nous pensons à la pollution en termes d'empoisonnement chimique, mais l'âme peut aussi être empoisonnée par l'oreille. Nous devrions également avoir conscience de la valeur des parfums et des arômes. Pour donner une âme au monde justement, Ficin recommandait que l'on s'adonnât à la culture des fleurs et des épices.

Nous pourrions considérer une bonne partie de nos maladies actuelles comme l'affirmation corporelle dans un univers d'engourdissement culturel. L'estomac ne prend aucun plaisir aux aliments surgelés ou en poudre. La nuque se plaint du polyester. Les pieds se meurent d'ennui par manque d'exercice dans des endroits intéressants. Le cerveau déprime à l'idée de se voir comparé à un ordinateur, et le cœur n'aime sûrement pas se voir traité comme une pompe. De nos jours, les humeurs n'ont pas grand-chance de faire de l'exercice, et le foie a perdu sa place de siège de la passion. Tous ces organes nobles, à la poésie riche, grouillants de sens et de pouvoir, sont devenus des fonctions.

Notre culture a sûrement l'imagination la plus pauvre qui ait jamais été. Notre époque est aussi la seule de l'histoire à chasser le mystère du corps et de son mode d'expression par la maladie. Au XVIe siècle, Paracelse a donné aux médecins le conseil suivant : « Le médecin devrait parler de ce qui est invisible. Ce qui est visible devrait appartenir à sa connaissance, et il devrait reconnaître la maladie, tout comme quiconque n'est pas médecin peut le faire, à ses symptômes. Ce n'est pas ce qui fait de lui un médecin. Il ne devient un médecin que lorsqu'il connaît ce qui n'est pas nommé, ce qui est invisible et immatériel et qui a tout de même des effets. »

On aurait du mal à appliquer cette citation de Paracelse au contexte médical moderne, pour lequel l'invisible qui produit des effets peut être vu au microscope et au moyen de la radiographie. La médecine prend l'invisible au pied de la lettre. Elle confie au microscope le soin de révéler les racines de la maladie. Celui-ci ne regarde pourtant pas suffisamment loin à l'intérieur. Le médecin de l'époque de Paracelse, lui, tiendrait compte des facteurs invisibles à l'œuvre dans la maladie : les émotions, les pensées, l'histoire personnelle, les relations avec les autres, les attentes, les craintes, les désirs…

Dans le cinquième livre d'Homère, *l'Iliade,* nous lisons la description d'une blessure qui nous entraîne dans les profondeurs du monde invisible. Au beau milieu d'une bataille, même les dieux sont blessés. Aphrodite est touchée à la main ; une flèche à triple barbelure frappe la poitrine d'Héra; une autre transperce aussi Hadès. On appelle parfois ce livre « Le Chant des dieux blessés ».

Que signifie la blessure d'un dieu? Jung aurait déclaré, rapporte-t-on souvent, que les dieux nous sont revenus sous forme de maladies. Je dirais pour ma part que les dieux eux-mêmes souffrent de nos blessures. Ce sont eux qui portent le fardeau de nos compulsions. Or, la maladie est l'expression de leur souffrance et de leurs blessures. Dans le monde médical, tout le vocabulaire de haute technologie entonne le chant des dieux blessés. Dans nos luttes héroïques pour devenir « quelqu'un », pour réussir notre vie et trouver le bonheur, nos actes peuvent infliger des blessures à quelque chose de beaucoup plus profond que le « moi ». Les fondements mêmes de l'existence peuvent en être affectés ; ainsi le malaise et la maladie, semblables à des apparitions divines, viennent-ils d'un endroit profond, mystérieux.

Pour une bonne partie, la maladie prend racine dans les causes éternelles. La doctrine chrétienne du péché originel et les quatre nobles vérités bouddhistes nous enseignent ainsi que la vie humaine est blessée dans son essence, que la souffrance appartient à la nature des choses. Nous sommes blessés en participant à la vie humaine, en étant les enfants d'Adam et Ève. Il est illusoire de penser que, tout naturellement, nous sommes intacts, sans blessure. Toute médecine qui vient de l'idée d'échapper à la blessure humaine essaie d'éviter la condition humaine.

Avec cette plus large perspective à l'esprit, nous pourrions examiner nos vies et voir comment nos actes sont susceptibles de porter atteinte aux racines mêmes de notre existence. Nous pourrions partir à la recherche de nos contradictions et de nos aliénations intérieures. Je ne laisse pas entendre qu'il faille nous sentir coupables de nos symptômes. Je veux dire que nous pourrions nous laisser guider par nos problèmes physiques au moment d'ajuster notre existence à notre nature ou, pour parler comme le ferait la mythologie, d'ajuster notre existence à la volonté des dieux. Nous pourrions faire la même chose en tant que société. Si nous nous tuons nous-mêmes en nous adonnant au tabagisme, que tentons-nous de faire par cette activité ? Si le cancer est la croissance folle des cellules, y a-t-il un dieu de la croissance que notre fanatisme économique et notre technologie oublient d'honorer ? En découvrant le principe divin qui se cache au creux de nos activités, nous pourrions trouver le « remède » à nos maladies. Les Grecs anciens enseignaient que Le dieu qui guérit est celui-là même qui a apporté la maladie.

En examinant la mythologie de nos maladies, nous pourrions les considérer d'un point de vue religieux. L'idée n'est pas d'amener la religion à la souffrance, mais de voir que la souffrance inspire la religion. Nos blessures nous rappellent les dieux. Quand nous permettons à la maladie de nous entraîner à la découverte du fondement de l'expérience, notre spiritualité en devient plus forte. En acceptant le fait que nous sommes blessés, nous entrons dans la vie autrement que lorsque nous ne nous soucions que de surmonter notre blessure. Quand nous réagissons à l'apparence mystérieuse d'une maladie, nous vivons de manière responsable face à notre destinée.

Si les dieux font leur apparition dans nos maladies, s'ils sont blessés dans nos combats iliades (les guerres de la vie), il ne sert à rien d'éviter la vie pour échapper à ses blessures. Sans nous laisser aller de manière masochiste, nous pourrions trouver une valeur nouvelle, profonde, à la maladie. Nous pourrions courir le risque de la bataille. En ce qui concerne notre vie psychologique, nous pourrions mettre de côté nos palliatifs et nos techniques pour soulager la souffrance suffisamment longtemps pour découvrir quel dieu a été touché et pour rétablir l'harmonie dans notre relation avec ce dieu. La maladie nous ouvre la voie vers la religion qui vient directement de la participation aux niveaux les plus profonds de la destinée et de l'existence.

L'âme sœur de la maladie

Dans son ouvrage sur Asclépios, le dieu grec de la médecine, Kerényi reproduit une fascinante sculpture ancienne qui montre un médecin occupé à soigner l'épaule d'un homme. En arrière-plan, un peu comme dans un rêve (ce qui est tout à fait propre à Asclépios, qui guérissait au moyen de rêves), un serpent — la forme animale du dieu — touche l'épaule de l'homme avec sa gueule. On considérait que ce geste était particulièrement efficace dans la guérison. L'image suggère que les divers traitements employés sur le plan physique par les médecins produisent des effets sur l'âme. En rêve, il revient souvent à une forme animale — pas à une procédure rationnelle, technique — de guérir. Comme il arrive dans les rêves fréquemment rapportés, le serpent mord la personne là où elle a mal. Son contact direct, potentiellement venimeux, vaccine le patient.

Cette image peut nous apprendre que toute maladie est stéréophonique. Elle influence autant les tissus corporels réels que l'état onirique. Toute maladie est porteuse de sens, même s'il n'est pas toujours possible de traduire sa signification en termes purement rationnels. Il ne s'agit pas de comprendre la cause de la maladie et de résoudre le problème, mais de s'en approcher suffisamment pour restaurer la connexion religieuse spécifique avec la vie signalée par l'affection. Nous devons sentir les dents du dieu sur la maladie pour que cette dernière nous guérisse. Au sens réel, nous ne guérissons pas les maladies, elles nous guérissent en restaurant notre participation religieuse à la vie. Si les dieux font leur apparition dans nos maladies, c'est peut-être que nos existences ont trop perdu la foi et ont besoin de ce genre de visites.

Une femme sensible, qui a reçu une formation médicale, rapporte le rêve suivant. Elle gît, allongée dans un lit, en compagnie de deux médecins vêtus de blouses blanches. Ils parlent d'une maladie dégénérative qui affectera tout le monde. L'un des médecins s'intéresse au fait qu'aux premiers stades de la maladie, le patient devient sourd. Il soutient que c'est là une occasion d'expérimenter la surdité. La rêveuse se demande qui prendra soin des gens si tout le monde est atteint. À ce moment-là, la scène se transforme et la rêveuse fait son entrée dans le cabinet d'un autre médecin. Sur un bureau, elle aperçoit une figurine de porcelaine représentant une femme. Partout où elle pose les yeux dans le bureau, elle remarque des objets d'art que le médecin y a placés. Une figurine d'ivoire, représentant une femme à la chevelure et à la robe recouvertes de feuilles d'or, attire particulièrement son attention. Elle prend la figurine de porcelaine et s'aperçoit qu'un bras a été cassé à la hauteur de l'épaule. Elle se sent mal.

Ce rêve évoque de plusieurs façons le thème ancien du « guérisseur blessé ». Les médecins sont alités avec la patiente. La maladie affectera tout le monde, y compris les médecins. La rêveuse/patiente ne saisit pas — vérité mystérieuse — que la maladie est inévitable. Comment régler le problème si tout le monde est infecté? Les médecins ne se préoccupent pas de cette question. Ils semblent comprendre et accepter l'universalité de la maladie.

Le rêve montre aussi que celui qui guérit doit être « au lit », atteint par notre maladie. Les médecins ne se séparent pas de la maladie; ils ne font pas de la patiente et de son problème quelque chose qui leur est étranger. Ils ne traitent pas vraiment la maladie : ils deviennent ses intimes et expriment le désir de l'expérimenter eux-mêmes. Si, en tant que psychothérapeute, je me distancie défensivement des problèmes de mes clients, je les oblige à porter le fardeau de la maladie universelle tandis que je m'efforce d'acquérir du pouvoir sur elle pour m'en prémunir. La guérison demande toutefois plus à un médecin. Elle peut exiger de lui qu'il approche la maladie comme le ferait un intime, comme quelqu'un qui s'intéresserait au mystère, et comme un membre de la communauté humaine, comme les autres touché par elle. Combien de fois n'entendons-nous pas parler des alcooliques ou des drogués comme s'ils ne faisaient pas partie de notre communauté, comme si leur problème ne nous concernait d'aucune façon?

Heureusement pour la rêveuse, le troisième médecin ressemble à Paracelse et à Ficin. Son bureau est orné d'objets d'art.

De toute évidence, il sait que la médecine est plus un art qu'une science, et que l'art joue un rôle dans sa pratique. À ce propos, je me souviens que le bureau de Freud était réputé pour sa collection d'œuvres d'art anciennes. Comme le montre la médecine traditionnelle de bien des peuples, on peut traiter la maladie avec des images. Le patient, pour sa part, a besoin de voir les images de sa guérison, tout comme, dans la détresse, nous pourrions être à l'affût d'images et d'histoires qui contiennent nos doléances. Le patient ne devrait toutefois pas trop s'en approcher, les rendre trop personnelles, parce qu'elles le briseraient. Seule la poésie nous permet d'approcher les dieux. Si la maladie est leur déguisement, nos remèdes doivent s'imprégner d'art et d'images.

Novalis disait : « Chaque maladie est un problème musical. Sa cure, une solution musicale. Plus la solution est rapide et totale, plus le talent musical du médecin est grand. » Plusieurs des médecins anciens auxquels je me réfère, comme Robert Fudd et Marsile Ficin, étaient également des musiciens. Ils s'intéressaient aux rythmes, aux tonalités, aux accords et aux désaccords du corps et de l'âme. Quand il soigne tout genre de maladie, enseignaient-ils, le médecin doit connaître la musique de son patient. Quel est le rythme de cette maladie ? Avec quels éléments existentiels est-elle en contrepoint ? De quelle nature est la dissonance qui fait ressentir douleur et inconfort au patient ?

Pour Paracelse, « le malaise désire sa compagne, la médecine. Comme l'homme à la femme, la médecine doit s'ajuster au malaise, afin qu'ils s'unissent pour former un tout harmonieux. » Le rêve dans lequel les médecins vont au lit avec la patiente a le ton des propos de Paracelse. La maladie trouve satisfaction et complétion dans son mariage avec le traitement. Pour dire les choses autrement, l'« épouse » — l'*anima,* l'image, l'histoire ou le rêve — de la maladie est la médecine.

Comment, dès lors, cette imagerie obscure peut-elle aider

la pratique médicale moderne? En pensant au couple paracelsien épouse-médecine, nous pourrions accorder une importance accrue aux histoires que nous racontons à propos de nos maladies et de l'histoire de notre corps. Nous pourrions abaisser un peu le ton héroïque masculin de la pratique médicale moderne et laisser un peu de place à la liberté d'imaginer. Le patient aussi pourrait « inviter » le médecin à s'aliter avec la maladie au lieu d'abandonner la maladie à son autorité. Avec ses connotations érotiques, la métaphore du lit diffère énormément des métaphores d'autorité et de pouvoir que nous apposons généralement au monde médical.

Si nous devions examiner nos malaises avec poésie, nous pourrions découvrir une imagerie riche capable de parler à notre manière de vivre. C'est ce que j'entends quand je dis que, sans la maladie, nous ne saurions trouver la guérison physique et psychologique. Robert Sardello, par exemple, scrute l'imagerie du cancer et conclut, en entendant son message, que nous vivons dans un monde où les choses ont perdu leur corps et, conséquemment, leur individualité. En réaction à cette maladie, nous devrions abandonner la culture populaire et ses reproductions de plastique et recouvrer notre sensibilité aux choses de qualité et d'imagination. Si nous persistons à attaquer la nature avec nos méthodes de production polluantes, si nous laissons la qualité de la vie s'évanouir au nom de la rapidité et de l'efficacité, des symptômes feront peut-être leur apparition. Pour Sardello, nos corps reflètent le corps du monde ou y participent ; ainsi, quand nous portons atteinte au corps du monde, nos propres corps en sentent les effets. Essentiellement, il n'existe pas de distinction entre le corps du monde et le corps humain.

Le corps et l'âme

Dans la Florence du XVe siècle, le corps humain ne ressemblait pas du tout à celui que l'on peut voir, par exemple, à New York, dans les années 1990. Le corps moderne est une machine efficace qu'il faut garder en forme pour que ses organes internes fonctionnent sans incident le plus longtemps possible. Si quelque chose cloche avec l'une de ses parties, il est possible de la changer pour un substitut mécanique, parce que nous considérons le corps comme une machine.

Pour les Florentins, le corps était une manifestation de l'âme. Il était possible de soutenir une notion de corps sans âme, mais on jugeait que c'était une aberration. Un corps de ce genre était artificiellement coupé de l'âme. Nous pourrions dire que c'était schizoïde : sans vie, sans signification et sans poésie. Mais, comme le rapporte Ficin, le corps doté d'une âme tire sa vie du corps du monde : « Le monde vit et respire, et nous pouvons tirer son esprit en nous. » Ce que nous faisons au corps du monde, c'est à notre propre corps que nous le faisons. Nous ne sommes pas les maîtres de ce monde, nous participons à sa vie.

Quand nous admettons que nos corps portent une âme, nous avons des égards pour leur beauté, leur poésie et leur expression. Notre habitude de traiter le corps comme une machine, — dont les muscles ressemblent à des poulies, et ses organes, à des moteurs — force la poésie à se terrer. Ainsi nous vivons notre corps comme un instrument et ne voyons sa poésie que lorsque nous sommes malades. Heureusement, quelques rares institutions nourrissent le corps imaginaire. La mode, par exemple, donne beaucoup de fantaisie au corps, même si les vêtements masculins manquent des couleurs et de la variété stylistique populaires dans les temps reculés. Les produits de maquillage et les parfums pour les femmes peuvent apporter beaucoup à la culture de l'âme corporelle.

Nos exercices pourraient avoir plus d'âme, mettre davantage l'accent sur la fantaisie et l'imagination. On nous dit d'ordinaire combien de temps nous devrions passer à faire tel ou tel exercice, quel rythme cardiaque viser, quel muscle faire travailler particulièrement. Il y a quelque cinq cents ans, Ficin a donné, pour ce qui est de l'exercice quotidien, un conseil fort différent : « Vous devriez vous promener le plus souvent possible au milieu de plantes à l'arôme merveilleux, passer chaque jour beaucoup de temps parmi les choses de ce genre. » Ficin mettait l'accent sur le monde et sur les sens. Anciennement, l'exercice était indissociable de l'expérience du monde : tandis que le cœur faisait son effort durant la promenade, il fallait marcher dans le monde, le sentir et le ressentir sensuellement. Emerson, un célèbre promeneur de la Nouvelle-Angleterre, a écrit dans son essai, *Nature* : « Le plus grand plaisir que nous donnent les champs et les bois est l'idée d'une relation occulte entre l'homme et le légume. Je ne suis ni seul ni ignorant. Ils me ressemblent et je leur ressemble. » Dans le programme d'exercice émersonien, l'âme participe à la perception de l'intimité entre la personnalité humaine et le corps communiant du monde.

Si nous devions lâcher notre emprise sur notre vision mécanique de nos corps et du corps du monde, plusieurs autres possibilités s'ouvriraient à nous. Après nos muscles, nous pourrions donner de l'exercice à notre nez, à nos oreilles et à notre peau. Nous pourrions écouter la musique du vent dans les arbres, des cloches des églises, des locomotives lointaines, des grillons et le silence musical grouillant du monde. Nous pourrions entraîner nos yeux à la compassion et à l'appréciation. L'âme ne s'éloigne jamais de l'attachement aux détails ; l'exercice du corps doté d'âme devrait toujours nous mener à une relation aimante avec le monde. Henry Thoreau, qui donna de l'exercice à son corps en bâtissant sa retraite à Walden Pond, écrit : « Je me réjouis qu'il y ait des hiboux. Laissons-les hululer stupidement et follement à la place des hommes. Le hululement convient parfaitement aux marécages et aux bois nébuleux qu'aucune lumière n'éclaire, ce qui nous permet de croire qu'il y a une nature vaste et encore inexplorée des hommes. » L'exercice physique est incomplet s'il ne se soucie que de musculature et que, seul, l'idéal d'un corps pur de tout gras le motive. À quoi sert le corps mince qui ne parvient pas à entendre les hiboux de Thoreau ou à saluer le blé d'Emerson ? Le corps doté d'une âme communie avec le corps du monde et trouve la santé dans cette intimité.

Le yoga dirigé vers l'âme permet de réaliser des postures et formes de respiration en portant attention aux souvenirs, aux émotions et aux images qui surgissent en même temps que les mouvements physiques. Dans l'exercice, les images intérieures revêtent autant d'importance que les images de la nature et de la culture pour le promeneur. On pratique souvent le yoga avec un idéal de transcendance. Nous voulons tailler nos corps le plus possible pour qu'ils correspondent à l'image de perfection que nous avons de nous-mêmes. Ou bien nous cherchons à acquérir des pouvoirs physiques et psychiques qui dépassent la normalité ou ce à quoi nous sommes accoutumés. Derrière la pratique du yoga pourrait bien se cacher un fantasme perfectionniste ou des images de pureté. L'âme n'a pourtant rien à voir avec la transcendance. Le yoga de l'âme cherche une intimité accrue entre la conscience et l'âme, entre notre corps et celui du monde, entre nous-mêmes et nos frères humains. Il jouit de l'imagination que sa méthode fait naître, sans attendre des images et des souvenirs à mener vers un objectif d'amélioration.

Nous peignons le corps, nous le photographions, nous dansons avec lui, nous le décorons de produits cosmétiques, de bijoux, de costumes, de tatouages, d'anneaux et de montres. Nous savons que le corps est un monde d'imagination, elle-même essence de son âme. Nous pourrions faire plus pour sa santé en examinant les œuvres que révèlent certaines expressions corporelles qu'en le gavant de vitamines et d'exercices. Le corps sans imagination prend la voie de la maladie. Lorsque nous sommes malades, nous pourrions aussi considérer la souffrance corporelle comme le rêve de son éclatement.

Nos hôpitaux ne disposent généralement pas de l'équipement nécessaire pour faire face à l'âme dans la maladie. Il ne faudrait pas beaucoup pour remédier à la situation, parce que l'âme n'a que faire de la technologie dispendieuse et des experts hautement qualifiés. Il n'y a pas si longtemps, l'administrateur d'un hôpital me demanda conseil pour améliorer les opérations de son établissement. Je lui fis quelques recommandations simples. L'hôpital se proposait de laisser ses patients lire leur dossier chaque jour et de leur donner des dépliants expliquant les aspects chimiques et biologiques de leurs maladies. Au lieu de donner des tableaux de température et de médication, je recommandai que l'on encourage les patients à noter leurs impressions et leurs émotions durant leur hospitalisation, et plus important encore, à noter chaque jour leurs rêves. Je recommandai également de réserver une salle à l'art ; les patients pourraient y peindre, y sculpter, et — même — y danser leurs fantasmes durant leur traitement. En disant cela, je pensais plus à un studio d'art qu'à la salle de thérapie à laquelle nous sommes accoutumés. Je suggérai aussi de réserver un lieu et un moment de la journée aux patients : ils pourraient y raconter des histoires à propos de leur maladie et de leur hospitalisation. Les récits se passeraient, bien sûr, de la présence d'experts dont la présence renforcerait le climat médical technique. Elles auraient par contre besoin d'un conteur ou de quelqu'un qui connaît l'importance de laisser l'âme parler et trouver ses propres images.

Le mot *hôpital* vient de *hospis,* qui signifie en même temps « étranger » et « hôte », et de *pito,* qui veut dire « seigneur » ou « puissant ». L'hôpital est un lieu où l'étranger peut trouver le repos, la protection et le soin. Peut-être bien que la maladie est l'étranger qui se présente à l'hôpital. Peut-être bien que l'hôpital réel est aussi la seule représentation de notre capacité d'accueillir une maladie étrangère. En latin, *hospis* signifie aussi « ennemi ». En parlant de la maladie, je ne veux pas perdre de vue cet élément de l'ombre. La maladie est un ennemi, mais nous avons déjà incorporé ce mythe avec conviction. Il est peut-être temps de considérer la maladie comme l'étranger en quête d'un endroit où habiter et recevoir des égards.

Vers la fin de son remarquable ouvrage *Love's Body,* Norman O. Brown soutient : « Le corps parle toujours silencieusement. » Si nous sommes l'hôpital à l'égard de nos propres maladies et les soignants de nos corps, nous devons nettoyer l'oreille qui entend ce langage. Ce n'est évidemment pas une oreille véritable qui entend le langage silencieux du corps, pas plus que ce n'est le stéthoscope ou même l'appareil de tomographie axiale. La technologie de cette oreille est plus délicate et plus sensible que tout instrument réel. C'est l'oreille d'un poète, de toute personne qui considère le monde avec imagination. Emerson affirme que seul le poète connaît l'astronomie, la chimie et les autres sciences, « parce qu'il en fait des signes ».

Nous pouvons faire du corps une série de réalités, mais si nous lui donnons son âme, il devient une inépuisable source de « signes ». Quand nous prenons soin de notre corps physique et imaginaire, nous prenons aussi bien soin de notre âme. Des projets de ce genre demandent énormément parce qu'il est difficile de conjurer notre époque de réalité — de poétique médicale. Je me demande si le jour viendra où les noms de Paracelse, Ficin et Emerson figureront bien haut sur la liste des lectures obligatoires des étudiants en médecine. Quand l'étudiant en médecine étudiera-t-il sérieusement la représentation du corps dans l'art ? Quand la visite chez le médecin inclura-t-elle la revue de l'histoire de son patient, de ses rêves et de ses fantasmes personnels concernant la maladie ?

Ce jour viendra sans doute, parce qu'il est déjà venu. Ficin, le thérapeute de la Renaissance avait un luth sur lequel il interprétait la maladie de son patient. La carrière de Keats est facilement passée de la médecine à la poésie. Emerson, le philosophe, a exploré les mystères de la maladie. La solide emprise que maintient la fantaisie technique de l'existence sur la conscience moderne paraît céder sur certains plans. Peut-être y a-t-il une chance que le corps, animé par une appréciation renouvelée pour son art propre, soit libéré de son identification à un *corpus* — un corps — et sente de nouveau l'éclat de l'âme.

CHAPITRE 9

L'économie de l'âme : travail, argent, échec et créativité

Le soin de l'âme exige une attention constante à chacun des aspects de la vie. Il est, essentiellement, une culture des choses ordinaires qui nourrissent et entretiennent l'âme. La thérapie concentre son attention sur les crises ou les problèmes chroniques. Je n'ai jamais rencontré d'individu qui se présente en thérapie pour déclarer qu'il veut discuter de jardinage, pour parler de l'âme de la maison qu'il construit, ou pour devenir un meilleur conseiller. Pourtant toutes ces choses ordinaires ont beaucoup à voir avec l'état de l'âme. Si nous ne prenons pas soin de notre âme de manière consciente et habile, les questions qui la touchent resteront dans l'inconscient, incultes et, par conséquent, souvent problématiques.

Dans la perspective de l'âme, l'un de nos secteurs d'activité les plus inconscients est encore le travail et son environnement — le bureau, l'usine, le commerce, le studio ou la maison. Avec les années, dans le cadre de ma pratique, j'ai remarqué que les conditions de travail ont autant à voir avec les troubles de l'âme que le mariage et la famille. En réaction aux troubles, il est bien tentant d'apporter certains ajustements sans chercher à admettre les problèmes profonds qui leur sont sous-jacents. La fonctionnalité et l'efficacité dominent — avec notre permission — le monde du travail, laissant ouverte la porte aux doléances de l'âme négligée. Du point de vue psychologique, nous pourrions tirer profit d'une conscience accrue de la poésie du travail, de son style, de ses outils et de son environnement.

Il y a plusieurs années, j'ai donné une conférence sur l'idée médiévale du monde en tant qu'ouvrage à lire. Les moines employaient l'expression *liber mundi*, le « livre du monde », pour parler d'une sorte d'alphabétisation spirituelle. Après mon allocution, une femme au foyer qui avait assisté à la conférence me téléphona pour me demander si j'accepterais d'aller chez elle « lire » sa maison. Je n'avais jamais rien fait du genre mais, puisque dans ma pratique je lisais des rêves et des toiles depuis des années, je me laissai séduire par l'idée.

Ensemble nous nous sommes promenés d'une pièce à l'autre, les observant scrupuleusement, pour finir par échanger nos impressions. La « lecture » n'avait rien à voir avec une analyse ou une interprétation. Il s'agissait plus d'une « rêverie poussée sur la maison » pour paraphraser une expression de Jung : « rêver le rêve plus loin ». Je voulais voir la poésie et le langage de la maison, saisir les propos de son architecture, de ses couleurs, de son ameublement, de sa décoration et de son état à ce moment-là. La femme aimait vraiment beaucoup son intérieur et voulait lui donner une place de choix dans sa vie.

Certaines des images qui nous sont venues étaient de nature

personnelle. J'entendis la femme parler d'un mariage précédent, d'enfants, de visiteurs et de son enfance. D'autres images avaient trait à l'architecture de la maison et à l'histoire américaine ; quelques-unes touchaient à la philosophie de la nature de la résidence et de l'abri.

Je me souviens particulièrement d'une salle de toilette immaculée avec des tuiles lisses et des couleurs fraîches. Cette pièce de la maison contient une imagerie et une psychologie puissantes : déchets corporels, nettoyage, intimité, maquillage, vêtement, nudité, tuyaux qui se rendent sous la terre, eau courante. Nombre de rêves s'y déroulent et signalent ainsi qu'il s'agit d'un lieu spécialement intéressant pour l'imagination. Cette salle de toilette me semblait extraordinairement rangée et propre. Comme j'avais convenu de lire honnêtement la maison, nous avons discuté des efforts déployés par mon hôtesse pour garder la pièce immaculée.

En lisant ainsi la maison, je n'essayai pas de connaître cette femme, de chercher ce qui clochait en elle ou de lui chercher une nouvelle manière de vivre sa vie. Nous jetions un coup d'œil spécial à la maison pour y déceler les signes de l'âme qui se cachent dans le quotidien et dans les lieux ordinaires. À la fin de la visite, nous nous sentions tous les deux inhabituellement liés à l'endroit et à ses êtres. Pour ma part, j'ai eu envie de réfléchir à ma propre demeure et de réfléchir davantage à la poétique du quotidien.

La maison est un endroit de travail quotidien, qu'il s'agisse ou non d'un « emploi ». Si nous devions lire notre propre maison, à un moment donné nous rencontrerions forcément les outils du travail domestique : aspirateur, balai, plumeau, savons, éponges, bassine à vaisselle, marteau, tournevis. Ces objets tout simples sont essentiels au sentiment de « chez-soi ». Jean Lall, une astrologue et thérapeute de Baltimore, donne des conférences sur l'âme du travail domestique. Elle en fait un « sentier de contemplation » et soutient que si nous dénigrons le travail domestique quotidien, que ce soit la cuisine ou la lessive, nous perdons notre attachement à notre monde immédiat. Il existe également une relation proche, affirme-t-elle encore, entre les tâches domestiques quotidiennes et notre responsabilité face à notre environnement naturel.

Je pourrais dire les choses autrement : la maison a ses dieux, et notre travail quotidien admet d'une certaine manière ces esprits domestiques si importants qui soutiennent notre existence de manière si importante. Pour eux, la brosse est un objet sacré ; quand nous utilisons cet outil avec soin, nous donnons quelque chose à l'âme. En ce sens, le nettoyage de la salle de toilette devient une sorte de thérapie, parce qu'il y a correspondance entre la pièce réelle et une certaine pièce du cœur. La salle d'eau qui apparaît dans nos rêves est à la fois la pièce de notre maison et un objet poétique qui représente un lieu de l'âme.

Je ne cherche pas à donner aux choses toutes simples de la vie une signification et une forme exagérées, je crois que nous pourrions nous rappeler, pour l'âme, la valeur des tâches domestiques quotidiennes faites avec attention et souci du détail. Nous savons déjà que, jusqu'à un certain point, les tâches quotidiennes affectent le caractère et la qualité globale de la vie. Nous avons toutefois tendance à oublier que l'âme peut adhérer aux tâches domestiques ordinaires, qui lui font des cadeaux. Si nous confions à d'autres nos tâches domestiques, ou si nous sommes incapables de les faire avec attention, nous pourrions perdre quelque chose d'irremplaçable et finir par en ressentir une impression douloureuse d'être seuls et sans abri.

Nous pouvons « lire » la maison de notre emploi de la même manière : examiner son environnement, regarder ses outils de près, considérer son horaire et remarquer les humeurs et les émotions qui entourent le travail lui-même. Comment passez-vous vos heures travaillées ? Que regardez-vous ? Sur quoi vous assoyez-vous ? Avec quoi travaillez-vous ? Ces éléments font une différence, non seulement en termes d'efficacité, mais également en termes d'effets sur le sens de l'identité et la direction de l'imagination. Certaines places d'affaires couvrent leur conception sans âme du travail par des murs de faux lambris, des plantes de plastique et du pseudo-art. Si c'est ce que nous accordons au lieu de travail au nom de la beauté, c'est aussi la mesure d'âme que nous trouverons au travail. On ne peut pas fausser l'âme sans encourir des conséquences graves. Dans son poème, « *The Garden* », le poète Andrew Marvel fait référence à un « songe vert dans une ombre verte ». Entourés de fougères de plastique, nous aurons des pensées de plastique.

Le travail comme œuvre

Pour nombre de traditions religieuses, le travail appartient au sacré. Il n'est pas « pro-fane » — c'est-à-dire *devant* le temple — ; il est *dans* le temple même. Dans les monastères chrétiens et zen, par exemple, le travail fait partie de la vie soigneusement établie du moine au même titre que la prière, la méditation et la liturgie. J'ai appris cela quand j'étais novice dans un ordre religieux. Un novice est un moine en apprentissage, à qui l'on enseigne les tenants et les aboutissants de la vie spirituelle dans la prière, la méditation, l'étude et... le travail. Je me souviens d'un jour, entre autres, où l'on m'avait confié l'élagage des pommiers. Il faisait froid au Wisconsin ce jour-là, et j'étais assis sur une branche, occupé à scier les pousses verticales qui m'entouraient comme des minarets. Espérant que la branche ne casse pas brusquement, je profitai d'une minute de repos pour me demander « Pourquoi est-ce que je fais cela ? Je suis censé apprendre la prière, la méditation, le latin et le chant grégorien. Et je suis là, les mains gelées, en équilibre instable au sommet d'un arbre, les doigts ensanglantés à cause d'une scie capricieuse, occupé à faire quelque chose dont j'ignore le premier mot. » Le travail, je le savais déjà, est une composante importante de la vie spirituelle. Dans certains monastères, les moines se rendent au travail en procession et en silence vêtus de leur longue tunique à capuchon. Les auteurs monastiques font du travail un chemin vers la sainteté.

La religion formelle nous parle de la dimension profonde de tous les aspects du quotidien. Le travail n'a rien à voir avec l'entreprise profane que le monde moderne suppose. Que nous le fassions avec attention et art ou dans une inconscience absolue, le travail affecte profondément l'âme. Il déborde d'imagination et parle à l'âme à maints niveaux. Le travail peut, par exemple, nous permettre d'évoquer certains souvenirs et certaines fantaisies qui portent une signification particulière. Ces souvenirs et ces fantaisies peuvent être liés aux mythes familiaux, aux traditions et aux idéaux. Il est possible que le travail soit aussi un moyen de mettre de l'ordre dans des problèmes qui ont peu à voir avec lui. Ce peut être une réaction au destin. Nous pouvons accomplir un travail qui a été fait dans la famille depuis des générations ou qui a fait son apparition après un certain nombre de coïncidences et d'événements fortuits. En ce sens, tout travail est une vocation, un appel venu de la source du sens et de l'identité, qui prend naissance bien au-delà de l'intention et de l'interprétation humaines.

L'étymologie, c'est-à-dire l'examen de l'imagerie profonde et du mythe qui résident dans le langage ordinaire, nous éclaire aussi sur les dimensions du travail.

Il nous arrive parfois de faire référence au travail comme à une « occupation », un vocable intéressant qui signifie « le fait d'être pris et saisi ». Par le passé, ce mot portait des connotations sexuelles fortes. Nous aimons à penser que nous avons choisi notre travail, mais il serait plus exact de dire qu'il nous a choisis. La plupart des gens peuvent raconter des histoires de fatalité quand ils expliquent comment ils en sont venus à leur « occupation » actuelle. Ces récits nous disent comment le travail est parvenu à les occuper, à prendre résidence en eux. Il faut aussi dire que notre travail nous aime. Comme un amant, il peut nous exciter, nous réconforter, nous donner une impression de satisfaction. Si notre travail ne contient pas de petit ton érotique, c'est sans doute qu'il manque d'âme.

Liturgie est le terme technique employé pour nommer la catégorie des rites — comme le baptême et l'eucharistie — qui prennent place dans l'église. Le mot vient du Grec *laos* et *ergos,* que l'on peut traduire par le « travail de la personne ordinaire » ou le « travail des laïcs ». Les rites qui ont lieu dans l'église appartiennent aussi au travail : celui de l'âme. Quelque chose de l'âme se trouve créé dans le travail du rite. En dépit de ce fait, nul besoin de séparer ce travail de celui qui a lieu « dans le monde ». D'un point de vue profond, tout travail est liturgie. Les actes ordinaires accomplissent aussi quelque chose pour l'âme. Ce qui se passe dans l'église ou dans le temple sert de modèle à ce qui se produit dans le monde. L'église signale la nature profonde et souvent cachée de l'activité universelle. Nous pourrions donc dire que tout travail appartient au sacré, qu'il s'agisse de la construction d'une route, d'une coupe de cheveux ou du ramassage des ordures ménagères.

Nous pourrions élever un pont entre l'église sacrée et le monde séculier en ritualisant à l'occasion les tâches quotidiennes. Il n'est pas nécessaire de couvrir de religiosité le travail quotidien pour le rendre sacré. Les rites officiels n'existent que pour nous rappeler les qualités rituelles qui sont à l'œuvre de toute manière. Comme le sacristain qui révère chacune des choses dont il s'occupe, nous pourrions vouloir acquérir des outils d'une qualité satisfaisante, bien faits, agréables à regarder, ajustés à la main, et des produits nettoyants respectueux de l'environnement. La nappe spéciale peut aider à ritualiser un repas. Le bureau au style particulier ou fait d'un bois méticuleusement choisi peut transformer le lieu de travail en un endroit qui possède un imaginaire profond. Les lieux de travail sont souvent dépourvus d'imagination ; les travailleurs en gardent une impression purement séculière qui ne nourrit pas leur âme.

Les travailleurs, il faut le dire, supposent aussi que leurs tâches sont également purement séculières et fonctionnelles. Les emplois ordinaires comme la menuiserie, le secrétariat et le jardinage peuvent pourtant toucher l'âme autant que la fonction. Dans le monde médiéval, chaque travail avait son patron divin : Saturne, Mercure et Vénus, respectivement. Dans chacun des cas, des questions d'une signification profonde pour l'âme apparaissaient dans le travail quotidien. De nos ancêtres, nous pourrions apprendre que les tâches familières sont placées sous l'égide d'un dieu et en font, sous ce rapport, une liturgie.

La mythologie nous suggère aussi quelques moyens de penser plus en profondeur au travail. Héphaïstos, l'un des véritables grands dieux, fabriquait entre autres des meubles et des bijoux pour les autres dieux. Dédale, par exemple, était célèbre pour son ingéniosité à fabriquer des poupées et des jouets qui prenaient vie quand un enfant jouait avec eux. Perpétuant le mythe, nos propres enfants s'amusent avec des jouets comme s'ils étaient vivants. Il serait normal — d'un point de vue mythologique — que les fabricants de jouets regardent leur travail de plus près et y voient la main de Dédale. S'ils sentaient la nature magique de leurs produits, ils pourraient prendre soin de l'âme des enfants avec une imagination sacrée. On peut appliquer le même principe à toutes les professions et à toutes les formes de travail.

Quand nous pensons au travail, nous n'en considérons que la fonction ; nous laissons au hasard les éléments qui appartiennent à l'âme. Quand la vie n'a pas d'habiletés, l'âme est faible. J'ai l'impression que le problème avec l'usinage moderne ne vient pas tant d'un manque d'efficacité que de la perte de l'âme.

Comme elles ne comprennent pas l'âme, les compagnies scrutent les méthodes de travail des autres cultures et s'efforcent de les imiter. Elles ignorent que la méthode n'est pas tout. Les autres cultures doivent peut-être le succès de leur commerce et de leur usinage au fait qu'elles se montrent attentives aux besoins du cœur. Il ne suffit peut-être pas de copier les stratégies superficielles en ignorant la valeur accordée au sentiment et à la sensibilité qui enracinent le travail dans le cœur humain, pas seulement dans le cerveau.

Il est encore une autre façon d'enrichir l'imagination du travail : elle consiste à suivre Jung dans son travail sur l'alchimie. L'alchimie était un procédé qui consistait à placer une matière brute dans un récipient où elle était chauffée, observée attentivement, chauffée encore un peu, avant de subir diverses opérations et d'être observée de nouveau. Le résultat final donnait un produit mystérieux que l'on croyait être de l'or, la pierre philosophale, ou élixir de puissance. Pour Jung, l'alchimie relevait d'une pratique spirituelle pour le bénéfice de l'âme. L'alchimie joue des produits chimiques, de la chaleur et de la distillation. C'était un projet poétique dans lequel les substances, les couleurs et les autres attributs des matières procuraient une imagerie parallèle à celle des processus cachés de l'âme. À la manière de l'astrologue qui basait son système symbolique sur les corps planétaires, l'alchimie fondait son inspiration poétique sur les qualités des produits chimiques et sur leurs interactions.

Les alchimistes nommaient *opus,* c'est-à-dire « travail », ce procédé sur les matières de l'âme, auxquelles donnaient forme les matières naturelles. Nous pourrions voir nos propres tâches quotidiennes à la manière des alchimistes. Les soucis ordinaires constituent la matière brute, la *prima materia,* comme l'appelaient les alchimistes, pour le travail de l'âme. Nous travaillons sur la matière de l'âme au moyen des choses de la vie. Les néoplatoniciens avaient d'ailleurs épousé cette idée : la vie ordinaire ouvre la voie vers les plus hautes sphères de l'activité spirituelle. Nous pourrions aussi dire qu'au moment où nous travaillons dur à quelque tâche nous travaillons aussi à un autre plan. Peut-être, même sans le savoir, sommes-nous engagés aux travaux de l'âme.

Nous pouvons mieux comprendre le rôle du travail quotidien dans l'âme en examinant d'un peu plus près l'idée d'*opus*. Dans son ouvrage, *Psychologie et alchimie,* Jung fait de l'*opus* un travail d'imagination. Il y parle d'un vieux texte alchimique qui raconte comment produire la pierre philosophale. C'est l'imagination vraie — pas l'imagination fantastique — qui devrait guider l'individu, soutient le texte. Commentant cette idée, Jung dit que l'imagination est « l'accomplissement authentique d'une pensée ou d'une réflexion qui ne tourne pas à vide et sans raison. Elle ne se contente pas de jouer avec son objet : elle tente de saisir les réalités intérieures et de les dépeindre au moyen d'images fidèles à leur nature. Cette activité, est un *opus,* un travail. »

Nous nous approchons du travail de l'âme quand nous dépassons les abstractions intellectuelles et les caprices de l'imagination qui ne proviennent pas des sentiments, enracinés plus profondément. Plus notre travail met l'imagination à contribution et correspond aux images qui se trouvent à la base de l'identité et du destin, plus il aura l'âme généreuse. Le travail tente de trouver la formule alchimique adéquate pour éveiller et satisfaire à la fois l'origine de l'être. La plupart d'entre nous passons beaucoup de temps au travail, non seulement parce que nous avons à travailler un grand nombre d'heures pour gagner notre vie, mais encore parce que le travail est essentiel à l'*opus* de l'âme. Nous nous créons nous-mêmes — nous pratiquons notre propre individuation, pour parler comme Jung. L'*opus* a absolument besoin du travail parce que notre seule raison de vivre est la fabrication de l'âme.

Pour dire les choses plus simplement, le travail et l'*opus* sont reliés en ce sens que le travail prolonge ou reflète le moi. Quand nous réussissons une transaction commerciale, nous sommes fiers de nous. Nous construisons une table de salle à manger en cerisier ou cousons une courtepointe étoilée, et puis nous prenons du recul, nous contemplons notre travail et nous nous gonflons de fierté. Ce sentiment nous signale que l'*opus* alchimique est à l'œuvre. Si notre travail ne parvient pas à satisfaire à nos propres standards, s'il ne devient pas le reflet de notre attention et de notre vigilance quand nous prenons du recul pour l'examiner, l'âme souffre. Quand nous nous autorisons à faire du mauvais travail, toute la société souffre d'une blessure à l'âme.

Quand il n'est pas possible d'éprouver du plaisir au travail, la fierté si nécessaire à la créativité se mue en narcissisme. La fierté et le narcissisme n'ont rien en commun ; en un sens, ce sont des contraires. Comme Narcisse, nous devons, par une image, faire de nous un objet, quelque chose d'extérieur à nous-mêmes. Le produit de notre travail ressemble à l'image dans l'étang : c'est un moyen de nous aimer. Si le produit n'est pas aimable, nous nous condamnons au narcissisme et perdons de vue le travail lui-même pour concentrer notre attention sur nos propres besoins. L'amour du monde, notre place dans cet amour, atteints en grande partie par notre travail, se transforment en quête d'amour pour soi.

Le travail devient narcissique quand nous n'arrivons pas à nous aimer dans les objets du monde. Il s'agit là de l'une des implications les plus fondamentales du mythe de Narcisse. L'inflorescence de la vie dépend de ce que nous trouvons notre reflet dans le monde. Le travail devient justement un lieu important pour ce genre de reflet. Pour les néoplatoniciens, Narcisse découvre l'amour quand il découvre que la partie de l'âme qui se trouve en dehors de lui-même — l'âme du monde — complète sa nature. Quand nous lisons la légende dans cette perspective, nous apprenons que nous ne pourrons jamais voir fleurir notre nature jusqu'à ce que nous trouvions cette partie de nous-mêmes, cet adorable jumeau, qui vit dans le monde, qui est le monde. Quand nous trouvons le travail qui nous convient le mieux, nous trouvons donc notre âme dans le monde.

Dans son ouvrage *Psychologie et religion,* Jung nous enseigne ce qui suit : « Pour sa plus grande part, l'âme est en dehors du corps. » Quelle idée extraordinaire ! L'homme moderne apprend que le cerveau contient l'âme humaine et subjective — peu importe le terme utilisé pour désigner l'âme — ou lui équivaut. Si, par contre, nous croyions que l'âme est dans le monde, nous pourrions considérer notre travail comme un aspect vraiment important de notre existence, pas seulement pour les produits qu'il procure, mais aussi en raison des égards qu'il a pour l'âme.

Comme on l'a vu plus haut à propos du mythe, le narcissisme est un symptôme qui apparaît en réaction directe à l'échec du mythe narcissique. Notre travail se fait narcissique quand il n'arrive pas à refléter le moi. Quand nous avons perdu ce reflet, nous nous inquiétons de l'effet de notre travail sur notre réputation. Nous cherchons à guérir de notre douloureux narcissisme dans la lumière de la réussite, et nous éloignons de l'âme du travail en son nom. Il est tentant de trouver satisfaction dans des gratifications secondaires comme l'argent, le prestige et les apparats du succès.

Il est évident que lorsque nous grimpons dans l'échelle du succès nous pouvons facilement perdre une partie de notre âme. Pour éviter cela, nous pourrions choisir une profession ou des projets en pensant à notre âme. Quand un employeur éventuel nous décrit tous les avantages sociaux d'un emploi, nous pourrions lui demander quels avantages pourra en tirer l'âme. Quel esprit règne dans ce lieu de travail ? Y a-t-il un sentiment d'appartenance ? Est-ce que les gens aiment leur travail ? Est-ce que ce que nous faisons ou produisons vaut mon engagement et de si longues heures ?

Existe-t-il des problèmes d'ordre moral sur les lieux du travail ? Y a-t-il quelque chose qui porte atteinte aux gens ou à la Terre, quelqu'un qui empoche des profits excessifs ou qui contribue à l'oppression raciste ou sexiste ? Il n'est pas possible d'avoir des égards pour son âme en violant ou en faisant fi de la sensibilité morale de l'autre.

Narcisse et le travail se trouvent encore plus liés en raison de l'amour qui va au travail et qui revient sous forme d'amour de soi. Par rapport au travail, les sentiments d'intérêt, de désir, de curiosité, d'appartenance, de passion et de loyauté signalent tous l'amour et donc l'âme. J'ai déjà aidé un homme qui travaillait dans une manufacture automobile. Il détestait son travail. Dans l'équipe de peinture au jet, c'était lui le spécialiste : il nettoyait les tuyaux encrassés, veillait aux bonnes proportions des mélanges chimiques. Il faisait du bon travail, mais il le considérait comme une peine d'emprisonnement. Il vint me demander ce qui s'était passé dans son enfance pour que sa vie soit si malheureuse.

Au fil de nos discussions, je remarquai que la majeure partie de ses doléances concernaient son travail. Alors, nous en avons discuté à fond. Certains de ses rêves se passaient sur son lieu de travail. Nous avons eu ainsi maintes occasions d'explorer l'histoire de son imagination du travail, y compris ses fantaisies de jeunesse à ce propos, ses nombreux emplois, son éducation et sa formation, ses habitudes ergonomiques actuelles. Je ne tentai pas de lui présenter d'autres possibilités ou de le décider à trouver un meilleur emploi, comme vous le remarquerez. Je cherchai à concentrer notre attention sur le lieu de travail dans son âme et d'écouter ses doléances à ce propos. Sa réflexion finit par l'amener à chercher un changement. Un jour, il rassembla assez de courage pour devenir vendeur, ce qui, croyait-il, lui convenait beaucoup mieux. Bientôt, plusieurs de ses problèmes « psychologiques » disparurent. « J'aime mon travail, me confia-t-il. La critique ne me dérange pas quand j'ai fait une erreur, et j'aime aller travailler. L'autre emploi ne me convenait tout simplement pas. » Le travail de superviseur des opérations de peinture au jet aurait pu convenir à un autre, mais pas à cet homme, qui a dû subir son travail jusqu'à ce qu'il en change pour un autre qui répondait plus aux besoins de son âme.

Quand nous disons que le travail ne nous convient pas, nous disons que la relation entre le travail et notre âme a disparu, ou, pour adopter le vocabulaire de l'alchimie, que le travail et l'*opus* n'ont aucune correspondance. Quand il y a lien entre les deux éléments, le travail est plus facile et plus satisfaisant en raison de l'harmonie entre le travail et l'*opus*. Quand l'âme s'engage dans le mouvement, l'ego n'est pas seul à faire le travail ; ce dernier s'accomplit plus en profondeur et ne manque ni de passion, ni de spontanéité, ni de grâce.

Dans *Vies des architectes, peintres et sculpteurs italiens les plus éminents,* Vasari raconte l'histoire d'un sculpteur et architecte de la Renaissance, Filippo Brunelleschi. Donatello, Filippo et d'autres artistes flânaient à Florence. À un certain moment, Donatello mentionna qu'il avait vu un magnifique sarcophage de marbre dans la ville assez éloignée de Cortona. « Filippo conçut un désir fou de voir le travail, écrit Vasari. Alors, sans changer de souliers ou de vêtements, il prit immédiatement la route de Cortona, examina le sarcophage, en traça un portrait qu'il ramena à Florence avant même qu'on s'aperçoive de son absence. » On raconte des histoires semblables à propos de Bach qui marchait pendant des kilomètres pour entendre de la musique et qui veillait fort tard pour copier les œuvres des compositeurs qu'il admirait.

Les récits des quêtes inlassables des artistes pour leur vision et leur art vient d'une mythologie qui révèle les dimensions archétypales du travail de l'âme. Dans nos propres vies, cet archétype peut apparaître à sa manière plus modeste, se présenter comme un sentiment de satisfaction intense après avoir passé la matinée au travail. Ou encore, comme en témoigne mon travailleur d'usine, dans un changement de carrière approprié. On pourrait restructurer radicalement l'orientation professionnelle en lui donnant l'âme pour centre. Les tests pourraient évaluer la nature de l'*opus* plus que l'aptitude, et les rencontres traiteraient de sujets plus approfondis que les intérêts existentiels superficiels de l'ego.

L'argent

L'argent et le travail sont, bien entendu, intimement reliés. Quand nous séparons l'intérêt pour le profit monétaire de la valeur inhérente au travail, l'argent peut devenir le centre du narcissisme ergonomique. En d'autres termes, le plaisir de l'argent peut remplacer le plaisir du travail. Nous avons tout de même besoin d'argent, lequel peut faire partie du travail sans que nous y perdions une partie de notre âme. Tout est question d'attitude. La plupart du temps, il existe une relation proche entre l'attention portée au monde dans lequel nous vivons (écologie) et l'attention portée à la qualité de la vie (économie).

Écologie et économie, tous deux du grec *oikos*, concernent le « chez-soi » au sens large. L'écologie (*logos*) a trait à notre intelligence de la Terre comme chez-soi et à notre quête de moyens pour mieux l'habiter. L'économie (*nomos*) s'intéresse aux manières de nous entendre dans notre monde-chez-soi et dans la famille sociale. L'argent n'est que l'invention de notre relation avec la communauté et avec notre environnement. En échange de notre travail, nous touchons de l'argent ; à notre tour, nous payons pour des services et des produits. Nous payons nos impôts, et le gouvernement pourvoit aux besoins essentiels de la communauté. Dans le domaine économique, *nomos* veut dire loi, mais il ne s'agit pas ici de loi naturelle. Il s'agit plutôt de la reconnaissance du fait que la communauté est nécessaire et a besoin de règles de participation.

L'argent fait obligatoirement partie de la vie communautaire.

La communauté n'est cependant pas une construction tout à fait rationnelle. Chaque communauté a sa personnalité complexe, avec un passé différent des autres et des valeurs mélangées. Chaque communauté a aussi son âme et son ombre. L'argent n'est pas qu'un moyen d'échange rationnel, il porte également l'âme de la vie communautaire. Il possède toutes les complications de l'âme et, à la manière de la sexualité et de la maladie, dépasse notre pouvoir de contrôle. Il peut nous combler de désir, d'attente, d'envie et de cupidité. L'attrait de l'argent façonne la route de certaines gens, tandis que d'autres pressentent la tentation et prennent la voie de l'ascèse pour éviter la souillure. Quelle que soit la voie choisie, l'argent maintient sa position de force dans l'âme.

La névrose de l'argent peut refléter et intensifier nos autres problèmes. Nous pouvons, par exemple, diviser l'argent en fantaisies de richesse et de pauvreté. Quand l'attitude d'une personne à l'égard de l'argent ne sert qu'à la préserver de la pauvreté, il est possible qu'elle ne connaisse jamais la richesse. L'*expérience* de la richesse reste, après tout, fort subjective. Certaines personnes se croiront riches une fois leurs cartes de crédit payées, tandis que d'autres auront besoin pour ce faire d'une Rolls Royce ou deux. La richesse ne se mesure pas à la valeur du compte en banque, parce qu'elle est le fruit de notre imagination. Dans l'ignorance de l'âme et de sa propre sorte de richesse, nous pourrions nous étourdir à la poursuite de l'argent en raison de notre crainte de la pauvreté réelle.

Encore une fois, il nous est possible de nous tourner vers la religion pour trouver des images plus profondes de richesse et de pauvreté. Dans les ordres religieux, les moines font le vœu de pauvreté. Quand vous visitez un monastère toutefois, vous ne pouvez souvent que vous étonner de la beauté de l'architecture et de l'ameublement sur des terrains de grande valeur. Les moines vivent simplement — mais pas toujours dans l'austérité —, et ils ne s'inquiètent jamais de nourriture et de logement. On définit parfois la pauvreté monastique comme « propriété commune » au lieu d'en faire un manque d'argent et de biens. Le vœu a pour objet de promouvoir la communauté, la mise en commun de tous les biens.

Que se passerait-il si les gens d'un pays, d'une ville, d'un voisinage — sans parler du globe — faisaient un tel vœu de pauvreté ? Nous ne romancerions pas la privation ; nous nous efforcerions d'atteindre un sens profond de la communauté en faisant de tout bien une propriété commune. Comme en sont actuellement les choses, nous divisons la propriété en deux secteurs : le public et le privé. Les propriétaires, même ceux qui n'ont pas toujours le bien-être commun en tête, peuvent faire ce que bon leur semble sur leur terrain privé dans la mesure où ils respectent les règlements de zonage. Pour ce qui est de la propriété publique, nous ne nous sentons ni droits ni obligations à l'égard de l'état et de la qualité des édifices et commerces.

Quand nous n'éprouvons pas un sentiment général de propriété sur la Terre, nous pouvons croire qu'il appartient aux autres de veiller à la propreté des océans et de l'air. L'individu véritablement riche toutefois « possède » tout : la terre, l'air et la mer. En même temps, comme elle ne sépare pas la richesse et la pauvreté, la personne riche ne possède rien. Dans la perspective de l'âme, la richesse et la pauvreté utilisent ce monde — qui ne nous est loué que pour la durée de notre séjour terrestre — et en tirent plaisir ensemble.

L'argent ressemble aux choses du sexe. Certaines personnes croient que plus elles connaissent d'expériences sexuelles avec autant de personnes différentes que possible, plus elles seront satisfaites. Même les sommes d'argent importantes et les aventures sexuelles multiples peuvent laisser leurs besoins insatisfaits. Le problème, ce n'est pas d'avoir trop ou trop peu, mais de considérer l'argent de manière littérale, plus comme un fétiche que comme un moyen. Si nous devenons riches en rejetant l'expérience de la pauvreté, notre richesse ne sera jamais totale. L'âme se nourrit autant du trop que du trop peu.

Quand je parle de l'âme de la pauvreté, je ne veux pas dire que nous devrions romancer la pauvreté pour transcender la vie corporelle. Pour s'élever et atteindre la pureté morale, certaines formes de spiritualité fuient les maux de l'argent. Certaines personnes croient même qu'elles devraient travailler sans toucher de salaire. D'autres encore, dans l'intention d'éviter l'ombre de l'argent, aiment troquer leurs services. Il est toutefois possible de prendre trop au pied de la lettre la pauvreté comme la richesse. Ainsi, la personne qui fuit l'argent reste-t-elle seule à l'écart de la communauté que l'argent aide à faire vivre. Tout comme la joie qui l'accompagne, le désir de richesse, élément parfaitement légitime dans l'érotisme de l'âme, peut dans ce cas-là se perdre. Réprimé, il peut aussi faire retour sous forme d'embarras face à l'argent, d'accumulations ou de malversations financières. Toutes les religions montrent une habileté remarquable — et souvent voilée — à ramasser et à investir des fonds. Il n'est pas étonnant qu'à l'occasion nous entendions raconter qu'un groupe ou un leader religieux très respecté a été reconnu coupable de machinations financières ; quand on nie l'âme de l'argent, celle-ci se charge encore plus d'ombre.

Comme la sexualité, l'argent est mystérieux, tellement rempli de fantaisie et d'émotion, tellement résistant à tout avis rationnel. S'il a beaucoup à offrir, il peut facilement engloutir l'âme et faire sombrer la conscience dans la compulsion et l'obsession. Nous devons faire la distinction entre les qualités de l'argent qui appartiennent à l'âme et les symptômes de l'argent devenu fou. La cupidité, l'avarice, la tricherie et le détournement de fonds signalent la perte de l'âme de l'argent. Nous faisons passer à l'acte le besoin de richesse de l'âme en utilisant son fétiche — c'est-à-dire en amassant des sommes d'argent véritables sans égard pour la moralité — au lieu de participer à l'échange communautaire d'argent.

L'échange est la nature de l'argent. En fait, nous parlons parfois de *change* [1]. Robert Sardello, qui a étudié le rôle de l'argent dans la psyché sociale, compare l'économie aux procédés corporels. Le profit et la consommation ressemblent aux inspirations et aux expirations, soutient-il. L'argent sert de moyen à cet acte vital du corps social. Quand l'argent ne sert plus à l'échange communautaire, il fait obstacle à la circulation commune. Les manigances et les manipulations cupides entravent le rythme naturel de l'échange. Un regroupement annonce, par exemple, un programme public de levée de fonds en taisant la grande portion que se réservent les organisateurs ou en la mentionnant en caractères minuscules. On sait que l'argent baigne dans l'ombre, mais quand des individus ou des groupes s'emparent de cette ombre, l'âme se perd.

On peut dire que l'argent corrompt, non pas dans la réalité, mais au sens alchimique. Il noircit l'innocence et nous initie continuellement aux âpres réalités de l'échange financier. Il nous pousse à combattre au corps à corps dans la bataille sacrée de la vie. Il nous chasse de l'idéalisme innocent et nous entraîne dans les lieux plus profonds de l'âme, où le pouvoir, le prestige et la valeur individuelle trouvent leur nivellement dans un engagement important en vue de l'élaboration de la culture. L'argent peut donc donner une base à l'âme qui autrement disparaîtrait peut-être dans les teintes pastel de l'innocence.

Les rêves concernant l'argent nous indiquent souvent la multiplicité des significations qu'il peut prendre. Récemment, j'ai rêvé que je marchais dans la rue sombre d'une ville aux petites

---

1 *Change* signifie, en anglais, « monnaie ». (*N.d.T.*)

heures du matin. Un homme s'est approché de moi et a posé la pointe d'un couteau dans mon dos. « Donne-moi ton *change* », a-t-il menacé. Je savais que j'avais deux cents dollars dans la poche droite de mon pantalon et à peu près quinze dans la gauche. Avec ruse, je mis la main dans ma poche de gauche et lui donnai tout ce qu'elle contenait. Je me demandai s'il en demanderait davantage, mais il prit le pécule et s'enfuit. En me réveillant, je me souvins du rêve et songeai : j'ai l'habitude de trop me trahir. Pour accommoder les autres, je gâche parfois mes projets ou bien je passe outre à mes propres besoins. Et puis je sentis de l'amertume et de la colère.

Un peu plus tard ce jour-là, j'ai pris quelques minutes pour repenser à mon rêve. Les premières impressions d'un rêve sont souvent univoques et superficielles. Mon impression initiale présentait ce que je pense habituellement de moi, c'est-à-dire que je donne trop. J'essayai ensuite d'examiner le rêve. Peut-être que l'ego onirique était trop astucieux. J'avais trompé et dupé l'homme qui me volait. La rue sombre — une image puissante du rêve — me demandait du *change*. Dans mon rêve, j'avais remarqué l'emploi du mot *change*. Me demandait-on de changer ma façon de faire ? De m'engager dans l'échange de la noirceur urbaine ? De donner quelque chose d'une valeur réelle à mon ombre nécessiteuse ? Ma tendance à trop donner avait-elle un côté caché ? Est-ce que je me départais toujours de ma richesse, sans trop y penser, avec l'impression fausse d'être rusé ? Dans le rêve, ma duplicité avait trouvé sans hésiter le moyen de truquer la rue sombre : j'avais *deux* poches !

Ce rêve, du moins je le pense, me donnait les instructions nécessaires pour comprendre l'économie de mon âme. L'argent la représente et peut prendre la forme de la passion, de l'énergie, du talent et de l'engagement. Comme bien des gens, j'accumule mes talents — l'argent de mon âme — par crainte des rues sombres de la vie. Je peux pourtant diviser mes ressources, accumuler à ma propre intention la plus grande part tout en me préparant à perdre des parts moins importantes. Comme c'est souvent le cas, mon rêve m'invitait à considérer les aspects de ma personnalité que je préférerais garder à l'abri du regard, secrets.

Pour ce qui concerne l'ombre de l'argent, il importe d'adopter une attitude qui ne soit ni moralisatrice ni littérale. On pourrait, par exemple, faire du plaisir d'accumuler un archétype des attributs de l'argent lui-même. Ce plaisir, en effet, ne nie l'âme que lorsqu'il devient notre seule manière de faire face à l'argent, ou que nous ne l'utilisons que pour des motifs personnels. L'une des choses que nous faisons avec l'argent est de le ramasser et de le garder : c'est l'« inspiration » dans l'image de Sardello. Si nous n'admettons pas l'existence de l'ombre toutefois, des sentiments de culpabilité — signes que nous tentons de faire deux choses à la fois (tirer profit de l'ombre avaricieuse de l'argent et garder notre innocence) —, accompagneront notre enrichissement.

Il est possible qu'une compagnie aux profits énormes sente leur poids dans ses poches et décide d'en donner une partie. Elle a deux choix. Elle pourrait en donner plus à la communauté, ce qui montrerait son pouvoir et sa responsabilité. La compagnie pourrait aussi tenter de truquer sa culpabilité en feignant de donner des profits mais en bénéficiant, dans la réalité, de crédits d'impôt accrus. Dans le premier cas, l'argent achète tout naturellement son entrée dans la communauté. Dans le second, la corporation — ou la personne — peut penser échapper à quelque chose en manipulant l'économie communautaire. En réalité toutefois, elle perd une partie de son âme ; l'argent devient fétiche, source des symptômes psychologiques. Contrairement à la compagnie qui accepte son ombre de l'argent et qui s'en trouve nourrie, la société qui se laisse corrompre par cette ombre se désintègre.

Dans le monde médiéval, la comptabilité et le placement de

l'argent relevaient du domaine de Saturne, le dieu de la dépression, de la rigueur, de l'analité et de la vision profonde. Saturne habite le calcul de l'argent au guichet du caissier ou le fait d'en cacher une liasse dans un sac à main ou un portefeuille. Ces gestes, importants pour l'âme, font partie de l'observance des rites de l'argent au quotidien. Notre manière de gérer notre argent, nos chèques, nos comptes bancaires signale également l'étincelle divine de Saturne dans les transactions monétaires ordinaires. Le billet tout frais, reçu en cadeau d'anniversaire ou le premier billet encaissé par une compagnie, encadré, montrent que leur propriétaire honore l'argent et lui donne assez de valeur pour le conserver précieusement. L'accumulation a aussi ses rites, peu importe que l'argent soit caché dans un matelas ou placé dans un compte bancaire suisse.

La relation entre l'argent et le travail porte tellement de fantaisie qu'elle constitue à la fois un fardeau et une occasion extraordinaire. Nombre des problèmes associés au travail concernent l'argent. Nous n'en touchons pas assez. Nous avons l'impression que nous valons plus que ce que nous ne gagnons. Nous ne réclamons pas le montant que nous méritons. L'argent est notre seul souci. Nos pères ne seront fiers de nous que si nous faisons au moins autant d'argent qu'eux. Nous n'acquerrons l'impression de faire partie de la société adulte que lorsqu'on nous aura donné tous les cachets garantissant la richesse et la sécurité financière. En raison de ces sentiments, nous réagissons à l'argent soit de manière apotropaïque — en fuyant son pouvoir —, soit de manière compulsive. Nous pourrions, par contre, *entrer* dans le jeu des fantaisies que l'argent nous procure et lire les messages qu'elles peuvent nous livrer. Si nous avons la conviction qu'il nous faut gagner beaucoup d'argent pour justifier notre existence, par exemple, c'est que c'est peut-être vrai. Nous avons peut-être besoin de nous plonger davantage dans la vie communautaire concrète pour sentir l'âme contenue dans ces fantaisies.

Notre erreur serait de la prendre trop au pied de la lettre. Nous pourrions finir par amasser des millions de dollars et continuer de nous demander quand nous allons grandir.

L'échec au travail

L'échec est sans doute l'une des plus étonnantes sources d'âme au travail. Le nuage noir de l'échec qui plane au-dessus de nos efforts les plus ardents est aussi, jusqu'à un certain point, l'antidote à nos attentes trop élevées. Notre ambition du succès et de la perfection nous entraîne, tandis que notre peur d'échouer nous lie à l'âme du travail. Quand les idées de perfection plongent dans les régions les plus profondes de l'âme, la réussite humaine émerge. Nous sentons peut-être que l'échec nous broie, il n'en reste pas moins que nos ambitions élevées ont peut-être besoin de connaître l'échec pour que nous jouions un rôle créatif dans la vie humaine. La tradition nous enseigne que c'est la vie riche de l'âme qui définit l'humanité, pas l'esprit aux proportions démesurées.

La chrétienté nous présente une image profonde de cette chute. Les artistes ont peint des centaines de versions de l'Annonciation, le moment où l'Esprit-Saint, sous la forme d'un oiseau baignant dans une lumière dorée, rend Marie, l'humble femme, enceinte d'un enfant divin. Chaque fois qu'une image prend vie, ce mystère se rappelle à notre mémoire. Nous sommes d'abord inspirés, et puis nous cherchons à donner corps à notre inspiration.

Au travail, l'échec fait partie de la descente de l'esprit sur les contingences humaines. L'échec est un mystère, ce n'est pas un problème. Mon propos ne signifie pas que nous devions nous efforcer d'échouer ou de prendre plaisir à nos erreurs. Il dit que nous devrions percevoir le mystère de l'incarnation quand notre travail ne satisfait pas à nos attentes. Si nous pouvons comprendre les sentiments d'infériorité et d'humilité qu'engendre l'échec et en faire des éléments chargés de signification, nous pourrions incorporer l'échec dans notre travail pour qu'il ne nous atterre pas.

Pour les alchimistes, la *mortificatio* — ce qui signifie « faire la mort » — est une partie importante de l'*opus*. Dans la vie, explique Jung, les mortifications sont nécessaires pour que se manifestent les facteurs éternels. L'individu rend compte de ce mystère quand il déclare : « Après tout, c'est une bonne chose que de n'avoir pas eu le poste que je voulais. » En dépit de sa simplicité, cette déclaration débusque l'intention humaine et capture l'essentiel du mystère de l'échec. Dans les moments de mortification, nous pouvons découvrir que la volonté et l'ambition humaines ne font pas forcément les meilleurs guides pour ce qui est du travail et de la vie.

Si nous ne saisissons pas l'alchimie de l'échec, il y a de fortes chances que nous ne connaissions jamais le succès. Quand nous comprenons ce mystère dans l'échec et que nous admettons sa nécessité — sa manière alchimique de travailler l'âme —, il nous est possible de ne pas nous laisser duper par nos incompétences et de ne pas trop nous identifier à elles. L'échec qui nous détruit ressemble au « narcissisme négatif » qu'on a vu plus haut. L'échec qui nous terrasse ainsi nie au divin ou au mystérieux tout rôle dans l'effort humain. Le narcissique dira : « Je suis un échec ambulant. Je ne peux rien faire comme il se doit. » Quand nous nous complaisons dans l'échec au lieu de le laisser toucher notre cœur, nous nous défendons subtilement contre l'action corrosive qui lui est nécessaire et qui nourrit l'âme. En admettant l'échec avec imagination, nous le rebranchons au succès. Sans cette connexion, le travail sombre dans les fantaisies narcissiques de réussite et les sentiments funestes d'échec. Quand je considère l'échec comme un mystère, je ne me l'approprie pas, j'en fais un élément du travail que j'accomplis.

La créativité dans l'âme

Nous romançons à l'envi la créativité, une autre source potentielle d'âme dans notre vie de travail. Nous adoptons d'ordinaire le point de vue du *puer* quand nous pensons à la créativité : nous lui conférons des idéaux et des fantaisies grandioses de réussite exceptionnelle. En ce sens, la plupart des emplois n'ont rien de créatif. Ils sont ordinaires, répétitifs et démocratiques.

Toutefois, si nous ramenions sur terre notre idée de la créativité, elle ne resterait pas l'apanage des individus exceptionnels ou de ceux que nous trouvons brillants. Dans la vie de tous les jours, la créativité fait bénéficier l'âme de toute expérience. Nous pouvons parfois amener l'expérience à prendre du sens au moyen du jeu et de l'inventivité. À d'autres moments, en nous rappelant nos expériences et en y réfléchissant, nous leur permettons d'être incubées et de révéler une partie de l'imagination qui les anime.

La créativité peut prendre diverses formes. Elle peut parfois prendre les traits de Saturne ; ainsi nous pouvons faire d'un épisode de dépression, par exemple, une période particulièrement créatrice. L'incubation engendre sa propre forme de conscience et sa propre intelligence des choses. D'importants éléments de la culture et de la personnalité peuvent naître des humeurs sombres. Jung soutient que, dans sa longue période de dépression, son « état de désorientation », comme il l'appelait, il a conçu (un terme de l'Annonciation) quelques-unes de ses théories psychologiques fondamentales. À d'autres moments, la créativité peut prendre les traits d'Aphrodite, et naître de l'intérêt sexuel et du désir. Marilyn Monroe était certainement créatrice à sa manière.

La créativité trouve son âme en embrassant son ombre. Par exemple, le syndrome de la page blanche fait, on le sait bien, partie du processus créateur. L'inspiration cesse et l'auteur fait face à une page opiniâtrement blanche. À l'instar des artistes, chacun connaît ce genre d'évaporation des idées. Une mère peut prendre beaucoup de plaisir à élever ses enfants pendant des mois ou des années, trouvant chaque jour, à leur intention, des tas d'idées nouvelles. Et puis un jour, l'inspiration la quitte et le vide s'installe. Si nous pouvions intégrer nos vides à notre créativité, nous n'exclurions pas si rapidement cet aspect du travail dans nos modestes vies.

Igor Stravinsky, peut-être le plus grand compositeur de notre siècle, travaillait très dur et faisait moins de sa musique une expression personnelle qu'un objet à créer et à fignoler. « Le métier était meilleur à l'époque de Bach que maintenant, déplora-t-il un jour en entrevue. Dans ce temps-là, il fallait être un artisan. De nos jours, il ne faut que du « talent ». Nous n'avons pas à nous absorber dans les détails, à nous enterrer dans le travail pour qu'on fasse de nous un grand musicien ! » Il se méfiait de l'artiste perçu comme canal de l'inspiration. « Si l'impossible devait se produire, déclara-t-il dans ses cours à l'université Harvard, et que mon travail me vienne dans une forme complète, j'en serais embarrassé et diminué, comme si on m'avait monté un canular. »

Comme les dieux, le travail créateur peut nous emballer, nous inspirer, mais il est aussi quotidien, monotone, rempli d'angoisse, de frustrations, d'impasses et d'échecs. Peut l'accomplir l'individu qui n'a pas le désir d'Icare d'abandonner les ombres noires du labyrinthe pour s'envoler vers le soleil éclatant. Le travail créateur peut se libérer du narcissisme et se concentrer sur les problèmes que le monde réel fournit à quiconque veut en faire quelque chose. En majeure partie, le travail créateur consiste à habiter notre monde avec âme. La seule chose que nous puissions vraiment créer, que ce soit dans le monde des arts, celui de la culture ou chez soi, c'est encore l'âme.

Nicolas de Cuse, et Coleridge après lui, ont fait de la créativité humaine une participation à la création divine du cosmos. Dieu a créé le cosmos, nous créons le microcosme, le « monde humain », pour parler comme Nicolas de Cuse. Nous sommes créateurs quand nous accomplissons nos tâches quotidiennes, que nous bâtissons notre mariage et nos maisons, que nous éduquons nos enfants et que nous nous fabriquons une culture. Quand nous entrons dans notre destin avec une attention généreuse et avec soin, nous bénéficions d'une créativité dotée d'une âme qui n'a pas nécessairement le brillant des œuvres des artistes célèbres.

Le travail suprême est donc un engagement vis-à-vis de l'âme, la réponse aux exigences du destin et le soin apporté aux détails de la vie comme elle se présente à nous. Nous pourrions atteindre le point où notre travail et l'*opus* de l'âme deviennent indissociables, forment une seule et même chose. La satisfaction du travail sera alors profonde et durable, intacte en dépit des échecs et des éclats du succès.

LA PRATIQUE SPIRITUELLE ET LA PROFONDEUR PSYCHOLOGIQUE

Reconnais ce qui se trouve devant ton regard, et l'invisible te sera révélé.

Thomas

CHAPITRE 10

D'autres besoins : mythes, rites et vie spirituelle

J'ai fait valoir le besoin qu'éprouve l'âme de mener une existence vernaculaire, d'entretenir une relation avec un lieu et une culture. Elle préfère les détails et les particularités, l'intimité et l'engagement, l'attachement et l'appartenance. Comme un animal, l'âme se nourrit de tout ce qui est vivant et pousse dans son environnement immédiat. Pour l'âme, l'ordinaire est sacré et le quotidien reste la source principale de la religion. Mais il est encore un autre aspect à considérer : l'âme a aussi besoin de spiritualité. Comme le soutient Marsile Ficin, c'est d'une spiritualité particulière qu'il s'agit, d'une spiritualité proche du quotidien et de l'humble.

Dans ce monde moderne, nous avons tendance à séparer la psychologie de la religion. Nous aimons à penser que les problèmes d'ordre émotionnel concernent la famille, l'enfance et le traumatisme, concernent la vie personnelle, mais pas la spiritualité. Lors d'une crise émotionnelle, nous ne posons pas le diagnostic de « perte de sensibilité religieuse » ou de « manque de conscience spirituelle ». Il est pourtant évident que l'âme, siège de nos émotions les plus profondes, peut tirer grandement profit des cadeaux d'une vie spirituelle vivante et souffrir quand elle en est privée. L'âme, par exemple, a besoin d'une vision globale articulée, d'un ensemble de valeurs soigneusement définies, et d'un sens de l'appartenance à l'ensemble. Elle a besoin d'un mythe de l'immortalité et d'une attitude face à la mort. La spiritualité qui n'est pas transcendante — comme l'esprit de famille, né des traditions et des valeurs qui ont fait partie du clan depuis des générations — la nourrit également.

La spiritualité ne se forme pas en nous sans effort. La vie spirituelle, nous apprennent les religions du monde, exige une attention constante et une technologie subtile qui garde en vie les principes spirituels et les significations. Nous avons de bonnes raisons de nous rendre régulièrement et à des moments déterminés à l'église, au temple ou à la mosquée. Il est facile pour la conscience de se loger dans la matière du monde et d'oublier le spirituel. La technologie sacrée cherche surtout à nous aider à rester conscients des valeurs et des idées spirituelles.

J'ai présenté précédemment une de mes clientes qui avait des problèmes avec la nourriture et qui m'avait raconté un rêve dans lequel des vieilles femmes faisaient mijoter un solide repas à l'extérieur. Même si ce rêve se rapportait aux problèmes physiques que la jeune femme éprouvait avec la nourriture, je pense qu'il se rapportait aussi à la faim de son âme pour une féminité primordiale. En ingérant la nourriture préparée par ces femmes, elle absorberait également leur esprit. C'était une sorte de Dernière Scène, version féminine. Dans un autre rêve rattaché à la nourriture, elle découvrit que son œsophage était fait de plastique et qu'il n'était pas suffisamment long pour se rendre à son estomac.

Cette image extraordinaire décrit parfaitement l'un des

principaux problèmes de notre monde moderne : nos moyens de nous brancher à notre travail intérieur ne vont pas suffisamment en profondeur. L'image de l'œsophage convient parfaitement aux fonctions maîtresses de l'âme qui consistent à transférer dans le monde intérieur des matières provenant du monde extérieur. Dans ce rêve pourtant, l'œsophage est fait d'une substance artificielle qui représente la superficialité de notre ère, celle du plastique. Si la fonction de l'âme est faite de plastique, celle-ci ne sera pas bien nourrie. Nous éprouverons le besoin de trouver des moyens plus authentiques d'amener jusqu'en nous les expériences qui se produisent à l'extérieur de nous.

Comme le cerveau, qui digère les idées et produit l'intelligence, l'âme se nourrit de la vie, la digère, pour fabriquer, en les tirant du fourrage de l'expérience, la sagesse et la personnalité. Le monde extérieur sert d'outil à la spiritualité profonde, soutenaient les néoplatoniciens de la Renaissance, et la transformation de l'expérience ordinaire en matière d'âme revêt une importance capitale. Quand le lien entre l'expérience existentielle et l'imagination profonde fait défaut, nous sommes confrontés au clivage de la vie et de l'âme qui se manifestera toujours.

La personne qui souffre d'anorexie et qui se laisse mourir de faim évoque dans ses rites alimentaires les vestiges d'une pratique religieuse. Puisqu'elle refuse la nourriture, la répulsion qu'elle éprouve pour son corps et son ascétisme deviennent une pseudo-religion et une spiritualité symptomatique. L'ascétisme fait nécessairement partie de la spiritualité, mais l'approche compulsive, symptomatique de l'ascèse montre à quel point l'individu s'est éloigné du véritable sentiment religieux. En tant que symptôme social, l'anorexie pourrait bien chercher à nous enseigner que nous avons besoin d'une vie spirituelle plus authentique où la restriction a sa place, mais pas sous forme de névrose. Quand notre spiritualité ressemble à un œsophage de plastique, nous nous affamons, au lieu de jeûner au sens sacré du terme.

Pour plusieurs religions, la métaphore de la nourriture est d'une puissance évocatrice. La communion, l'union avec le divin, passe par la nourriture. Quand nous faisons entrer la nourriture dans notre corps, dit le rite, nous incorporons le dieu lui-même. Dans ce contexte, le rêve de la femme est spécialement poignant puisque son œsophage de plastique entrave le rite de la communion.

Toute nourriture est communion; elle nourrit l'âme autant que le corps. Notre habitude culturelle de consommer des aliments de « restauration rapide » reflète notre conviction actuelle : nous n'avons pas besoin d'absorber — autant au sens littéral qu'au sens figuré — d'aliments à la substance réelle ni d'imaginer un véritable repas. Dans un autre domaine, moins littéral, nous absorbons les informations à « grosses bouchées » (autre image alimentaire), au lieu d'y mettre de la vie, de la digérer et de nous l'approprier. Pour la plupart, nos sciences, qu'elles aient trait au physique ou au social, font comme s'il n'existait pas de vie intérieure, ou bien supposent que la vie intérieure a peu ou rien à voir avec le monde extérieur. Quand elles admettent la vie intérieure, elles la jugent accessoire. Elles en font quelque chose dont nous nous occupons une fois que nous avons pris soin des véritables questions d'affaires ou de vie quotidienne. D'un point de vue culturel, nous sommes dotés d'un œsophage de plastique, qui convient peut-être à la restauration rapide et au rythme échevelé de notre vie, mais qui ne conduit pas à l'âme. Celle-ci ne croît que lorsque nous intégrons la vie à un long et lent processus de digestion et d'absorption.

Le modernisme psychologique

La psychologie professionnelle a créé un catalogue des troubles, le DSM-III, que les médecins et les compagnies d'assurance utilisent pour diagnostiquer avec précision et normaliser les problèmes émotionnels et comportementaux. Il existe, par exemple, une catégorie de problèmes appelée « troubles de l'adaptation ». L'ajustement à la vie, sain selon toute apparence, peut parfois nuire à l'âme. Un jour, j'aimerais créer mon propre DSM-III avec la liste des « troubles » que j'ai rencontrés tout au long de ma pratique. J'aimerais ainsi y inclure « le modernisme psychologique », une acceptation béate des valeurs du monde moderne. Ce trouble comprend une foi aveugle en la technologie, un attachement démesuré aux gadgets et au confort, une acceptation ravie de la marche du progrès scientifique, une dévotion aux médias électroniques, et un style de vie dicté par la publicité. Cette orientation existentielle tend aussi à saisir de manière rationnelle et mécanique les questions du cœur.

Dans le symptôme moderniste, la technologie sert de métaphore maîtresse quand vient le moment de faire face aux problèmes psychologiques. L'individu résolument moderne se présentera à la thérapie en disant : « Écoutez, je ne veux pas d'analyse à long terme. Si quelque chose cloche, voyons-y. Dites-moi ce que je dois faire, et je le ferai. » Ce genre de personne balaie du revers de la main la possibilité que la cause d'un problème relationnel se trouve dans un sens des valeurs déficient ou dans l'incapacité de faire face à la mortalité. Il n'existe pas de modèle de pensée pour la vie moderne. Celle-ci n'accorde presque pas de temps à la réflexion et suppose que la psyché possède ses pièces de rechange, un manuel du propriétaire et des mécaniciens bien formés appelés thérapeutes. La philosophie se trouve à la base de tous les problèmes du quotidien, mais il faut une âme pour réfléchir à sa vie avec un sérieux philosophique authentique.

Le syndrome moderniste pousse les gens à se procurer les plus récents équipements électroniques pour se brancher aux nouvelles, aux spectacles et aux rapports météorologiques minute par minute. Il est vital de ne rien manquer. Voici d'ailleurs quelques exemples extrêmes. J'ai rencontré un homme qui passait la majeure partie de sa journée devant plusieurs écrans de télévision pour suivre les nouvelles du monde. Professionnellement, il n'avait pas besoin de toutes ces informations, mais il avait l'impression que sa vie serait vide s'il n'arrivait pas à suivre toutes les nouvelles. J'ai aussi fait la connaissance d'une femme qui dirigeait une firme d'informatique et connaissait tous les plus récents traitements médicaux mécaniques et chimiques. Elle pouvait vous réciter les effets secondaires de tous les médicaments que vous preniez. Pourtant, dans le privé, elle se sentait anéantie par son incapacité de ramener sa vie sur la bonne voie et de trouver l'équilibre. Sa maladie ne relève pas des médicaments qu'elle connaît si bien : son ennui est un trouble de l'âme.

On dirait parfois qu'il existe une relation inversement proportionnelle entre l'information et la sagesse. On nous inonde d'informations quant à la manière de vivre en santé, mais nous avons perdu la sagesse de notre corps. Nous pouvons écouter les bulletins de nouvelles et savoir ce qui se passe dans tous les coins du monde, mais nous ne possédons pas la sagesse nécessaire pour faire face aux problèmes mondiaux. Dans le domaine de la psychologie professionnelle, nos programmes académiques sont très exigeants ; les pays, les provinces et les états régissent sévèrement la pratique de la psychothérapie, mais nous manquons tout de même gravement de sagesse pour ce qui concerne les mystères de l'âme.

Le syndrome moderniste a également tendance à rendre littéral tout ce qui se rapporte à lui. Anciennement, les philosophes et les théologiens enseignaient que le monde est un animal cosmique, un organisme au corps et à l'âme unifiés. Nous pensons aujourd'hui que nous vivons dans un village mondial. C'est la fibre optique qui a créé l'âme du monde, pas un démiurge ou un créateur semi-divin de l'Antiquité. Dans la petite municipalité rurale où je vis, on peut voir, dans les arrière-cours des petites maisons, d'énormes soucoupes qui apportent aux villageois et aux campagnards tous les événements sportifs et culturels de la terre. Notre âme recherche la communauté, l'appartenance et la vision cosmique. Au lieu de les chercher avec la sensibilité de nos cœurs, nous les cherchons avec des équipements. Nous voulons tout savoir des gens qui habitent loin, mais nous ne voulons pas nous sentir liés à eux du point de vue des émotions. Paradoxalement, notre passion pour le savoir anthropologique tient de la xénophobie. Pour cette raison, nos études sur les cultures du monde n'ont pas d'âme ; elles remplacent les liens communs aux hommes et la sagesse partagée par des éléments d'information qui n'ont pas la capacité de nous entraîner loin, de nous nourrir et de transformer notre sens de l'identité. Parce que nous avons plus fondé l'éducation sur le talent et sur l'information que sur la profondeur des sentiments et sur l'imagination, nous avons extrait l'âme à la source.

La retraite du monde moderne

Par le passé, les gens qui se souciaient de l'âme faisaient face aux problèmes du monde moderne — qui ont existé de tout temps — en cherchant un lieu de retraite. Jung, justement, nous donne l'exemple de l'individu, à l'écoute de son âme, qui ajuste sa vie à ses désirs et à son impatience au lieu de l'adapter à la réalité sociale. Dans ses mémoires, il raconte comment il a construit une tour de pierre pour y habiter. Sa construction a commencé par une structure primaire et est devenue, avec les années, quelque chose de plus complexe. Il rapporte n'avoir pas eu de plan défini au début, mais avoir remarqué que tous les quatre ans, il ajoutait à son édifice. Pour Jung, le nombre quatre symbolise la plénitude. Pour finir, cette tour est devenue un espace sacré, un lieu de travail pour son âme ; il pouvait peindre sur les murs, écrire ses rêves, penser, tirer plaisir de ses souvenirs, et noter ses visions. Le titre de ses mémoires, *Ma Vie. Souvenirs, rêves et réflexions,* révèle d'ailleurs le genre de travail qu'il a accompli dans la retraite de sa tour.

> J'ai renoncé à l'électricité et j'allume moi-même le foyer et le poêle. Le soir, j'allume les vieilles lampes. Il n'y a pas d'eau courante ; il me faut aller à la pompe moi-même. Je casse le bois et fais la cuisine. Ces travaux simples rendent l'homme simple et il est bien difficile d'être simple [1].

L'histoire de la tour de Jung nous donne plusieurs indications quant à la manière d'avoir des égards pour notre âme, surtout quand la vie moderne la menace. Tandis que la psychothérapie se concentre généralement sur les troubles isolés de la personnalité et la recherche de solutions spécifiques, le soin de l'âme s'intéresse aux conditions de la vie quotidienne. Quand un problème émotionnel se présente, il se peut qu'il ne s'agisse pas d'un simple traumatisme ou des résultats d'une relation troublée. Il est possible que le problème provienne d'une existence qui, habituellement, néglige l'âme. Les problèmes font partie de toute vie humaine, et ils n'atrophient pas nécessairement l'âme. Celle-ci souffre des conditions du quotidien quand elles ne la nourrissent pas des expériences solides dont elle a tant besoin.

La tour de Jung, c'était le temple personnel de sa vie spirituelle. Chacun de nous peut suivre son exemple et réserver une pièce ou même un coin de la maison au travail de l'âme. La tour a aidé Jung à créer un certain type d'espace où il pouvait sentir concrètement sa vie personnelle s'étirer dans les deux directions, réfléchir sur son passé et prévoir l'avenir. La tour était un travail

---

1 C. G. Jung, *op. cit.*, p. 263.

concret de l'imagination qui lui donnait la possibilité de sortir de la culture moderne. C'est une chose que de vouloir sortir des limites du modernisme, et c'en est une autre que de trouver des moyens efficaces d'éveiller cette conscience. Il importe d'adopter une bonne technologie de l'âme.

Dans sa tour, a fait remarquer Jung, il se sentait proche de ses ancêtres, sujet dont l'âme se soucie particulièrement.

> Durant l'hiver de 1955-56, je sculptai les noms de mes ancêtres paternels sur trois tables de pierre que je fixai dans la loggia. Je peignis au plafond des motifs de mes armes et de celles de ma femme [et de mes enfants]. [...] Tandis que je travaillais [à mon arbre généalogique], j'ai compris l'étrange communauté de destin qui me rattache à mes ancêtres. J'ai très fortement le sentiment d'être sous l'influence de choses et de problèmes qui furent laissés incomplets et sans réponses par mes parents, mes grands-parents et mes autres ancêtres [1].

Ce passage remarquable montre à quel point les mondes intérieur et extérieur de Jung avaient établi entre eux un dialogue fructueux. Pour lui, avoir des égards pour son âme équivalait à construire, à peindre et à sculpter. Sa tour incarnait l'urgence intérieure de simplicité et d'éternité. Comme un fragment de rêve réalisé, la tour est un « corrélatif objectif » de l'imagination intérieure, pour employer l'expression de T.S. Eliot. Même dans ses écrits professionnels, Jung a suivi son âme, comme lorsqu'il s'est lancé dans une étude exhaustive et exigeante de l'alchimie après qu'un rêve lui eut indiqué la voie à suivre.

Le soin de l'âme nous demande d'observer continuellement

---

1 C. G. Jung, *ibid.*, pp. 269 et 271. Les passages entre crochets n'apparaissent pas dans le texte.

ses besoins, de leur accorder une attention sans réserves. Imaginons de recommander à quelqu'un, dont l'âme signale la négligence, de construire une annexe à sa maison pour laisser s'accomplir le travail de son âme. Il peut sembler étrange et même fou de nous livrer à quelque chose d'aussi onéreux et d'aussi extérieur pour faire face à nos doléances psychologiques. Et pourtant il est évident que l'âme ne guérira pas d'une heure de retraite intérieure au milieu de l'activité de la vie moderne. Il est possible que notre retraite du monde doive devenir plus sérieuse et plus présente dans nos vies que ne le permet une visite hebdomadaire chez le thérapeute ou un voyage de camping occasionnel.

La fuite du monde a toujours fait partie de la vie spirituelle. Les moines s'enfermaient dans les monastères, les ermites se retiraient dans le désert, les Amérindiens partaient en quête de visions. La retraite architecturale de Jung est une autre version du thème archétypal de la retraite du monde. Je ne vous recommande pas de vous en aller dans un monastère pour faire face au syndrome moderniste qui menace si sérieusement la vie de l'âme. La retraite elle-même peut contenir l'âme ou servir à la fuite. Certaines formes de retraite physique peuvent toutefois marquer le commencement d'une vie spirituelle nourricière pour l'âme. Ce pourrait être, par exemple, un tiroir qui renfermerait les rêves et les pensées. Nous pourrions consacrer cinq minutes chaque matin à l'écriture des rêves de la nuit ou réfléchir à la journée qui s'amorce. Il pourrait s'agir de la décision de faire une promenade dans la forêt au lieu de faire la tournée des centres commerciaux. Il serait également possible de ranger la télévision dans un placard pour que le visionnement des émissions prenne un caractère spécial. L'acquisition d'une œuvre de l'art sacré pourrait de même nous aider à penser à la spiritualité. Je connais un homme qui dirige tous les matins un groupe de tai chi dans un petit parc de son voisinage.

Toutes ces modestes formes de retraite satisfont aux besoins spirituels de l'âme. La spiritualité n'a pas besoin de se revêtir de l'attirail grandiose des cérémonies. En fait, l'âme pourrait tirer encore plus profit d'une vie spirituelle menée dans le contexte qu'elle aime par-dessus tout : le quotidien ordinaire, vernaculaire. La spiritualité exige par contre attention, souci, régularité et dévotion, une petite mesure de retraite d'un monde créé pour ignorer l'âme.

Ensemble, nous pourrions également reconnaître la valeur d'une retraite publique. Les municipalités sensibles au besoin de solitude de l'âme devraient à tout prix protéger les parcs et les jardins. Les édifices publics pourraient contenir des salles où les travailleurs et les visiteurs se retireraient momentanément pour prendre soin de leur âme. On raconte que, durant la guerre du Viêt-nam, les réfugiés abandonnaient leur maison, emportant leurs petits autels pour tout bagage. Nous pourrions facilement accorder plus d'attention aux objets qui nous font penser à notre spiritualité et la gardent constante. Mais rien de ce que nous faisons dans ce sens ne saurait avoir de signification à moins que nous ne donnions une valeur à l'âme elle-même.

La redécouverte de la spiritualité

Autre aspect de la vie moderne, le manque de pratique religieuse formelle dans la vie de nombreuses personnes ne se contente pas de menacer la spiritualité elle-même, il prive aussi l'âme d'une expérience du symbole et de la réflexion. Le soin de l'âme pourrait comprendre la reprise d'une pratique religieuse formelle satisfaisante tant sur le plan intellectuel que sur le plan émotionnel. La tradition religieuse dans laquelle nous avons grandi procure un certain renouveau spirituel.

Certaines personnes ont la chance de trouver encore valable

et vivante la tradition de leur enfance, mais d'autres doivent chercher. Bien des gens se sentent loin de la tradition religieuse de leur enfance qui s'est révélée douloureuse ou leur paraît trop naïve et simple. Même ces personnes peuvent faire de la religion dont ils ont hérité la source de leur spiritualité renouvelée : chacun peut « réformer » sa religion familiale, comme l'ont fait Luther ou Bouddha.

Quand nous étudions l'histoire des religions du monde, nous découvrons presque toujours que la tradition reste vivante. Les fondements de chaque religion se soumettent toujours à l'imagination fraîche dans une série de « réformes ». Ce qui risquerait autrement de devenir une tradition morte sert de base à une sensibilité spirituelle qui se renouvelle sans cesse. Ce processus ressemble au travail de Jésus, qui a remplacé l'ancienne loi par une nouvelle en substituant aux commandements du mont Sinaï les béatitudes plus douces de son Sermon sur la montagne. Il ressemble également aux nombreuses réformes du judaïsme. Il est aussi semblable au Zen, venu du taoïsme et du bouddhisme. La vie individuelle peut devenir le miroir de la dynamique culturelle religieuse, passant par diverses étapes, traversant maintes allégeances et convictions conflictuelles et survivant aux réformes et aux réinterprétations radicales.

Ma propre expérience témoigne de ce modèle de réforme religieuse. J'ai grandi dans une famille irlandaise catholique très fervente. J'étais en première année, j'en suis convaincu, quand les religieuses ont décidé que je ferais un bon candidat à la prêtrise. J'ai fait ce qu'on m'a dit et j'ai obtenu de bonnes notes. Je suis devenu enfant de chœur, ce qui me permettait un contact étroit avec les prêtres. Pendant mes années d'école, j'ai souvent servi la messe lors de funérailles ; je déjeunais ensuite avec l'officiant avant de me rendre au cimetière. Subtilement, on me préparait à devenir prêtre. À treize ans, il me sembla tout naturel de quitter la maison pour entrer au séminaire préparatoire.

J'ai passé bien des années à chanter des chants grégoriens, à méditer et à étudier la théologie. La vie religieuse m'a rendu heureux ; je me souciais peu du célibat ou de l'absence de compte bancaire. Il m'était, par contre, plus difficile d'obéir aux ordres de mes supérieurs. Mes études en théologie n'en continuaient pas moins à progresser. Je lisais Paul Tillich et Teilhard de Chardin plus passionnément que les ouvrages de théologie typiques. Ma vision de la théologie a tellement changé durant mes dernières années d'études que, peu avant mon ordination, j'ai décidé qu'il était temps pour moi d'opérer un changement radical. C'était à la fin des années soixante, et il y avait de la révolution dans l'air. J'ai quitté le séminaire avec l'idée de ne plus jamais considérer la religion et la prêtrise avec une telle dévotion.

Peu après, je fis une expérience étrange. J'avais travaillé dans un laboratoire de chimie pendant l'été. Je portais une blouse blanche et préparais des mixtures selon les recettes que l'on me donnait. J'ignorais pourtant le premier mot de ce que je faisais. Autour de moi, il y avait de vrais chimistes. Un soir, après une journée de travail, un brillant jeune chimiste que je ne connaissais pas bien m'accompagna jusqu'à la gare. Nous avons marché le long de la voie ferrée et parlé d'une foule de choses. Je lui racontai ma formation au séminaire et ma récente laïcité.

Il s'arrêta et me considéra longuement.

« Tu feras toujours le boulot de prêtre, me lança-t-il sur un ton prophétique fort étrange.

— Mais je ne suis jamais devenu prêtre, expliquai-je.

— Peu importe, renchérit-il. Tu feras toujours un travail de prêtre. »

Je ne voyais pas où il voulait en venir. C'était un homme moderne, un chercheur scientifique hors pair, et pourtant, il parlait comme un médium.

« Je ne comprends pas, dis-je, arrêté au beau milieu de la

voie ferrée. J'ai renoncé à l'idée de devenir prêtre. Je n'éprouve aucune ambivalence. Je suis heureux de commencer une vie nouvelle dans un monde nouveau.

— N'oublie pas ce que je te dis aujourd'hui », lança-t-il avant de changer de sujet.

Je n'ai jamais oublié.

Avec les années, je comprends de mieux en mieux ce qu'il voulait dire, même si ça reste toujours un mystère pour moi. Après cet été passé au laboratoire, j'étudiai la musique avec l'impression persistante qu'il manquait quelque chose aux partitions anciennes que je devais retranscrire à l'heure. Je vagabondai pendant environ un an, et puis j'obtins un diplôme au département de théologie d'une université proche. Un jour, un professeur vint me voir et me recommanda d'entreprendre un doctorat en religion.

« Mais je ne veux plus étudier la religion formelle, lui expliquai-je, patiemment.

— Je connais un endroit, l'université de Syracuse, où vous pourriez étudier la religion comme vous l'entendez, avec une perspective sur les arts et la psychologie. »

Trois années plus tard, j'obtenais mon diplôme en religion et je me demandais si c'était ce que le chimiste avait en tête. Je n'accédais pas à la prêtrise mais je n'en étais pas loin.

Maintenant, je suis un thérapeute qui écrit pour transformer la psychothérapie en recouvrant une tradition religieuse appelée soin de l'âme, laquelle relevait, à l'origine, du travail du curé ou du prêtre. Même si mon travail actuel n'a officiellement rien à voir avec l'Église, il s'enracine profondément dans la tradition religieuse. Pour le meilleur et pour le pire, je façonne et vis le catholicisme ; je suis un catholique non pratiquant, réformé, devrais-je dire. Les enseignements dans lesquels j'ai grandi et que j'ai étudiés si intensément se sont affinés, se sont accordés et se sont ajustés à une réforme personnelle que je n'avais pas préparée, mais qui s'est tout de même accomplie. Ces enseignements sont la source première de ma propre spiritualité.

Le sacré au quotidien

Il y a deux manières de concevoir l'église et la religion. La première consiste à aller à l'église pour nous trouver en présence du divin, pour apprendre de lui et pour que sa présence influence notre existence. La seconde correspond à ce que l'église nous enseigne de manière directe et symbolique : voir la dimension sacrée du quotidien. En ce sens, la religion est un « art de la mémoire », une manière de soutenir l'attention religieuse inhérente à chacun de nos gestes. Pour certaines personnes, qui risquent de diviser la semaine en deux (le saint sabbat et la semaine séculière), la religion est affaire du dimanche. Pour d'autres, l'observance religieuse dure toute la semaine et se nourrit du Sabbat. Il est significatif que nous consacrions chaque jour de la semaine à un dieu ou à une déesse, depuis le samedi pour Saturne jusqu'au jeudi pour Thor et au lundi pour la Lune. Dans les autres langues, la dédicace est aussi claire. En italien, par exemple, vendredi, *venerdi,* est le jour de Vénus.

Dans son ouvrage extraordinaire, *Ordinarily Sacred,* Lynda Sexson nous enseigne à saisir l'apparence du sacré dans les objets et les situations les plus communs. Elle raconte l'histoire d'un vieil homme qui lui avait montré un vaisselier rempli de choses appartenant à sa défunte épouse. C'était, rapporte-t-elle, une armoire sacrée, au même titre que l'Arche d'alliance ou le tabernacle chrétien. En ce sens, la boîte contenant des lettres spéciales ou d'autres objets particuliers qui se trouve dans le grenier est aussi un tabernacle, le réceptacle d'objets sacrés. Les quarante-neuf paquets de poèmes enrubannés d'Emily Dickinson, soigneusement écrits et rangés, sont des écrits sacrés, préservés adéquatement par leur reliure rituelle. Nous pouvons tous créer des boîtes et des livres sacrés (un livre de rêves, un journal bien senti, un recueil de pensées, un album de photographies particulièrement significatives) ; ainsi, nous rendrons le quotidien sacré à notre humble manière. Ce genre de spiritualité, tellement ordinaire, tellement proche du cœur, nourrit particulièrement bien l'âme. Sans la lente incorporation du sacré dans la vie, la religion peut s'éloigner de l'humanité au point d'en perdre sa raison d'être. Les gens peuvent pratiquer avec ferveur tout en professant des valeurs quotidiennes véritablement séculières.

Il importe d'apprécier la spiritualité laïque parce que, sans elle, notre idéalisation du divin, ce qui nous le rend précieux et loin de la vie, peut faire obstacle à notre sensibilité au sacré. La pratique religieuse peut devenir quelque chose de purement esthétique ou, du point de vue psychologique, nous prémunir contre le pouvoir du sacré. La religion formelle, si puissante et si influente pour établir des valeurs et des principes, se trouve toujours dans une coupe, entre le divin et le démoniaque. La religion n'est jamais neutre. Elle justifie et enflamme les émotions de la guerre sainte, elle donne lieu à une culpabilité profonde pour ce qui concerne l'amour et la sexualité. La relation entre le divin et l'interdit est tellement étroite que le mot latin *sacer,* la racine du mot *sacré,* signifie en même temps « saint » et « tabou. »

J'ai déjà travaillé avec une femme qui avait un brin de modernisme psychologique. Elle était mannequin de mode, et sa profession la tenait éloignée de ses désirs profonds. À vingt-neuf ans, elle se sentait complètement dépassée. Au cours de nos premières conversations, je remarquai qu'elle faisait souvent référence à son âge avancé. Personne ne veut embaucher un mannequin qui a une ride ou un cheveu gris, déclarait-elle. C'était le premier de nos problèmes. Sa carrière lui aliénait son corps et son propre vieillissement.

Par le vieillissement, l'âme rappelle à notre attention l'aspect spirituel de l'existence. Les changements corporels nous parlent de destin, de temporalité, de nature, de mortalité et de personnalité. Le vieillissement nous oblige à décider ce qui revêt de l'importance dans notre vie. Cette femme exerçait un métier qui l'encourageait à éviter ce processus naturel ou à travailler contre lui. La division qui en résultait envahissait en même temps son travail et son identité personnelle.

Elle souhaitait également avoir un enfant, mais elle ignorait comment elle pourrait inclure sa grossesse dans son horaire et son calendrier de voyage chargé. Elle disait pouvoir obtenir un mois de liberté, tout au plus. Elle devait aussi garder pour elle son envie d'avoir un enfant. Elle craignait que son agent en ait vent et décide de la laisser tomber.

Elle avait grandi dans une famille juive, même si les visites au temple n'avaient jamais signifié grand-chose pour elle. Elle ne connaissait pas sa religion et n'éprouvait, à son endroit, aucune loyauté émotionnelle. Elle ne pensait qu'à son travail et aimait la vie trépidante qu'il lui procurait. Bref, elle faisait partie du jet set, et ne sentait son âme que dans les désirs vagues pour une vie plus satisfaisante, un meilleur mariage et un bébé.

Elle vint me consulter avec un objectif simple : « Je veux vivre mieux. Je veux réagir au sentiment de vide qui m'habite tous les matins quand je me lève. Aidez-moi.

— Rêvez-vous ? » lui répondis-je.

La personne qui s'est coupée de ses pensées et de ses sentiments, prise par un rythme de vie rapide, ne va jamais bien loin, je l'ai remarqué, quand elle essaie de se comprendre consciemment. Les gens confondent habituellement compréhension de soi et analyse rationnelle. La plupart d'entre nous aimons faire des tests qui nous disent qui nous sommes, ou nous laissons tenter par la dernière mode en psychologie. Ces méthodes tendent pourtant à inhiber la compréhension de soi en réduisant notre complexité à une formule banale.

Les rêves sont différents. La mythologie et l'imagerie personnelle les fabriquent. Il n'est pas facile de les comprendre, ce qui en fait un bon point de départ pour la réflexion. En étudiant nos rêves pendant un certain temps, nous commençons à voir émerger des motifs et des images récurrentes qui nous ouvrent une perspective plus large que ne le pourrait tout test standard ou que toute auto-analyse instantanée.

« Je rêve tout le temps », déclara ma cliente. Elle poursuivit en me racontant le rêve qu'elle avait fait ce matin-là. Attablée dans un restaurant de New York, elle regardait un plat de nourriture posé devant elle. Elle prit sa fourchette et souleva les crêpes blanches qui se trouvaient dans l'assiette pour trouver deux pois verts frais. C'était là tout son rêve.

Les rêves ressemblent parfois aux haïkus japonais ou aux petits poèmes lyriques. Il faut s'asseoir avec eux comme on le ferait avec une peinture miniature ou un petit poème. Le restaurant peut sembler si ordinaire qu'il est facile de l'oublier. Comme on l'a vu toutefois, l'importance et la richesse symboliques de la nourriture pour l'âme sont évidentes. Les symptômes psychologiques se manifestent également fréquemment sous forme de perte ou de gain pondéral, d'allergies alimentaires, et d'habitudes alimentaires particulières.

Le mot *restaurant* lui-même est suggestif. Il signifie « restaurer » et remonte au mot *stauros,* qui désigne un tuteur, un piquet enfoncé dans le sol pour soutenir les choses. Manger au restaurant, ce n'est pas comme manger à la maison. Pour cette personne en particulier, le fait de manger au restaurant rappelait sa difficulté de se créer un foyer. Elle voyageait beaucoup, mangeait toujours dans les restaurants.

Nous nous sommes aussi arrêtés à la poésie toute simple du

rêve. Elle devait utiliser sa fourchette pour soulever les grandes crêpes plates — pas tellement nutritives — et trouver une nourriture plus substantielle, les pois. Minuscules, les pois donnent une nourriture verte. On dirait des petits bijoux verts cachés sous une couverture blanche. La couleur verte parle aussi d'espoir et de croissance. Nous avons parlé des couvertures blanches de sa vie, des choses qu'elle trouvait ennuyeuses et sans intérêt, susceptibles de recouvrir des possibilités nouvelles et optimistes. Elle a d'abord pensé aux corvées domestiques. Le bébé, bien sûr, n'arrangerait rien à cela. Dans ses humeurs, elle sentait aussi un malaise général, déclara-t-elle, une sorte de pâle drap de désolation. Elle avait pourtant l'impression qu'il y avait de la vie sous cet ennui.

Ce rêve de pois me rappelait un rêve que j'avais moi-même fait des années auparavant. Un homme, attablé dans un restaurant, commandait un steak. On lui servait une grosse assiette de haricots. Le rêve ressemblait pour moi à une histoire zen et me fit longuement réfléchir à la valeur de la nourriture platement terrestre, surtout lorsque nous avons quelque chose de plus spécial en vue. La vie a l'art de laisser tomber l'ordinaire à nos pieds quand nous rêvassons à des gourmandises exotiques.

Quelques mois après le rêve des pois, le mannequin revint m'annoncer sa grossesse. Ah ! songeai-je, est-ce que les pois cachés sous les crêpes représentaient aussi ce qui se passait dans son corps?

« La grossesse produit des effets sur moi, dit-elle. J'ai autre chose que le travail en tête. J'oublie aussi de m'inquiéter du vieillissement. Je ne comprends pas. Ce qui m'inquiète le plus, pour l'amour du ciel, c'est que j'ai commencé à lire des ouvrages sérieux. »

Son développement spirituel avait commencé. La spiritualité ne s'exprime pas que dans le langage éloquent des grandes religions du monde. Avec sa grossesse, cette femme découvrait une philosophie de vie. Quelle réussite spirituelle ! Elle acceptait son destin et considérait sa vie comme elle ne l'avait jamais fait. Les petits pois : deux sphères vertes sous une crêpe blanche. Tout commençait !

On m'a déjà raconté une anecdote à propos de D. T. Suzuki, le premier interprète du zen en Occident. Il était assis à table en compagnie d'un certain nombre de savants célèbres. À son côté, un homme ne cessait de lui poser des questions. Suzuki mangeait son dîner tranquillement et ne répondait pas. L'homme qui, de toute évidence, n'avait jamais lu d'histoire zen, demanda finalement : « Comment résumeriez-vous le zen à un Occidental comme moi ? » Avec une vigueur inhabituelle dans la voix, Suzuki le regarda dans les yeux et répondit : « Mangez ! »

La spiritualité est semée, germe, pousse et fleurit dans le terrestre. Nous la découvrons et en prenons soin dans les plus petits détails du quotidien. Comme le vaisselier de Lynda Sexson, la spiritualité qui nourrit l'âme et finit par guérir nos blessures psychologiques se trouve dans les objets sacrés qui s'habillent de quotidien.

Le mythe

Dans la comédie d'Aristophane, *les Grenouilles,* le dieu Dionysos entreprend un voyage dans l'Hadès pour en ramener l'un des poètes anciens. Dans la poésie minable, la ville se languissait. La meilleure solution paraissait encore de ressusciter l'un des vieux praticiens célèbres de l'art. Aux Enfers, Dionysos fait office de juge dans une compétition qui oppose Eschyle et Euripide. Dionysos finit par inviter Eschyle à sauver la ville de son manque de profondeur poétique. Euripide perd le concours en raison de sa prétendue profondeur en proposant de : « [retirer] notre confiance aux citoyens qui l'ont maintenant [...] [1] », justement le

1 Aristophane, *Théâtre complet 2,* Paris, Garnier Flammarion, 1966, p. 294. Traduction de Marc-Jean Alfonsi.

genre de fadaise que l'on entend partout où l'âme a été perdue.

Notre situation culturelle correspond étroitement au motif des *Grenouilles*. Notre compréhension des expériences a perdu de sa profondeur. Comme la proposition d'Euripide aux Enfers, nous utilisons souvent le double dire et la superficialité pour décrire les aspects profonds et complexes de la vie. Nous devons aussi revenir aux profondeurs et recouvrer notre appréciation de la poétique du quotidien. Qui choisirions-nous pour nous représenter dans les profondeurs, pour trouver un langage et une forme poétique capables de rendre compte de la complexité de nos existences ? Comme les tragédiens et les philosophes grecs, nous ne pourrions faire autrement que de retrouver le sens du mythe.

Le mythe est une histoire sacrée qui se déroule dans un temps et dans un lieu en dehors de l'histoire et qui décrit, sous forme de fiction, les vérités fondamentales de la nature et de la vie humaines. La mythologie donne corps à l'invisible et aux facteurs existentiels qui ne se manifestent pas dans l'histoire réelle, factuelle. La plupart du temps, quand nous racontons une anecdote de notre vie, nous la rapportons dans des termes purement humains. À quand remonte la dernière fois où vous avez parlé de monstres, d'anges ou de démons en décrivant une expérience importante ? Le mythe transcende l'individuel et utilise une imagerie qui nous donne à réfléchir aux questions archétypales qui façonnent toute vie humaine.

Quand nous essayons de comprendre nos problèmes et nos souffrances, nous cherchons une histoire capable de les révéler. Nos explications superficielles montrent d'ordinaire leurs manques : elles ne nous satisfont pas. Alors, nous nous tournons vers les thèmes familiaux. Même si nous prenons au pied de la lettre les anecdotes de notre enfance et de notre famille, notre recours au passé constitue pour nous une manière d'atteindre le mythe, l'histoire assez éloquente pour exprimer les sentiments profonds que nous éprouvons au présent. Quand il a été question de la famille, j'ai essayé de montrer que les souvenirs du père, de la mère et des autres membres de la famille appartiennent autant à l'imagination qu'au souvenir. Quand nous parlons de ce que nos pères ont fait ou n'ont pas fait, en même temps, nous nous rappelons notre passé et décrivons notre besoin d'un père éternel, d'une personne capable de jouer le rôle de protecteur et de guide, de figure d'autorité et de confirmation. Nos souvenirs familiaux constituent une partie importante de la mythologie en vertu de laquelle nous vivons.

Ces dernières années, on a beaucoup écrit sur la mythologie. La réaction très favorable du public témoigne, je crois, de notre besoin de profondeur et de substance pour notre imagination de l'expérience. La mythologie universelle explore de manière vivante les motifs et les thèmes fondamentaux de la vie humaine. L'imagerie vient peut-être des cultures qui lui donnent naissance, mais les thèmes sont universels. Il s'agit d'ailleurs de l'une des valeurs de la mythologie : elle passe outre aux différences personnelles pour faire surgir les grands thèmes de l'expérience humaine.

La mythologie, par exemple, présente souvent une cosmologie, une description de la création du monde et des lois qui le régissent. Il importe, en effet, d'être guidé, d'avoir une idée de l'univers physique dans lequel nous vivons. Pour cette raison, nombre de mythologues ont souligné que même la science moderne, en dépit de son exactitude factuelle, nous parle aussi de cosmologie, un mythe au sens réel du terme.

Le mythe connote la fiction, comme lorsque nous jugeons qu'une chose n'est « qu'un » mythe. Le mythe peut ressembler à une envolée de l'imagination, parce que son imagerie relève du fantastique, avec ses innombrables dieux et démons, avec ses actes impossibles et ses décors irréalistes. Mais les éléments fantastiques de la mythologie sont essentiels au genre : ils nous éloignent des particularités réelles de l'existence pour nous faire appréhender les facteurs invisibles qui n'en sont pas moins réels.

Parce que le mythe pousse si loin la description des comportements de la vie humaine, il peut devenir un guide indispensable pour nous comprendre nous-mêmes. Sans appréhension poétique adéquate, nous sommes obligés de faire un voyage aux Enfers, comme Dionysos dans *les Grenouilles*. Le voyage n'est pas toujours agréable. On pourrait dire que la névrose et la psychose sont les formes noires de cette descente. Il existe pourtant une version allégée. À l'instar de Dionysos (sans toutefois effectuer le voyage périlleux aux Enfers), nous pourrions ressusciter les mythologues du passé en appréciant les mythologies des autres pays du monde.

Mythologie et mythe ne s'équivalent pas. La mythologie est une série d'histoires qui s'efforcent de dépeindre les mythes, les motifs profonds de notre quotidien. Tout comme les anecdotes de notre enfance et de notre famille évoquent les mythes que nous vivons une fois adultes, les mythologies culturelles évoquent les motifs mythiques qui se rapportent à la vie moderne. La mythologie d'une culture étrangère peut aussi nous aider à imaginer les facteurs auxquels nous sommes confrontés au quotidien. La mythologie nous enseigne à imaginer plus en profondeur que la sociologie ou la psychologie. C'est d'ailleurs la raison pour laquelle j'évite soigneusement les interprétations psychologiques de la mythologie. Je ne voudrais pas traduire en langage et en notions modernes — déjà incapables de saisir nos expériences — les mystères contenus dans le mythe.

Avec la mythologie, nous apprenons à pousser notre pensée et notre imagination plus loin. Notre mythologie actuelle, que nous considérons de manière littérale et dont nous ne faisons pas un mythe, est une vision globale faite de réalités, d'informations et d'explications scientifiques. Dans ce contexte, les récits et les enseignements de la religion semblent tout à fait différents : ils se préoccupent de l'autre monde. Pour cette raison, il y a de nombreux conflits entre la religion et la science. Si nous faisions de la perspective scientifique une mythologie, nous pourrions peut-être, par la même occasion, nous ouvrir aux autres mythologies.

Le mythe est toujours une manière d'imaginer. Il ne s'occupe pas de la réalité, sauf quand la réalité peut donner lieu à un récit mythologique. Je me souviens bien d'un guide qui, nous montrant un creux accidenté sur la crête d'une montagne irlandaise, nous expliqua que le diable avait pris une grosse bouchée de terre. La mythologie commence souvent avec des éléments réels, qu'elle utilise pour entrer dans la fiction, la vérité qui touche plus la vie humaine et les valeurs que le monde réel qui a donné naissance à l'histoire. Nous prenons les choses à revers quand nous tentons de retracer les sources réelles de la mythologie, quand nous pensons alors avoir expliqué le mythe.

Le même principe vaut lorsque nous tentons d'imputer à des événements du passé nos sentiments et nos comportements actuels. La pensée mythologique ne cherche pas de cause réelle ; elle cherche plutôt une imagination perspicace. Elle considère le passé, mais elle en fait un mythe, pas un élément factuel. En tant que mythes, les récits de nos vies laissent apparaître des thèmes et des figures qui continuent d'agir au présent. Si nous remontons assez loin dans le temps pour sortir de l'histoire elle-même, si nous remontons à l'Olympe ou à l'Éden, nous joignons le berceau des thèmes qui ont fondé l'existence humaine.

La profondeur du mythe en fait une manière de convier l'âme à la vie. L'âme se complaît dans la temporalité qui échappe aux limites de la vie humaine ordinaire. Même enchâssée dans les particularités du quotidien, l'âme s'intéresse aux questions éternelles. L'interpénétration de la temporalité et de l'éternité est l'un des grands mystères auxquels s'attachent nombre de religions, elle fait l'objet de nombreux mythes.

Les auteurs contemporains qui s'efforcent de faire une lecture psychologique du mythe rendent à l'humanité un service fort ancien. Notre propre histoire occidentale regorge de textes qui explorent le sens contemporain des mythes traditionnels. Il importe toutefois de ne pas ramener, ce faisant, la mythologie à nos concepts. La mythologie pourrait élargir notre pensée psychologique en contenant les mystères de l'existence humaine qu'on ne réussira jamais à expliquer. La mythologie peut amener l'âme à notre pensée psychologique si, au lieu de les traduire en langage de la psychologie moderne, nous permettons aux mythes de stimuler notre imagination.

La mythologie peut également nous apprendre à percevoir les mythes que nous vivons au quotidien et à relever ceux qui nous sont particuliers. Il n'est pas nécessaire de donner des noms grecs ou romains à nos mythes profonds. La mythologie nous aide à voir nos mythes, mais chacun de nous possède ses propres démons et ses propres dieux, ses paysages et ses luttes d'un autre monde. Jung nous conseille de nous tourner vers la mythologie traditionnelle pour *amplifier,* pour voir plus clairement et pour entendre mieux les thèmes qui nous sont personnels. Même si notre manière de vivre actuelle semble relever de certaines causes et de certains effets, il importe de réaliser que nous interprétons — souvent inconsciemment — des histoires profondes.

Nous sommes condamnés à vivre ce que nous ne pouvons imaginer. Le mythe nous emprisonne, et nous ne savons pas que nous incarnons un personnage de drame. L'âme s'engage à accroître notre conscience des mythes qui fondent nos existences. Si nous nous familiarisons avec les personnages et les thèmes centraux de nos mythes, nous pourrons nous libérer de leurs compulsions et de la cécité qui nous affecte quand ils nous font prisonniers. Encore une fois, nous sommes amenés à constater l'importance que prennent les pratiques de l'imaginaire (comme le journal, l'analyse des rêves, la poésie, la peinture et la thérapie qui explore les images du rêve et de la vie). Elles nous font participer activement aux mythologies qui fondent nos existences.

Le chœur des grenouilles dans la comédie d'Aristophane montre bien comment nos vies peuvent contenir le mythe. Les grenouilles sont des créatures amphibies qui peuvent vivre en même temps en surface et dans les profondeurs. Dans la pièce, elles guident Dionysos et sa suite dans les Enfers. Pour bénéficier de la plénitude de la vie mythique, nous devons acquérir l'habileté des grenouilles qui nous permet de connaître et de visiter nos propres strates profondes où se forment la signification et les valeurs.

Les grenouilles déclarent à Dionysos qui se plaint de leurs coassements que Pan, Apollon et les Muses les aiment. Or, ces dieux aiment la musique et les chants et apportent une sensibilité poétique à la vie humaine. Sans la conscience des poètes, le mythe devient fondamentalisme rigide, attitude défensive contre nos histoires personnelles. Avec l'aide des Muses, le mythe peut conférer au quotidien la profondeur, le sens, et la sagesse.

Le rite

D'un point de vue historique, le mythe et le rite vont de pair. Les gens parlent de leurs histoires et de leurs dieux ; ils adorent ces dieux et célèbrent leurs histoires avec des rites. Tandis que la mythologie raconte l'histoire d'expériences qui ne sont pas réelles, le rite parle à l'esprit et au cœur dans un langage qui n'a pas nécessairement de sens dans le contexte réel. À l'église, les gens ne mangent pas le pain pour sustenter leur corps mais pour nourrir leur âme.

Si nous pouvions saisir l'idée toute simple que nos actes ne produisent peut-être pas tant d'effet sur la vie humaine que sur l'âme, et abandonner leur fonctionnalité, nous pourrions donner plus à notre âme chaque jour. Le vêtement a peut-être son utilité, mais il peut également porter un sens spécial pour un élément de l'âme. Il vaut la peine de se donner un peu de mal pour faire d'un repas un rite, en portant des égards à la suggestion symbolique de la nourriture, de sa présentation et de son ingestion. Sans cette dimension supplémentaire qui demande de la réflexion, il se peut que la vie nous soit tout de même bonne. Par contre, l'âme s'affaiblit doucement et peut se manifester sous la forme de symptômes.

Notons que la névrose et certaines psychoses prennent souvent la forme de rites compulsifs. Nous ne pouvons nous empêcher de manger à répétition certains aliments, souvent des aliments sans valeur nutritive. Nous ne pouvons nous éloigner de la télévision, surtout quand vient le moment d'une émission que nous avons pris l'habitude de regarder. Ne s'agit-il pas d'un rite compulsif? Les gens gravement perturbés serinent des mots rituels à des moments importuns, portent des vêtements extravagants ou lavent leurs mains compulsivement. Avec leurs mains et leurs bras, ils font des gestes qui exagèrent le sens de ce qu'ils cherchent à exprimer. J'ai connu un homme qui croisait ses index chaque fois qu'il sentait la présence du mal, ce qui se produisait plusieurs fois par heure. J'ai aussi connu une femme qui touchait son genou à la fin de chacune de ses phrases.

Se pourrait-il que ces rites névrotiques fassent leur apparition quand l'imagination a été perdue et l'âme ignorée? En d'autres termes, les rites névrotiques pourraient bien signifier la perte des rites quotidiens. Si les rites existaient dans la vie quotidienne, ils préserveraient l'imagination de l'âme et l'éloigneraient du littéral. On pourrait dire que la névrose est la perte de l'imagination. Nous parlons de « passage à l'acte », lorsque ce qui devrait rester dans le royaume de l'image fait intrusion dans la vie, perd son sens poétique pour devenir réalité. Le remède du rituel névrotique pourrait bien se trouver dans le respect du rite authentique au quotidien.

Le rite maintient le divin du monde. Nous savons alors que

chacun de nos actes, peu importe sa simplicité, porte une auréole d'imagination, peut servir l'âme, enrichit l'existence et rend plus précieuses, plus dignes de notre protection et de nos soins, les choses qui nous entourent. Comme dans le rêve où le petit objet peut être porteur d'un sens important, dans la vie animée de rites il n'existe pas de choses insignifiantes. Quand les gens des cultures traditionnelles gravent des visages et des corps élaborés sur leurs chaises et leurs outils, ils reconnaissent l'âme dans les choses ordinaires. Cette simple admission fait aussi partie du rite. Quand, sans faire preuve d'imagination, nous imposons d'être fonctionnels à nos produits de consommation de masse, nous nions au rite son rôle dans les affaires ordinaires. Nous chassons l'âme qui pourrait animer nos existences.

Certes, nous nous rendons à l'église ou au temple pour participer à son rite traditionnel puissant, mais nous y allons aussi pour apprendre à élaborer des rites. La tradition occupe une partie importante du rite parce que l'âme a beaucoup plus d'envergure que la conscience individuelle. Les rites « fabriqués » ne conviennent pas à notre âme. Comme les interprétations que nous faisons de nos rêves, ils peuvent soutenir nos théories familières mais ne sauraient témoigner des vérités éternelles. Je me souviens d'une communauté religieuse qui, il y a bien des années, avait décidé de chanter des hymnes pascals durant l'office du Vendredi Saint. Les religieuses trouvaient trop morbide et trop déprimant de se focaliser sur la mort du Christ. La tradition connaît pourtant l'importance de l'humeur du Vendredi saint, en dépit de son aspect sombre. Si nous devons accorder au rite une place plus importante dans nos vies, il est utile de nous laisser guider par la religion et la tradition formelles.

Nous pourrions chercher une église plus sensible aux traditions rituelles qu'aux modes, sans référence au conservatisme, mais l'âme, dans sa profondeur et sa polymorphie, se complaît mieux dans les traditions qui durent depuis longtemps déjà. J'ai grandi dans la religion catholique. Je me souviens des ossements de saints et du bloc de pierre placés dans l'autel, essentiels à la pratique religieuse, même quand l'autel était fait de bois. De la technologie du sacré, je pouvais absorber cette information, la ramener chez moi et admettre qu'il est important de conserver certaines reliques de la famille dans ma demeure. Je ne parle pas ici d'ossements, mais d'un gage, de photographies ou de vieilles lettres. Je pourrais également désirer quelque chose en pierre, un souvenir de l'infinité de l'âme comparativement à la temporalité de ma vie individuelle. L'église m'a aussi appris que les cierges pouvaient être faits de cire d'abeille et que le choix du pain et du vin pour le repas revêt une grande importance.

Je me souviens d'un livre sacré, posé sur l'autel quand j'étais jeune, le Missel. Il portait une reliure de cuir rouge, et ses pages étaient marquées de rubans colorés, larges, ornés de pompons. Le texte était en gros caractères, les indications liturgiques (les rubriques) apparaissaient en rouge, une couleur qui contrastait avec le noir des prières. Je peux même tirer une leçon de ces détails, par exemple, garder à l'esprit l'importance des rubriques, des indications en rouge qui nous disent exactement comment accomplir le rite. Dans mon esprit, je peux chaque jour porter attention aux rubriques, à la manière de faire les choses.

Naturellement, il est possible de comprendre superficiellement ce que je propose. Les gens s'enferment parfois dans des rites sans âme. Ils jouent des rubriques avec trop de légèreté. Je parle ici de la manière profonde et élégante de faire les choses, d'évoquer la dimension qui nourrit véritablement l'âme. Je ne me souviens pas d'une sensibilité de ce genre dans la pratique des rites de la messe quand j'étais enfant. Un peu plus tard, j'ai appris dans mes cours de théologie que les rites sont plus efficaces *ex opere operato* — par l'action qu'ils font — qu'en raison des intentions de celui qui les accomplit. Il s'agit peut-être d'une différence significative entre le rite authentique et le ritualisme joué (les intentions et les préférences personnelles viennent après les traditions et le rite qui émerge de la matière elle-même).

Les rubriques ne peuvent pas naître du superficiel. Certes, elles peuvent être liées étroitement aux goûts et à l'histoire individuelle, mais elles doivent également provenir d'une source profonde de la psyché individuelle. L'amour que Jung éprouve pour ses tables de pierre n'avait rien de sentimental ou d'expérimental. Elles avaient pour lui — et pour nous qui les possédons maintenant, beaucoup plus tard — l'accent de l'honnêteté. Cette forme particulière de rite ne convient cependant pas à tout le monde.

Il serait intéressant de pouvoir nous tourner vers les prêtres, les pasteurs et les rabbins pour trouver nos propres rubriques et la matière de nos propres rites. Ces professionnels de la spiritualité tireraient plus avantage d'une formation poussée en cette matière qu'en sociologie, en commerce et en psychologie, les domaines de prédilection actuels. Nous pourrions porter plus d'égards à notre âme si nous élaborions une vie rituelle au lieu de passer plusieurs années en thérapie pour corriger notre comportement et nos relations personnelles. Nous pourrions même éprouver plus de plaisir avec les questions de l'âme — comme l'amour et l'émotion — si nos vies étaient plus rituelles et moins portées à l'ajustement psychologique. Nous confondons les questions purement temporelles, personnelles et proches avec les intérêts plus profonds et plus persistants de l'âme.

Comme le corps a besoin de nourriture, l'âme a besoin d'une vie spirituelle intense et corsée. C'est ce que nous ont enseigné et montré depuis des siècles les maîtres spirituels. Il n'y a pas de raison de douter de la sagesse de cet enseignement. Les mêmes maîtres montrent également que la vie spirituelle a besoin d'une attention soucieuse, parce qu'elle peut être dangereuse. Il est facile de devenir fou dans la vie de l'esprit, de nous en prendre à ceux qui ne partagent pas notre point de vue, de convertir les autres à nos attachements personnels (plutôt qu'à l'expression de la plénitude de notre âme), de trouver une satisfaction narcissique dans notre foi au lieu de trouver signification et plaisir dans une spiritualité accessible à tous. L'histoire de notre siècle montre notre tendance à la spiritualité névrotique qui mène à la psychose et à la violence. La spiritualité est puissante. Elle contient autant le mal que le bien. L'âme a besoin de l'esprit, mais notre spiritualité a aussi besoin d'âme, d'une intelligence profonde, d'une sensibilité à la vie métaphorique et symbolique, d'une communauté authentique et d'un attachement au monde.

Nous ne connaissons pas la contribution positive d'une religion et d'une théologie qui ont plus d'âme. Nous pourrions en bénéficier tant individuellement que socialement. Notre culture a besoin d'une réflexion théologique qui ne favorise pas une tradition particulière, mais qui s'occupe du besoin de direction spirituelle de l'âme. Jung écrivait à Freud en 1910 : « Quelles absurdités et quels ravissements infinis dorment dans notre religion. Nous devons concrétiser son hymne d'amour. » À l'instar de Jung, pour atteindre ce but, nous devons graduellement ramener l'âme à la religion.

CHAPITRE 11

Marier la spiritualité et l'âme

Dans la spiritualité, nous cherchons la conscience, la sensibilité et les valeurs les plus élevées ; dans la plénitude de l'âme, nous connaissons les expériences et les émotions humaines les plus agréables et les plus éreintantes. Ces deux pôles sont le pouls de la vie humaine et, jusqu'à un certain point, ils s'attirent l'un et l'autre.

Nul besoin de dire que nous vivons dans une période de matérialisme et de consommation, de perte de valeurs et de changement des standards éthiques. Nous sommes tentés de revenir aux valeurs anciennes et aux manières de faire passées. Autrefois, croirait-on, les individus étaient plus religieux et les valeurs traditionnelles influençaient davantage la société. Qu'il s'agisse ou non d'une vision floue et nostalgique du passé, nous voulons garder à l'esprit la mise en garde de Jung à ce propos. En souhaitant le retour des conditions antérieures, dit-il, nous « restaurons régressivement la *persona* ». Les sociétés adoptent cette stratégie défensive quand elles tentent de ramener les meilleures conditions du passé. Le problème, c'est que la mémoire fait toujours partie de l'imagination, et qu'elle recouvre de dorure les périodes difficiles d'une époque passée pour en faire « le bon vieux temps ».

Quand nous pouvons résister à la tentation d'améliorer le présent en restaurant le passé, nous pouvons commencer à faire face aux défis qui nous attendent. À mon avis, notre société ne s'éloigne pas de la spiritualité ; au contraire, nous sommes d'une certaine façon plus portés à la spiritualité que nous n'en aurions besoin. Nous n'avons pas à intensifier notre quête de spiritualité pour remédier à la perte de spiritualité et au matérialisme soporifique ; nous devons la réimaginer.

À la fin du XVe siècle, Ficin a écrit, dans son ouvrage, *Théologie platonicienne de l'immortalité des âmes*, que la polarisation peut piéger l'esprit et le corps, la religion et le monde, la spiritualité et le matérialisme. Plus nous sommes matérialistes, écrit-il, plus notre spiritualité sera névrotique, et vice versa. En d'autres termes, quand elle considère la vie de manière abstraite et purement intellectuelle, notre société de consommation folle montre que la spiritualité lui échappe. Pour remédier à la situation, Ficin recommande d'installer l'âme au milieu, entre l'esprit et le corps ; ainsi empêchera-t-elle les deux éléments de devenir des caricatures d'eux-mêmes. Pour guérir du matérialisme, nous devrions trouver des manières de ramener l'âme dans notre pratique spirituelle, dans notre vie intellectuelle, dans nos rapports émotionnels et physiques avec le monde qui nous entoure.

Au sens large, la spiritualité fait partie de toutes les manières d'appréhender les facteurs invisibles de la vie et de transcender les problèmes individuels, concrets et finis de ce monde. Le regard de la religion se porte au-delà de la vie, jusqu'au moment de la création — que Mircea Eliade appelle « *in illo tempore* » —, jusqu'à ce temps qui échappe à notre calcul, jusqu'au « temps » du mythe. La spiritualité s'intéresse aussi à l'après-vie et aux valeurs les plus élevées de la vie terrestre. L'âme a besoin de ce point de vue ; il élargit sa perspective, l'inspire et lui procure une signification.

La spiritualité n'est pas toujours affaire de religion. La mathématique est aussi spiritualité : elle transforme en abstractions les détails concrets de la vie. Par un jour ensoleillé d'automne, la promenade en forêt peut aussi faire partie des activités spirituelles. En effet, elle nous éloigne de la maison et de la routine ; les vieux arbres élancés et la nature dépassent tout ce qui est humain. L'esprit, disent les platoniciens, nous élève au-dessus des confins des dimensions humaines et nourrissent ainsi l'âme.

On entreprend parfois une quête de savoir intellectuel et technique avec une ferveur excessive ou une étroitesse d'esprit propre à certaines formes de vie spirituelle. Dans son ouvrage, *The Soul of a New Machine,* Tracy Kidder ne parle pas vraiment de l'âme, mais elle parle du dévouement et de l'oubli de soi des inventeurs et des créateurs du domaine de l'informatique, qui sacrifient leur vie familiale à leur vision de l'âge technologique. Ce sont des « moines de la machine ». Prisonniers de l'esprit de leur travail, comme les moines, ils peuvent mener une existence ascétique dans leur poursuite enthousiaste d'une machine capable de reproduire le plus fidèlement possible le monde naturel. Dans son raffinement des détails concrets de la vie en mathématique numérique et en graphiques, l'ordinateur lui-même reste, pour le meilleur et pour le pire, un genre d'esprit, de désincarnation de la matière. Les moines du Moyen Âge s'occupaient aussi de sublimer la vie terrestre par leurs connaissances et leurs lectures, par la copie d'ouvrages et par le soin jaloux qu'ils prenaient des bibliothèques.

Dans l'abstraction de l'expérience, l'âme trouve de graves

inconvénients. Quand nous essayons de vivre dans un monde « connu », nous privons la vie ordinaire de ses éléments inconscients, des choses que nous rencontrons chaque jour sans les connaître. Jung compare l'âme et l'inconscient. Quand nous tentons de vivre en pleine conscience dans un monde intellectuellement prévisible, à l'abri de tous les mystères et sécurisant par sa conformité, nous perdons les occasions que nous offre le quotidien de vivre une vie dotée d'âme. L'esprit veut savoir ; l'âme aime les surprises. Tourné vers l'extérieur, l'esprit cherche les éclaircissements et le plaisir de l'enthousiasme ardent. L'âme, tournée vers l'intérieur, cherche la contemplation et les expériences plus sombres, plus mystérieuses du monde souterrain.

Quand notre spiritualité manque de profondeur, a remarqué James Hillman, elle nous joue parfois des tours et adopte des formes bizarres, des enthousiasmes étranges. Nous pouvons passer d'une sensibilité religieuse substantielle à une dévotion fanatique. Pendant des siècles, par exemple, l'astrologie a fait partie de la littérature et de la religion. Jung a d'ailleurs écrit un ouvrage sur les facteurs astrologiques de la chrétienté, dont les origines coïncident avec l'ère des Poissons. Les arts sacrés montrent partout l'influence des thèmes et des images astrologiques, toujours liés aux mystères des dogmes et des rites. De nos jours, l'astrologie a trouvé sa place dans les quotidiens : tout à côté des mots croisés ! Ce qui était autrefois une mythologie vivante incluse dans les arts religieux et la théologie, fait désormais partie des jeux de salon. Cet exemple, comme tant d'autres, montre bien à quel point notre spiritualité a perdu sa profondeur et sa substance. En d'autres termes, pour reprendre le langage de Ficin, notre spiritualité n'a plus d'âme.

Le fondamentalisme et son « remède », le polythéisme

Quand la spiritualité perd son âme, elle prend souvent la forme du fondamentalisme, propre à son ombre. Il n'est pas question d'un groupe particulier ou d'une secte spécifique, mais d'une façon de voir que nous pouvons tous adopter. L'analogie musicale nous permet de décrire la nature du fondamentalisme. Si vous vous installez au piano et appuyez fort sur un do grave, vous entendrez, que vous le sachiez ou non, toute une série de tonalités. Vous entendrez très bien la note « fondamentale », mais il serait bien étonnant qu'elle ne contienne pas également ses harmoniques, do et sol et mi et si bémol. Je définirais le fondamentalisme comme une défense contre les harmoniques de la vie, contre la richesse et le polythéisme de l'imagination. À l'université, mes étudiants étaient fondamentalistes quand ils s'opposaient à ce que nous discutions les références subtiles — les harmoniques — d'un roman d'Hemingway. Un individu se montre fondamentaliste quand il me raconte son rêve (un serpent le fixait en récitant des passages du *Cantique des Cantiques*) pour déclarer ensuite qu'il ne s'agit que d'un résidu de la veille (il avait trouvé un ver de terre dans son arrière-cour).

Voici une règle importante, qui s'applique à la spiritualité religieuse, aux légendes, aux rêves et aux images de tous genres. L'esprit cherche aux choses un sens sommaire ; il faut que tout soit beau pour la nature résolue de l'esprit. L'âme a pourtant besoin d'une réflexion approfondie, de divers niveaux de significations, de nuances sans fin, de références, d'allusions et de préfigurations. Tous ces éléments enrichissent la texture d'une image ou le fil d'une histoire, plaisent à l'âme en lui donnant à méditer.

La méditation est l'un des délices de l'âme. Les premiers théologiens chrétiens discutaient interminablement des différents niveaux de lecture potentiels des textes bibliques. Il s'y trouvait le sens littéral, des sens allégoriques et analogiques (concernant la mort et la vie après la mort). Ainsi, ces théologiens voyaient en l'exode une allégorie à propos de l'élargissement de l'âme du péché. Mais il ne s'agissait pas du seul sens qu'ils y voyaient. Leur pratique ouvre la porte à une lecture « archétypale » de la *Bible*. Celle-ci ne serait plus leçons de morale ou témoignages de foi simplistes, mais expression subtile des mystères qui ont donné naissance à la vie humaine. Le miracle n'est pas seulement la preuve de la divinité du Christ — l'âme n'a pas de mal à accepter le divin — mais l'expression impénétrable des voies de l'âme. Y a-t-il moyen de nourrir l'âme comme si on disposait de centaines de poissons et de pains, même si, dans la vie réelle, on ne dispose apparemment que d'un seul pain et d'un seul poisson? Y a-t-il moyen que le mariage — tous les mariages ont lieu à Cana — transforme l'eau en vin?

Les églises et les innombrables approches de la chrétienté font la richesse de l'âme. Toute tentative pour édifier une seule Église menace l'existence même de la religion. Il est intéressant de se rappeler que c'est un conseil religieux regroupant les Églises byzantines et occidentales qui a suscité la Renaissance italienne. Pour organiser le concile, des gens inventifs venus d'endroits très différents se sont rencontrés à Florence. Le mélange de leurs idées fécondes a donné lieu à une autre perspective sur la vie chrétienne, influencée cette fois par la pensée grecque et par les pratiques de la kabbale. Pic de la Mirandole, qui a tiré profit des échanges œcuméniques, a décidé d'écrire un ouvrage, *Conclusiones philosophicæ, cabalisticæ et theologicæ*. Cosme de Médicis, lui, s'est intéressé à la théologie égyptienne de la magie.

Qu'il soit question de religion ou de quotidien, l'espace intérieur infini d'une histoire est son âme. Si nous privons les histoires sacrées de leur mystère, il ne nous reste plus que la coquille friable de la réalité, la littéralité d'une signification unique. Quand nous permettons à l'histoire de garder son âme, nous pouvons y puiser notre propre profondeur. Le fondamentalisme a tendance à idéaliser et à romancer les histoires, à secouer leurs éléments noirs du doute, du désespoir et du vide. Il nous protège du labeur d'avoir à trouver notre participation à la signification et à l'élaboration de nos propres valeurs morales subtiles. Dans le fondamentalisme, l'histoire sacrée, qui a le pouvoir d'approfondir le mystère de notre propre identité, nous sert de défense contre l'angoisse du choix, de la responsabilité et de l'identité qui se transforme constamment. Ce qui est tragique dans le fondamentalisme — quel que soit le contexte —, c'est sa capacité de figer la vie dans un cube solide de signification.

Il y a plusieurs sortes de fondamentalistes : les jungiens et les freudiens, les démocrates et les républicains, les amateurs de rock et les amateurs de blues. Le fondamentalisme concerne notre manière de comprendre les histoires que nous racontons. Dans notre ère de psychologie, par exemple, plusieurs sont persuadés que si nous connaissons certains problèmes, c'est en raison de ce que nous avons vécu durant notre enfance. Nous prenons la psychologie du développement au pied de la lettre et rendons nos parents responsables de ce que nous sommes devenus. Les choses pourraient changer si nous essayions de dépasser les récits d'enfance, d'en faire des mythes, de saisir leur poésie et d'écouter les mystères éternels qui chantent dans leurs voix.

J'ai récemment rencontré le genre de fondamentalisme dont il est question. J'étais assis à mon bureau lorsque je pris le récepteur du téléphone pour entendre une voix claire et assurée déclarer : « Bonjour ! Je suis une survivante de l'inceste et j'aimerais m'entretenir avec vous. »

La brusquerie de l'interpellation m'étonna un peu : pas de nom, pas de conversation, trois petits mots pour expliquer une vie, pour s'identifier. J'avais, bien sûr, conscience que cette personne avait connu une expérience douloureuse, et j'appréciais le courage de son aveu. Celui-ci me faisait penser à l'aveu de la personne qui combat l'alcoolisme : « Je m'appelle John, et je suis un alcoolique. » Ce qui m'étonnait aussi, c'était le ton *récité* de sa première déclaration : « Je suis une survivante de l'inceste. » Dans ces mots d'introduction, elle s'identifiait avec l'histoire de l'inceste. Cela ressemblait au credo d'un fondamentaliste. Au cours de ces premiers instants, je me demandai, si jamais cette femme devenait ma patiente, comment nous pourrions traiter en même temps son expérience de l'inceste et son fondamentalisme. Sans nier sa douleur et sa souffrance, pourrait-elle dépasser son expérience de l'inceste ? Pourrait-elle finir par devenir une personne libre au lieu de rester le personnage principal d'une histoire de son enfance ? Avait-elle intégré la définition culturelle de l'inceste (un traumatisme psychologique inévitable) pour l'incorporer à son mythe ?

L'âme, ai-je soutenu, s'intéresse plus aux détails qu'aux généralités. Cela vaut aussi pour l'identité personnelle. Quand nous nous identifions avec un groupe, avec un syndrome ou avec un diagnostic, nous nous abandonnons à l'abstraction. L'âme confère un sens de l'individualité fort : un destin personnel, des influences et un environnement particuliers, des histoires uniques. Devant les besoins pressants dans les domaines de l'urgence et des maladies chroniques, le système de santé mentale classe les gens : schizophrènes, alcooliques, et survivants. Le système met ainsi un peu d'ordre dans le chaos de la vie privée et sociale. Chaque personne a pourtant son histoire spéciale à raconter, peu importe le nombre de thèmes qu'elle partage avec les autres.

Pour la personne que j'avais en ligne, le soin de l'âme devait commencer par le simple récit de *son* histoire. Je lui demandai de me la répéter plusieurs fois pour en saisir les nuances. Je songeai que cette femme pourrait tirer profit de s'apercevoir elle-même dans ses récits et de perdre un peu de son identité collective, fondamentaliste. Comment pouvait-elle jeter un coup d'œil à son âme, occupée qu'elle était à masquer son propre mystère avec *l'idée* de survivre à l'inceste ? Je ne cherche pas à diminuer l'importance de son expérience ou même de sa conviction que cet événement avait joué un rôle singulièrement important dans son développement. Elle avait besoin d'approfondir son histoire, de la percevoir de manière plus complexe, d'y réfléchir selon plusieurs points de vue, pas seulement selon celui qui déclarait : si tu as connu cela, tu seras blessée pour toujours.

Nous élaborons tous sur notre propre compte des histoires fondamentalistes, des contes auxquels nous croyons dévotement et que nous considérons littéralement. Nous sommes tellement familiarisés avec ces histoires que, laissés à nous-mêmes, nous avons du mal à les dépasser. Elles sont tellement convaincantes et croyables qu'elles nous amènent à adopter des résolutions et des axiomes qui ressemblent beaucoup à des principes religieux (sauf que nous les avons élaborés nous-mêmes). À l'instar des premiers théologiens chrétiens, nous pouvons entamer ces histoires pour en révéler les subtilités, les multiples niveaux de lecture, les nuances et les contradictions, les structures narratives, les genres et les formes poétiques, non pas pour les débusquer ou les démystifier, mais pour qu'elles découvrent une gamme plus étendue de significations et de valeurs.

Qu'il soit question d'histoires religieuses ou personnelles, nous avons souvent affaire aux mêmes problèmes. Nous entendons trop fréquemment les conclusions des histoires, la réduction de leurs luxuriants détails à une signification ou à une morale tordue. En langage jungien, nous avons, pourrions-nous dire, besoin de trouver l'*anima* de ces histoires — leur âme vivante. Quand nous amenons l'âme à une histoire, nous lui enlevons sa morale, nous la laissons parler en son propre nom au lieu de la laisser prendre le parti d'une idéologie qui la limite et l'oriente.

J'ai entendu raconter que les catholiques n'ont pas besoin de psychiatrie parce qu'ils se confessent. Je soutiens, pour ma part, que l'individu qui se tourne vers la *Bible* pour comprendre la nature de l'âme n'a pas besoin de la psychologie. La psychologie est, en général, plus abstraite, moins imagée, plus scientifique et moins poétique que la *Bible*. Elle contient donc moins de promesses pour le soin de l'âme. Quand nous cherchons, par contre, dans la *Bible* une certitude morale, des preuves miraculeuses de foi, un évitement du doute et de l'angoisse dans les moments où s'imposent des choix difficiles, nous faisons bien autre chose que d'y chercher à élargir notre perspective. Pour les fondamentalistes, la *Bible* est source de foi. Pour l'âme, la *Bible* stimule l'imagination religieuse, elle cherche dans le cœur ses possibilités les plus cachées et les plus exaltées.

Un jour, je m'y attends, une « théologie archétypale » saura nous montrer l'*âme* des textes religieux du monde entier. Nous concentrons maintenant nos efforts sur les études textuelles, historiques et structurelles, sur les questions technospirituelles. Quelques théologiens, dont David Miller, Wolfgang Giergerich et Lynda Sexson, ont apporté une imagination archétypale aux études bibliques. Il reste cependant beaucoup à faire. Un livre comme celui de *Job,* si grouillant de thèmes et de figures avec lesquelles se sent familiarisé quiconque fait face à l'innocence et à la souffrance, s'est ouvert à l'imagination en différentes versions et dans l'étude psychologique qu'en a faite Jung. En tant que membres d'une société fondée sur la Bible, sentons-nous vraiment que nous avons été chassés de l'Éden? Osons-nous parler avec le serpent du Paradis comme nos parents l'ont fait in *illo tempore*? Savons-nous reconnaître le serpent dans nos familles et dans nos villes? Y a-t-il une relation entre ce serpent-là et celui qui apparaît dans nos rêves? Considérons-nous sérieusement que nos rêves ont peut-être quelque chose à voir avec la *Bible* ou la *Torah*?

Les moyens d'expressions complexes de l'âme font partie de sa profondeur et de sa subtilité. Quand nous sentons profondément quelque chose, nous avons parfois du mal à l'exprimer clairement. Quand les mots perdent leur usage, nous nous tournons vers les histoires et les images. Nous n'avons souvent d'autre choix que de vivre avec des « images énigmatiques », en a conclu Nicolas de Cuse. Comme l'âme se soucie davantage d'établir des liens que de comprendre les choses, la connaissance qui vient de l'intimité entre l'âme et l'expérience reste plus difficile à articuler que l'analyse froide et distante. L'âme a son propre mouvement, disait Héraclite ; il est donc difficile de lui donner une définition et une signification immuables. Quand la spiritualité perd le contact avec l'âme et avec ces valeurs, elle devient rigide, simpliste, moralisatrice et autoritaire, elle se charge d'attributs qui trahissent la perte d'âme.

Le chef-d'œuvre d'Ingmar Bergman, *Fanny et Alexandre,* illustre bien cette différence. En contraste, on y voit la vitalité de la vie familiale (des parents originaux, de la nourriture en abondance, des festivités, des mystères et de l'ombre) et l'existence sous la férule d'un évêque inflexible et autoritaire. L'atmosphère du film passe du plaisir, de l'intimité, de la paillardise, de la musique, de la personnalité, de l'attachement, du chez-soi à une réglementation grise et déprimante, à la solitude, à la punition, à la crainte, à la froideur émotionnelle, à la violence et à la recherche d'une échappatoire. Le personnage de l'évêque ne représente évidemment pas ouvertement la spiritualité, il incarne plutôt l'esprit religieux fondamentaliste coupé de l'âme. Même les formes les plus élevées et les plus strictes de la spiritualité peuvent coexister dans l'âme. Thomas Merton, qui vivait dans un ermitage, était réputé pour son humour et son rire. Le cilice de saint Thomas More faisait partie de sa pratique spirituelle ; pourtant cet homme-là avait de l'esprit, des sentiments puissants pour sa famille, une amitié chaleureuse et il était très engagé sur les plans de la jurisprudence et de la politique. Le problème n'est jamais dans la spiritualité elle-même, mais dans le fondamentalisme étroit qui naît de la division entre la spiritualité et l'âme.

La spiritualité prend plusieurs visages. Nous sommes plus familiarisés avec celui de la transcendance, de la quête d'une vision élevée, de principes moraux universels, de l'élargissement de toute contrainte existentielle. Les enfants font souvent une église avec leurs doigts : « Voici l'église et voici le clocher. » Ils nous présentent l'image simple d'une spiritualité transcendante. Mais « ouvrez la porte et voici tous les gens » : la multiplicité intérieure de l'âme apparaît. On dirait la statue que Platon décrivait : elle avait en apparence le visage d'un homme mais, une fois ouverte, elle contenait tous les dieux.

L'arbre, l'animal, le cours d'eau, le bosquet peuvent tous devenir le centre de l'attention religieuse. Des pierres entassées, un mur ou un dessin sur le sol peuvent tous témoigner de la spiritualité d'un lieu. Quand nous plaçons des bornes historiques sur des champs de bataille anciens, des plaques commémoratives sur les maisons où sont nés nos ancêtres ou sur celle qui a hébergé George Washington pour la nuit, nous accomplissons un acte spirituel authentique. Nous honorons l'esprit spécial qui s'est attaché à un lieu particulier.

La famille est également une source et un centre de la spiritualité. À plusieurs endroits, une sorte d'autel familial et des photographies spéciales rendent hommage aux membres défunts de la famille. Les rites dont procèdent les réunions familiales, les visites, les anecdotes, les albums photographiques, les gages et même les enregistrements sonores des souvenirs des parents âgés peuvent devenir des actes spirituels qui nourrissent l'âme.

Les religions polythéistes, qui voient partout des dieux et

des déesses, nous indiquent le chemin pour trouver des valeurs spirituelles dans le monde. Nul besoin d'être polythéiste pour élargir de la sorte sa spiritualité. Dans la Renaissance italienne, les grands penseurs qui étaient pourtant pieux et monothéistes dans leurs dévotions chrétiennes se tournaient tout de même vers le polythéisme grec pour élargir l'horizon de leur spiritualité.

Des Grecs, nous pourrions, par exemple, retenir la pratique de la spiritualité vouée à Artémis. Elle était la déesse de la forêt, de la solitude, des femmes qui accouchent, des jeunes filles et de la maîtrise sur soi. En lisant les légendes qui la concernent, en contemplant les innombrables peintures et sculptures qui la représentent, nous pouvons apprendre quelques-uns des mystères de la nature qui est à la fois en nous et dans le monde qui nous entoure. Par elle, nous pouvons explorer les mystères à la manière des plantes et des animaux, ou passer du temps seuls, dans la solitude qu'Artémis protège. Quand nous savons qu'une déesse nous défend âprement contre l'intrusion et la violation, notre âme peut se nourrir à même cet esprit dans nos vies et lui rendre hommage dans l'existence des autres.

Le polythéisme peut aussi nous amener à trouver la spiritualité là où nous l'attendons le moins, comme dans la spiritualité d'Aphrodite. Nous pourrions découvrir que la sexualité est l'une des sources des mystères profonds de l'âme, qu'elle est sacrée et peut devenir l'une des expériences majeures de sa formation. La beauté, le corps, la sensualité, le maquillage, l'ornement, les vêtements, les bijoux, toutes ces choses que nous traitons en profanes, nous viennent des rites et des légendes d'Aphrodite.

Quand nous réussissons à surmonter les différentes attitudes fondamentalistes qui se rapportent à la vie spirituelle (comme l'attachement à un code moral simpliste, à l'interprétation prédéterminée des mythes, et à une communauté qui ne valorise pas la pensée individuelle), les différents visages de la spiritualité se manifestent. Il y a des manières d'exercer notre spiritualité qui ne vont pas à l'encontre des besoins de notre âme pour le corps, l'individualité, les émotions. Toutes les activités humaines et les sphères de la vie s'enracinent profondément dans ses mystères et appartiennent donc au divin.

L'âme de la religion formelle

Il est encore une autre manière d'avoir une pratique à la fois spirituelle et respectueuse de l'âme. Elle consiste à « entendre » que les mots de la religion formelle parlent à l'âme et nous parlent d'elle. Encore une fois, Jung nous donne un exemple tiré de sa propre expérience. Il était fasciné par le dogme de l'Assomption de la Vierge Marie, proclamé par l'Église catholique en 1950. À cet égard, il importe peu que Jung n'ait pas été catholique. À ses yeux, c'était un jour important pour l'âme, c'était « l'événement religieux le plus important depuis la Réforme », pour reprendre ses propres termes. Ce jour-là, une femme entrait dans la sphère divine et cet événement signalait encore davantage l'incarnation du divin dans l'humain, pensait-il. Les arguments rationnels tantôt favorables tantôt défavorables au dogme rataient la question, croyait-il. Jung s'intéressait plus aux apparitions de Marie faites aux enfants de Lourdes et au Pape. Dans le dogme, il voyait le besoin collectif d'une union encore plus forte entre l'humain et le divin. À ses yeux, le dogme était un moment important pour tous les habitants de la Terre.

Dans ses écrits, Jung a réfléchi à plusieurs traditions, cherché ce que signifiaient pour l'âme le symbolisme de la messe catholique, celui de l'image chinoise de la Fleur d'or, celui du *Livre tibétain des morts* et celui du *Livre de Job*. Cette approche est dangereuse en ce qu'elle peut « psychologiser » la religion et réduire les rites et les dogmes à des questions psychologiques. Quand nous entendons l'âme dans les histoires et les rites religieux cependant, nous n'avons pas besoin de les réduire. Comme les théologiens de la Renaissance, nous pouvons donner aux dogmes de notre propre tradition un statut spécial et les honorer de manière particulière tout en y entendant les voix qui nous parlent de l'âme.

Les enseignements formels, les rites, les histoires religieuses deviennent une source inépuisable de réflexion sur les mystères de l'âme. Considérons, par exemple, Jésus debout dans la rivière Jourdain, qui attend de recevoir le baptême au moment où il s'apprête à commencer l'œuvre de sa vie. Cette scène illustre un moment important dans toute existence: celui où nous nous trouvons seuls dans le courant puissant du temps et du destin. L'eau baptismale doit couler, nous apprend le catholicisme ; elle représente, entre autres, le courant des événements et des gens au milieu desquels l'individu trouve sa place. Héraclite utilisait l'image de la rivière pour parler des courants de la vie quand il disait laconiquement : « Tout coule. » Ces sources formelles nous apprennent à saisir l'âme et à lui faire face dans des circonstances particulières, à comprendre les images de ce genre quand elles nous apparaissent en rêve.

Que nous soyons chrétiens ou non, quand nous lisons l'histoire de Jésus dans la rivière, nous sommes tentés de faire notre propre baptême. Le Jourdain est l'archétype de notre désir de vivre pleinement, d'entreprendre notre travail et notre mission, d'en être bénis, comme le dit l'*Évangile,* par un père qui est dans les cieux et par un esprit protecteur. L'artiste de la Renaissance, Piero della Francesca a peint la scène du Jourdain ; il nous montre Jésus debout, bien droit dans toute sa dignité, tandis que, dans le fond, un autre homme s'apprête à recevoir le baptême — chacun de nous, à tour de rôle — le vêtement presque enlevé, passé par-dessus la tête dans un mouvement ordinaire exquis. Cette image nous exhorte à accepter de nous avancer courageusement dans la rivière de l'existence au lieu de chercher des moyens pour rester en sécurité, au sec, intacts.

L'iconographie et l'architecture religieuses nous montrent aussi comment la spiritualité et l'âme vivent ensemble. Les clochers grandioses et les hautes fenêtres des grandes cathédrales européennes dépeignent la spiritualité. Les clochers s'évanouissent dans l'air comme des fusées qui décollent pour le cosmos. Mais les cathédrales regorgent également de couleurs, de sculptures, de tombeaux, de cryptes, d'alcôves, de chapelles, d'autels, d'images et de sanctuaires, lieux hantés par l'âme, lieux de l'intériorité, de la réflexion, de l'histoire et de la fantaisie. La cathédrale pourrait bien réunir l'âme et l'esprit, leur accorder une égale importance et les lier l'une à l'autre.

De nos jours, c'est par son recours aux sciences sociales que la religion donne sa pertinence à la spiritualité. Nous pourrions unir encore plus étroitement la vie ordinaire et la religion formelle en faisant de la religion un guide pour l'âme. En ne coupant pas la vie individuelle et sociale des idées spirituelles, nous pourrions trouver une connexion encore plus intime entre ce qui se passe à l'église et ce qui se passe dans les coins les plus reculés de notre cœur. Plus encore que de psychologie et de sociologie, nous avons besoin de rites accomplis avec compréhension et soin, d'histoires sacrées racontées avec respect et discutées en profondeur, de guides spirituels apportés par les enseignements et l'imagerie traditionnels.

Les idées et l'âme

Dans le premier cours de psychologie que j'ai donné, les étudiants s'étonnèrent de trouver les écrits originaux de Freud et de Jung sur la liste de lecture. Ils vinrent me trouver pour me dire que ces lectures étaient trop arides. C'étaient pourtant des étudiants adultes ; ils travaillaient déjà dans le domaine de la psychologie, mais les œuvres originales des auteurs principaux les intimidaient. Depuis des années, ils avaient étudié dans des livres qui systématisaient et abrégeaient les théories des fondateurs de la psychologie. Mais l'abrégé réduit une pensée complexe à un simple tracé. La rationalisation d'une pensée complexe égare l'âme. La beauté des textes de Freud, de Jung, d'Erickson, de Klein vient de leur complexité, dans les contradictions intérieures qui apparaissent d'un ouvrage à l'autre, et dans les orientations et les excentricités personnelles que l'on retrouve partout dans les œuvres originales et nulle part dans les abrégés. Impossible de trouver auteurs plus excentriques que Freud et Jung ; et c'est dans leur style personnel que se cache l'âme de leur travail.

On m'a un jour demandé de faire partie des examinateurs d'un mémoire de maîtrise en psychologie. J'ai lu la recherche et trouvé, à la page quatre-vingt-quinze, un seul paragraphe consacré au « point de vue » de l'auteur. Durant l'examen oral, je demandai à l'étudiante pourquoi son point de vue était si bref. Les autres membres du comité m'ont regardé avec crainte. On me dit plus tard que la « discussion » ou point de vue devait être courte parce qu'on ne voulait pas encourager la « spéculation ». Ce mot avait l'air d'une obscénité. Ce qui ne venait pas d'une recherche importante faisait partie de la spéculation et avait peu d'importance. À mes yeux pourtant, le mot *spéculation* n'a rien de négatif. Il vient de *speculum,* miroir, image de réflexion et de contemplation. L'étudiante avait satisfait à l'esprit de son travail en se livrant à une étude soignée, quantitative, mais elle n'avait rien fait pour son âme. Elle pouvait réciter les détails de son plan de recherche, mais elle ne pouvait pas réfléchir aux questions plus profondes de son étude, même si elle avait passé des centaines d'heures à recueillir des informations et à travailler sa recherche. La méthodologie moderne l'a récompensée et m'a jugé hors du coup. Elle a réussi et j'ai échoué.

L'esprit exige souvent la preuve de sa solidité. La pensée de l'âme, elle, a besoin de se rassurer autrement. Elle aime la persuasion, l'analyse subtile, la logique intérieure, l'élégance. Elle prend plaisir aux discussions interminables, qui s'éteignent sur le désir de poursuivre la conversation ou d'en lire davantage sur la question. Elle se satisfait de l'incertitude et du questionnement. Particulièrement pour ce qui concerne l'éthique, elle explore, et questionne, et continue de réfléchir, même après que des décisions ont été prises.

Il faut chauffer la matière humide et boueuse qui se trouve au fond du récipient, nous ont appris les alchimistes, pour qu'elle donne lieu à une évaporation, à une sublimation et à une condensation. Il faut parfois distiller l'épaisseur de la vie pour pouvoir explorer celle-ci avec imagination. Ce genre de sublimation ne fait pas partie de la fuite défensive de l'instinct et du corps vers la rationalisation. Elle élève l'expérience jusqu'à la pensée, l'image, le souvenir et la théorie. Avec le temps, elle donne naissance à une philosophie de vie unique à chaque personne. On n'extrait pas les pensées abstraites pour le plaisir. Le mûrissement des conversations et des lectures forme les pensées qui se marient aux décisions et aux analyses quotidiennes. Ces idées font partie de notre identité et nous donnent confiance en notre travail et dans les décisions de la vie. Elles fondent notre recherche et notre exploration qui atteignent, par la religion et la pratique spirituelle, les mystères ineffables qui saturent l'expérience humaine.

L'âme connaît la relativité de ses prétentions sur la vérité. Elle se tient toujours devant un miroir, occupée à spéculer, à voir se développer la vérité, sachant fort bien que la subjectivité et l'imagination sont sans cesse à l'œuvre. La vérité n'appartient pas à l'âme. Celle-ci cherche plus la perspective que la vérité. La vérité marque le point d'arrêt, exige l'engagement et la défense. La perspective est un fragment de conscience qui invite à une exploration plus poussée. L'esprit élève des autels à sa vérité, tandis que l'âme espère que sa perspective s'élargira jusqu'à atteindre la sagesse. Cette dernière marie la quête de vérité de l'esprit et l'acceptation de la nature labyrinthique de la condition humaine qui est le propre de l'âme.

Notre spiritualité n'aura pas d'âme tant que nous ne commencerons pas à penser comme l'âme. Nous n'aurons pas d'âme si nous n'utilisons que les modes de pensée intellectuels dans notre recherche d'une voie ou d'une pratique spirituelle. Notre culture moderne favorise tellement l'esprit qu'il faudra une révolution pour donner à notre vie spirituelle la profondeur et la subtilité qui sont des cadeaux de l'âme. La spiritualité qui s'oriente sur l'âme commence par réévaluer les qualités de cette dernière : la finesse, la complexité, le mûrissement, l'attachement aux biens de ce monde, l'inachèvement, l'ambiguïté, l'émerveillement.

En thérapie, j'entends parfois les gens dire qu'ils sont submergés par des sentiments et des événements trop complexes. Si seulement ces personnes pouvaient examiner par le détail leurs valeurs et en arriver à une théorie de la vie en général et de la leur en particulier, leur impression d'être submergées s'estomperait sûrement.

Est-ce que je devrais être végétarien ? Y aura-t-il jamais une guerre équitable ? Me libérerai-je jamais du préjudice racial ? Jusqu'à quel point suis-je responsable de l'environnement ? Jusqu'où devrait aller mon engagement politique ? Les réflexions de ce genre donnent lieu à une philosophie de la vie qui ne sera peut-être jamais résolument claire ou simple. Mais ces pensées de l'âme peuvent enraciner profondément une sensibilité morale qui diffère de l'adhésion pure à un ensemble de principes établis, solides et exigeants.

Approfondir la spiritualité du puer

Notre réflexion sur le narcissisme nous a donné l'occasion d'examiner l'attitude et le point de vue de l'être que la psychologie archétypale et jungienne appelle *puer*. Ce dernier est la face garçonne, fougueuse, de l'âme, que représente à la perfection l'image d'un enfant ou d'un jeune homme. L'attitude du *puer* n'appartient pas qu'aux garçons, à un groupe d'âge particulier ou même à certaines gens. Les objets peuvent aussi posséder les qualités du *puer,* une maison, par exemple, construite davantage pour son image narcissique que pour le confort qu'elle procure ou pour son aspect pratique.

Parce que l'attitude du *puer* montre si peu d'attachement aux choses terrestres, il n'est pas étonnant qu'elle prévale dans la religion et la vie spirituelle. L'histoire d'Icare en est un exemple remarquable. Icare était le jeune homme qui, pour s'échapper du labyrinthe, s'envola grâce à des ailes de cire faites par son père, Dédale, s'éleva (malgré les recommandations paternelles) trop près du soleil et s'écrasa tragiquement sur la terre.

Il est une manière de comprendre cette histoire : elle consiste à y voir le *puer* qui fixe les ailes de l'esprit et devient semblable à l'oiseau pour sortir du labyrinthe de la vie. Sa fuite est excessive ; elle dépasse les limites du royaume humain, alors le soleil le précipite dans la mort. Ce mythe montre la spiritualité propre au *puer*. Chacun peut en effet se tourner vers la religion ou la pratique spirituelle pour sortir des tours et des détours de la vie ordinaire. Nous nous sentons confinés, victimes de la monotonie du quotidien que nous espérons transcender.

Pour avoir moi-même connu la vie monastique, je sais à quel point est grisante l'impression de s'élever au-dessus de la vie ordinaire, avec des sentiments de pureté et de liberté. Il m'arrive encore de rechercher cette sensation. Quand j'ai quitté cette existence afin d'entrer dans le monde pour la première fois depuis plusieurs années, un ami heureux en ménage et père de deux enfants est venu me voir pour me persuader de rester. Il cherchait de toute évidence un peu de cette liberté pour lui-même, un peu de soulagement au confinement de sa vie familiale. Il n'arrivait pas à comprendre que j'abandonne cela. « Tu es entièrement libre, plaida-t-il. Personne ne dépend de toi. »

Le sentiment d'élévation que procure la vie spirituelle n'apporte pas qu'une impression de liberté, il est source d'inspiration et, bien sûr, d'*inflation*. Le sentiment de supériorité qu'il confère semble valoir la plupart des privations terrestres qu'il exige. L'esprit du *puer* pourtant, lourd du désir d'échapper à la complexité du labyrinthe, peut fondre à la chaleur de sa propre transcendance. Ce que l'on pourrait appeler une « névrose spirituelle » peut s'ensuivre. J'ai vu des jeunes hommes dévoués pousser trop loin la privation, subir le sort d'Icare et s'écraser dans des dépressions et des obsessions manifestement liées à leurs aspirations spirituelles. Certains êtres spirituels réussissent à laisser le monde derrière eux. Mais les autres sont menacés dans l'air raréfié de l'esprit. Pour le *puer* qui plane bien haut, il n'est pas facile de rester attaché à l'âme.

Bellérophon est un autre garçon mythique. Il enfourche Pégase, le cheval ailé, pour épier les conversations des dieux et des déesses, mais il est précipité dans la mort, lui aussi. Nous avons affaire ici à un autre aspect *puer* de la religion : le désir de savoir ce qu'il n'appartient pas aux humains de connaître. De nos jours, il arrive souvent que des gens « possédés par l'esprit » disent : « Dieu m'a dit quoi faire. » Leurs propos ne font pas référence à des conversations spirituelles intérieures ou au sens jungien de l'imagination active. Ils veulent dire que Dieu les a choisis — de manière spécifique et littérale —, leur a confié certains secrets. Quand on entend ce genre de déclaration, on sent le narcissisme dorer les bordures des messages religieux secrets, et on craint la rupture avec la vie qui accompagne ce genre d'élévation. La pratique de la méditation peut bien entendu apporter un certain savoir. Il est cependant un moment où la quête devient excessive, et où la chute qui s'ensuit entraîne un détachement grave de la vie terrestre.

Phaéton tente de conduire le char du Soleil dans le ciel, mais il s'écrase sur la Terre. En se promenant dans la forêt, Actéon, le chasseur, surprend Artémis au bain et se voit transformé en cerf. À son tour, il est chassé et tué.

En présentant les légendes de ces jeunes hommes mythiques, je veux éviter tout ton moralisateur. Il ne faut pas prendre au pied de la lettre la punition mythique. Il faut plutôt retenir l'idée que certaines actions entraînent des conséquences spécifiques. Il y a un karma dans la spiritualité du *puer*. La souffrance infligée à chacune des figures du *puer* n'est que l'envers du motif. Si, à l'instar d'Actéon, vous laissez votre imagination errer, vous pourriez bien apercevoir les merveilles habituellement cachées à la vision ordinaire, et vous en serez aussi transformé. Dans ces mythes, la punition nous dit que la quête de divinité du *puer* affecte l'âme. Impossible d'y échapper. Il vaut peut-être mieux savoir à l'avance que la vision spirituelle a un prix. Les auteurs mystiques, comme Thérèse d'Avila, insistent énormément sur la nécessité d'être guidés correctement et régulièrement quand on s'engage dans la vie spirituelle. Thérèse ressemble un peu à Jung quand elle recommande à ses consœurs de suivre attentivement les conseils de leurs confesseurs. Si vous ne voulez pas devenir, comme Actéon, l'animal de la déesse que vous honorez, vous devez permettre à vos visions de travailler sur votre cœur et en lui.

Jésus possédait plusieurs des qualités du *puer*. « Mon royaume n'est pas de ce monde », répétait-il à l'envi. C'était un idéaliste qui prêchait une doctrine de l'amour fraternel. Il parlait aussi du travail de son père, ce qui maintenait son image de fils. Il avait connu une enfance pauvre. Comme un autre jeune idéaliste religieux, Gautama Bouddha, le démon l'avait tenté, l'avait invité à connaître le pouvoir et la richesse, mais il avait facilement rejeté ces possessions terrestres. Il accomplissait des miracles qui défiaient les lois naturelles — ce que cherche à faire tout *puer*. Il portait le fardeau de la mission spirituelle de son père, comme le *puer* Hamlet. Il avait un côté mélancolique, qu'illustre l'épisode de son agonie au jardin des oliviers. Jésus finit, bien sûr, par s'élever, comme les figures mythiques du *puer,* mais il s'élève sur la croix, où on le voit battu et sanguinolent, endurant les souffrances typiques du *puer*.

Le *puer* en Jésus — et, par extension, en sa religion — se révèle dans la distance qu'il garde à l'endroit de sa propre famille. On lui dit que sa mère le cherche et il pointe la foule en disant : « Voici ma mère et mon père. » Ses relations avec les femmes manquent de clarté, et on le voit d'ordinaire en compagnie de plusieurs hommes, environnement typique du *puer*. Il ne s'entend pas non plus avec les institutions, surtout avec ses supérieurs, les chefs religieux et les enseignants.

L'esprit du *puer* nous donne des choses une vision fraîche et un idéalisme nécessaire. Sans lui, nous subirions le poids des structures sociales et d'une pensée qui ne convient pas à un monde au développement rapide. L'esprit du *puer* peut par contre blesser l'âme. Qu'il vole, qu'il se promène à cheval ou sur un char, le *puer* se tient tellement au-dessus de la vie ordinaire qu'il se croit invincible. Il peut rester insensible aux échecs et aux faiblesses de la vie mortelle ordinaire. Les gens ont du mal à trouver l'intimité avec l'esprit du *puer*. En dépit de son charme et de son attrait, il cache dans son dos un lourd bâton dont il se sert pour frapper, trait sadique camouflé du *puer*.

L'élévation elle-même peut être cruelle. Un jour, un homme m'a raconté un rêve dans lequel il volait dans un bimoteur au-dessus de la ferme où il avait grandi. Il pouvait voir sa famille rassemblée sur le terrain devant la maison. Ses proches lui faisaient signe d'atterrir et de se joindre à eux, mais il continuait à voler en cercle au-dessus d'eux. L'esprit du *puer* maintient souvent une distance avec le labyrinthe familial. Du point de vue de l'âme, le rêve défend le rêveur contre ce labyrinthe et montre le choix du pur esprit : l'air (ou la descente dans l'âme familiale). La famille est malheureuse et se sent rejetée. Ce thème trouve son écho dans les familles qui tentent de kidnapper et de déprogrammer leurs enfants qui se sont joints à des cultes. En fin de compte, il se peut que nous ayons affaire à la lutte archétypale entre Icare et le Minotaure, la bête dévorante au cœur du labyrinthe de la vie qui menace le *puer*. On raconte qu'elle se nourrissait de jeunes gens et de jeunes femmes.

Un jour que je donnais une conférence sur les rêves dans une église spiritualiste, une femme d'âge moyen du groupe raconta un rêve dans lequel sa famille et elle escaladaient une montagne. La route était dure et ils devaient se déplacer sur des roches pointues, effilées. Parvenue au sommet, la rêveuse se retrouva accrochée à une corde au bout de laquelle se balançait, en flottant bien haut dans les airs, son gendre. L'air gonflait même ses vêtements. Il était « gonflé », rapporta-t-elle, sans saisir la nuance psychologique du mot. Si elle lâchait prise, craignait la rêveuse, il s'envolerait et disparaîtrait. Quant à lui, il l'assurait que tout allait bien et qu'il avait beaucoup de plaisir. La corde, avait-elle remarqué, n'était pas serrée, alors, elle ne semblait pas menacer de casser.

Ce rêve, représentation de la vie spirituelle de la rêveuse, m'intéressait. À cette époque de sa vie, tout en maintenant — en raison de sa tâche de mère — le lien avec le monde, elle escaladait avec ardeur les pentes de l'esprit. À la fin de sa lutte, elle s'était identifiée avec la mère qui craint pour la sécurité du gendre de sa propre âme. Elle craignait de laisser cet esprit s'évanouir dans l'air.

Voici un autre paradoxe : on réussit parfois mieux à asseoir notre spiritualité en la laissant libre. Dans le rêve, le gendre ne s'inquiétait pas, contrairement à la rêveuse. Il prenait plaisir à être gonflé, ce qu'elle craignait. Elle voulait bien prendre la route caillouteuse et douloureuse qui mène à la spiritualité, mais elle ne faisait pas confiance à la légèreté de son esprit. À un certain moment, cette femme devra sans doute faire quelque chose d'encore plus difficile que de méditer, étudier et mener une existence d'ascète. Il se pourrait qu'elle doive lâcher la corde et laisser sa spiritualité trouver son niveau d'élévation. Cette femme croyait aux valeurs terrestres ; elle pouvait faire face à leurs exigences. Mais elle avait peur des hauteurs où pouvait s'élever son esprit.

Et voici un autre visage du même thème : on peut sentir que l'esprit vagabond menace l'âme. La véritable menace vient pourtant de ce que nous nous accrochons peureusement à un esprit qui s'élève et que nous essayons de le ramener à terre avec notre sens de la responsabilité terrestre. Dans le rêve, la corde n'était pas tendue ; le jeune homme goûtait une certaine élévation. Il n'essayait pas de monter plus haut. La rêveuse avait mal interprété la situation et en a conçu une angoisse inutile. Le rêve appuie ma théorie : certaines gens ont peur des hauteurs où l'esprit peut les entraîner et se tournent vers des formes de religion qui apaisent et contiennent l'esprit susceptible de transformer leur vie. Nous allons à l'église autant pour soumettre cet esprit que pour l'admettre. La préparation au mariage de l'esprit et de l'âme veut qu'on laisse l'esprit s'envoler et trouver ses plaisirs aériens.

« Tant que vous désirez satisfaire à la volonté de Dieu et que vous cherchez son éternité, vous ne connaissez pas vraiment la pauvreté », soutenait Maître Eckhart. La rêveuse ne pouvait pas laisser aller l'ange apparu sous les traits de son gendre. Elle avait réussi à escalader la montagne. Elle avait manifestement réussi à réaliser une partie de ses objectifs spirituels. Mais elle n'arrivait pas à saisir le mystère de la pauvreté spirituelle, à laisser partir ses peurs, son désir et ses efforts. Les pantalons de l'homme étaient gonflés d'esprit. Ils lui permettaient de flotter, modeste ballon aux dimensions humaines. Le gendre n'était pas une fusée : il ressemblait à un clown, à un ange casse-cou.

L'esprit endosse les formes symptomatiques de cultes et de charlatanisme quand nous ne le laissons pas trouver son niveau d'élévation. Pour régler le problème du *puer* symptomatique, il n'est pas nécessaire de faire appel à son contraire, le *senex* — le vieil homme. Nous pouvons prendre le *puer* au sérieux, lui accorder de l'attention, le laisser pencher vers la terre en lui donnant droit à sa propre raison d'être et à sa pertinence. Notre rêveuse avait une faim d'esprit bien légitime. Quand elle tentait de la garder sur la terre, elle se défendait et elle avait peur. Nous avons tendance à croire que nous devons garder notre esprit dans les limites de la raison. Comme le montre le rêve pourtant, l'esprit peut trouver son propre niveau d'élévation ; il connaît ses propres limites.

La foi

Cadeau de l'esprit, la foi permet à l'âme de rester attachée à son propre épanouissement. La foi dotée d'âme pousse toujours dans le sol de l'émerveillement et du questionnement. Elle ne s'accroche pas défensivement ou anxieusement à certains objets de culte, parce que le doute, son ombre, fait partie de la foi parvenue à maturité.

C'est une confiance en soi, en l'autre ou en la vie qui n'a pas besoin de preuves ou de démonstrations, capable de contenir l'incertitude. Les gens font parfois confiance à un chef spirituel et se trouvent terriblement déçus quand cette personne ne correspond pas à leur idéal. La vraie foi serait de décider d'avoir confiance en quelqu'un, tout en sachant que la trahison est inévitable, parce que la vie et la personnalité s'accompagnent toujours d'une ombre. La vulnérabilité exigée par la foi pourrait alors se doubler d'une confiance en soi équivalente, du sentiment qu'il est possible de survivre à la douleur de la trahison.

Dans la foi de l'âme se trouvent toujours au moins deux figures, le « croyant » et l'« incroyant ». L'esprit considère les doutes, la fuite temporaire des engagements pris, la mutation constante de la compréhension de sa foi comme des faiblesses. L'âme juge qu'ils sont nécessaires et appartiennent à l'ombre créatrice, qu'ils donnent de la force à la foi en la remplissant et en la débarrassant de son perfectionnisme. L'ange de la confiance et le démon du doute jouent tous deux un rôle constructif dans la foi harmonieuse. Le troisième élément de cette trinité est l'existence elle-même, vécue avec une grande confiance.

Si nous ne permettons pas à notre foi de connaître un peu le doute, nous devenons les victimes d'excès névrotiques. Nous avons une impression de supériorité, nous avons le droit de réprimander ceux qui nous ont trahis, nous pouvons devenir cyniques devant la possibilité même de la confiance. Quand nous ne faisons pas du manque de confiance notre propriété, nous le coupons de nous-mêmes et le trouvons incarné dans les autres. « On ne peut pas faire confiance à ces gens-là. » « La personne en qui je croyais est méprisable, tout à fait indigne de confiance. » Quand nous ne vivons que le côté positif de la foi, l'autre côté s'attache à créer une suspicion paranoïde tenace à l'endroit des autres et des changements que la vie nous apporte.

Quand nous n'admettons pas l'ombre de la foi, nous avons tendance à romancer notre confiance et à en faire une fantaisie coupée de la vie. Jung rapporte le rêve d'un de ses patients, un théologien. Le rêveur approche d'un lac qu'il évitait depuis longtemps. Alors qu'il parvient à proximité, le vent s'élève et ride l'eau. Le rêveur s'éveille, terrifié. En discutant du rêve avec son patient, Jung lui rappelle le lac de Bethsaida de l'Évangile, qui a été troublé par un ange et dont les eaux sont devenues miraculeuses. Le patient hésite à répondre. Il n'aimait pas le trouble de l'eau et ne voyait pas de lien entre la théologie et la vie. Malgré tout ce qu'il avait appris, déplore Jung, son patient n'arrivait pas à rattacher la pertinence symbolique de son rêve aux besoins de son âme. Son attitude, dit Jung, montrait qu'il était « prêt à parler de l'Esprit-Saint à l'occasion, mais pas à vivre l'expérience ». Nous pouvons parler de notre foi tout au long de notre vie, elle restera incomplète si nous n'y répondons pas. (Le mot *réponse,* en passant, vient d'un mot grec qui signifie « verser une libation aux dieux ».) Pour répondre avec confiance aux défis de la vie et au trouble des eaux de l'âme, nous devons rendre notre foi complète.

Nous pouvons la garder dans une bulle de confiance pour ne pas y voir le rapport direct avec le quotidien. J'ai travaillé avec plusieurs personnes très dévotes qui s'enorgueillissaient de leur foi. Mais elles n'avaient aucune confiance en elles-mêmes et ne croyaient pas non plus en la vie. En fait, elles se servaient de leur foi pour garder la vie à distance. Leur foi religieuse était absolue, elle marquait toute leur existence. Quand on leur demandait, par contre, de faire confiance à une autre personne ou à un changement dans leur existence, elles couraient se mettre à l'abri. La confiance peut être arrêtée et inchangée, mais la foi répond presque toujours à la présence de l'ange — comme celui qui agite l'eau. Cet ange pourrait aussi être celui qui apparaît à la Vierge Marie et exige une foi absolue quand il lui annonce qu'elle attend un enfant divin. *« Fiat mihi,* répond-elle à l'ange. Que cette volonté soit faite, même si je ne comprends pas. » Cet ange, Gabriel, apparaît plus souvent que nous ne le croyons pour nous dire que nous attendons une nouvelle forme de vie que nous devrions accepter et en laquelle nous devrions croire.

Une de mes cousines, une religieuse, m'a un jour raconté sa lutte titanesque avec la foi. Très tôt portée vers la spiritualité, elle était entrée jeune au couvent où elle avait passé plusieurs années dans l'enthousiasme. Avec son idéalisme démesuré et son insatiable curiosité intellectuelle, elle avait étudié la vie religieuse et cherché des manières de la rendre plus intense et plus actuelle. Mais son pragmatisme venait tempérer sa douceur. Chaque fois qu'elle parlait de théologie, de méditation ou d'éducation, elle riait de bon cœur, comme le guide spirituel qui perçoit toujours l'ironie et l'absurdité de la vie.

Ce curieux mélange de spiritualité élevée et de sens pratique se manifestait toujours dans sa vie et dans ses deux passions. Elle avait passé plusieurs étés à étudier en vue d'obtenir un diplôme en sciences et elle enseignait dans diverses écoles de son ordre. À une époque où l'œcuménisme les désapprouvait, elle étudiait aussi le bouddhisme zen et les pratiques de méditation orientales. Dans chacun de ses gestes, dans chacune de ses paroles, une pureté d'intention extraordinaire et un engagement infini émanaient d'elle.

Elle découvrit un jour qu'elle avait une maladie rare, douloureuse et fatale. Elle dut renoncer graduellement à son enseignement et passer plus de temps à prendre soin de son corps. Pendant plusieurs années, elle souffrit de douleurs et d'inconforts physiques intenses. Elle allait d'un médecin à l'autre, glanant chaque fois quelques informations supplémentaires sur sa maladie inhabituelle. À un certain moment, dit-elle, elle en savait plus que tout médecin du pays. Elle organisa sa vie du mieux qu'elle put. Elle étudia sa maladie et développa son propre système de soins.

Et puis, au milieu de sa maladie, la douleur et l'interruption de ses activités ont eu raison d'elle. Elle perdit la foi. Elle avait passé toute sa vie à cultiver sa spiritualité et à se consacrer entièrement à la religion. Elle était devenue profondément déprimée, raconta-t-elle, au cours de l'une de ses hospitalisations. Tout ce en quoi elle avait cru s'effondrait dans un grand trou noir. Elle avait l'impression que tous ses efforts pour mener une vie honnête, avec des principes élevés, avaient été vains. Elle fit appeler un prêtre. Étonnamment, quand elle lui raconta sa perte de foi, il quitta précipitamment sa chambre. Elle revoit encore son dos tandis qu'il poussait la porte pour échapper à son doute et à sa dépression.

Elle n'avait d'autre choix que de sombrer dans ses émotions noires. Avec toutes ses études et sa formation spirituelle, elle n'avait jamais cru devoir traverser un jour une telle crise. Malgré quelques petits problèmes surmontables, elle s'était attendue à comprendre de plus en plus les choses, à voir évoluer sa technique. Sa foi la menait dans une direction différente, dans un lieu vide d'esprit, dominé par le désespoir.

Elle se rendit loin en elle-même, aux limites de la personne qu'elle savait être, vidée de toute ambition spirituelle et de toute satisfaction devant ses réalisations. Elle n'avait plus de repères, pas d'indications quant à ce qu'il lui fallait faire ensuite. Elle n'avait plus de vie devant elle et personne à qui parler. Certes, elle avait lu sur la notion orientale de vide, mais elle ignorait que cela puisse donner une telle impression de stérilité.

Elle finit tout de même par découvrir qu'une nouvelle sorte de foi émanait de ses pensées et de ses émotions noires. Elle était bouleversée de la sentir s'agiter dans ce grand trou vide. Elle ne savait qu'en penser parce que c'était tellement différent de la foi qu'elle avait apprise et nourrie toute sa vie. C'était indissociable de sa maladie et de son handicap. Ce nouveau genre de spiritualité lui apporta toutefois une paix profonde. Désormais, elle ne cherchait plus le réconfort du chapelain de l'hôpital ou de quiconque. Elle avait du mal à décrire sa nouvelle confiance, rapporte-t-elle, parce qu'elle était très profonde et très différente de la foi qu'elle avait pratiquée tout au long de sa pratique spirituelle antérieure. Sa foi était plus individuelle, liée plus intimement qu'elle ne l'aurait cru possible à son identité et à sa maladie. Elle avait trouvé ce dont elle avait besoin de la seule façon possible, c'est-à-dire seule. Peu après qu'elle m'eut raconté l'histoire de sa foi perdue et recouvrée, elle mourut en paix.

L'économie de l'âme exige un prix élevé pour l'entrée dans des domaines nouveaux de la pensée, de l'émotion et des relations. Dans l'imagerie de l'argent, les rêves nous apprennent cette leçon. Le rêveur reçoit l'ordre d'aller dans ses poches et de remettre son argent au conducteur du train, au voleur ou au marchand. Dans la mythologie, on conseille à celui qui franchit la barrière du monde souterrain d'apporter un peu de monnaie pour payer son passage. Quand elle approcha sa rivière de l'oubli, ma cousine dut payer au passeur un prix élevé. Elle dut renoncer à ses certitudes de longue date et à la joie de sa vie spirituelle. Sa foi antérieure avait dû être vidée avant d'être renouvelée et complétée.

Dans la souffrance humaine et dans la perte réside un mystère semblable à celui de Job, que la raison ne peut saisir. On ne peut que le vivre dans la foi. La souffrance force notre attention à se rendre dans des endroits que nous négligerions autrement. L'attention de la religion avait longtemps porté sur sa pratique spirituelle, mais elle fut forcée de sonder son propre cœur sans accessoires ni lentilles spirituelles. Elle dut apprendre que la foi ne vient pas seulement de la vie spirituelle et des révélations élevées, mais qu'elle émane aussi des profondeurs, réalité crue et objective venue de l'endroit le plus subjectif qui soit. Elle a appris, je crois, la leçon de bien des mystiques : l'ignorance engendre cette dimension nécessaire de la foi. Notre ignorance doit nous instruire, disait Nicolas de Cuse, si nous voulons que la présence du divin se manifeste. Il faut que nous arrivions au point où nous ne savons plus ce qui se passe ni ce qu'il convient de faire. Ce point précis marque l'ouverture sur la foi véritable.

L'union divine

Aux prises avec nos luttes quotidiennes, nous espérons des éclaircissements et une sorte de soulagement. Dans nos prières et notre méditation, nous souhaitons connaître une vie ordinaire satisfaisante. Jung a toujours soutenu que l'*anima* et l'*animus* sont capables d'un mariage mystique, d'une *hieros gamos,* d'une union divine. Mais ce n'est pas une union facile à réaliser. L'esprit tend à tirer les choses à lui avec son ambition, son fanatisme, son fondamentalisme et son perfectionnisme. L'âme s'empêtre dans des humeurs troubles, des relations impossibles et des préoccupations obsessives. Pour que le mariage ait lieu, chacun doit apprendre à apprécier l'autre et à se laisser toucher par lui. Il faut que les limites modestes de l'âme, son inconscience troublée par les idées et l'imagination viennent tempérer les ambitions élevées de l'esprit.

Il faut tenter cette union, la travailler, l'explorer. C'est précisément l'idée de la fabrication de l'âme décrite par Keats et recommandée par Hillman. Le voyage de la fabrication de l'âme prend du temps, exige des efforts, du talent, du savoir, de l'intuition et du courage. Il est bon de savoir que tout travail sur l'âme est processus : alchimie, pèlerinage, aventure. En le sachant, nous n'attendrons pas le succès instantané ou la finalité. Tous les objectifs et toutes les fins relèvent de l'heuristique : il faut les imaginer même si nous ne les atteignons jamais tout à fait.

La littérature spirituelle fait souvent du sentier qui mène à Dieu ou à la perfection une voie ascendante. On peut procéder par étapes, mais le but est apparent, la direction déterminée et la route directe. Comme on l'a vu, les images du sentier de l'âme sont très différentes. Il peut s'agir d'un labyrinthe, avec des impasses et un monstre, ou d'une odyssée ; le but apparaît clairement, mais le chemin qui y mène est plus long et plus tortueux que prévu. On appelle Ulysse « *polytropos* », l'« homme aux nombreux détours », excellente expression pour désigner le chemin de l'âme. Déméter doit chercher sa fille partout et finalement descendre aux Enfers avant que la Terre puisse revenir à la vie. Et puis, il y a aussi la route étrange de Tristan, qui voyage sur l'océan sans rame ni gouvernail, qui trace sa voie avec sa harpe.

Sur le sentier qui mène à l'âme, les textures, les personnalités, les endroits comptent tous ; le chemin prend plus l'allure d'une initiation à la multiplicité de la vie que d'un assaut concentré sur la connaissance. Tandis que l'âme trace sa route changeante, entravée d'obstacles et de distractions attirantes, le désœuvrement reste à vaincre. Il nous faudra peut-être mettre de côté le désir de progrès. Dans son poème *Endymion,* Keats décrit exactement le chemin de l'âme.

> Mais ainsi va la vie : la guerre, les bravoures,
> La déception, l'angoisse,
> Tourmentes de l'imagination, absolument grandioses
> Parfaitement humaines ; fortes de cette assurance,
> Que par là même elles donnent forme et substance
> À notre sentiment d'exister [1].

C'est le « but » du chemin de l'âme : *le sentiment d'exister,* de ne pas chercher à vaincre ses luttes et ses angoisses, de savoir la vie, de vivre pleinement, peu importent les circonstances. On décrit parfois la pratique spirituelle comme une promenade sur les traces d'un autre. Jésus est la voie, la vérité et la vie. La vie du bodhisattva ouvre le chemin. Le voyage ou le labyrinthe vers l'âme donne l'impression que jamais personne n'a pris la route avant nous. En thérapie, on demande souvent: « Connaissez-vous quelqu'un qui ait

---

1 Traduction de René Lapierre.

déjà vécu cette expérience ? » Il serait rassurant de savoir que d'autres sont déjà familiarisés avec les impasses de l'âme. « Pensez-vous que je suis sur la bonne voie ? » s'enquerra quelqu'un d'autre.

Il n'y a qu'une chose à faire : c'est de vous trouver où vous vous trouvez, parfois cherchant dans la pleine lumière de la conscience, parfois confortablement installé dans les ombres profondes du mystère et de l'inconnu. Ulysse sait qu'il veut rentrer chez lui, et pourtant il passe des années dans le lit de Circé, occupé à fabriquer son âme, sur l'île circulaire où tous les chemins tournent en rond.

Il est probablement incorrect de parler du *chemin* de l'âme. Il serait plus exact de parler d'errance et de vagabondage. Les tendances névrotiques et les idéaux élevés, l'ignorance et le savoir, la vie quotidienne et les niveaux supérieurs de conscience marquent tous les chemins de l'âme. Ainsi, quand vous téléphonez à un ami pour lui parler du plus récent cafouillage de votre vie, vous amorcez en fait un autre tournant de votre chemin polytropique. L'âme grandit et s'approfondit dans la pagaille et les brèches, comme ma cousine l'a réalisé quand elle a recouvré la foi au cours d'une maladie tragique. Pour l'âme, c'est la « route négative » des mystiques, l'ouverture sur la divinité rendue possible par l'abandon de la quête de perfection.

La notion d'individuation de Jung décrit aussi le chemin de l'âme. J'ai entendu des gens qui étaient familiarisés avec les écrits de Jung se demander les uns aux autres : « Êtes-vous individués ? » comme si l'individuation était le sommet de la réussite thérapeutique. L'individuation n'est ni but ni destination ; c'est un processus. Pour décrire l'individuation, je soulignerais l'impression d'être un individu unique, activement engagé dans le travail de l'âme. Tous mes dons, tous mes vides et tous mes efforts se fondent et coagulent — pour utiliser le vocabulaire de l'alchimie — dans l'individu unique que je suis. Nicolas de Cuse a écrit à un homme nommé

Giuliano : « Tout se Giulanise en vous. » L'individu qui travaille fort à la fabrication de son âme devient un microcosme, un « monde humain ». Quand nous permettons aux grandes possibilités de l'existence de nous pénétrer, quand nous les embrassons, nous devenons individués. C'est d'ailleurs là que se cache le paradoxe que de Cuse a décrit de tant de façons. Durant le cours de la vie, qu'elle soit longue ou courte, l'humanité cosmique et l'idéal spirituel se révèlent à la chair humaine à différents degrés d'imperfection. Le divin, — le corps du Christ, la nature de Bouddha — s'incarne en nous dans toute sa complexité et dans toute sa folie. Quand le divin luit dans la vie ordinaire, il peut prendre les traits de la folie et faire de nous les fous de Dieu.

La meilleure définition de l'individuation que je connaisse provient d'un paragraphe brillant tiré du *Mythe de la psychanalyse* de James Hillman.

> [...] l'Homme Transparent, qui est vu, à travers qui l'on voit, le « fou » qui n'a plus rien à cacher, qui s'est fait limpide par l'acceptation de soi ; son âme est aimée, totalement révélée, totalement existante, il est exactement ce qu'il est, libéré de la dissimulation paranoïaque, libre du savoir de ses secrets et de son savoir secret : sa transparence sert de prisme au monde et à ce qui n'est pas de ce monde. Car il est impossible de te connaître toi-même par ton reflet ; seul le dernier, celui d'une notice nécrologique, pourrait prétendre dire la vérité, et Dieu seul connaît notre vrai nom [1].

Le chemin de l'âme est aussi le chemin du fou, de celui qui ne prétend pas se connaître lui-même, qui est sans individuation,

1 James Hillman, *Le mythe de la psychanalyse*, Paris, Imago, 1977, p. 69. Traduction de Philippe Mikriarnmos.

certainement imparfait. Si nous devions réaliser quelque chose sur ce chemin, c'est l'ignorance absolue dont parle de Cuse et les autres mystiques, ou la « capacité négative » de John Keats « de se trouver dans l'incertitude, le mystère, le doute sans l'atteinte irritable de la réalité et de la raison ».

Quand nous devenons transparents, révélés à ce que nous sommes (et non à ce que nous voudrions être), tout le mystère de la vie humaine scintille momentanément dans son incarnation. La spiritualité émane de l'ordinaire de la vie humaine rendu transparent par le soin apporté pendant toute une vie à sa nature et à son destin.

Le chemin de l'âme ne permet pas que l'on dissimule l'âme sans encourir des conséquences malheureuses. Vous n'atteignez pas la pierre philosophale, le lapis-lazuli au fond de votre cœur, sans y laisser toutes les passions humaines. Il faut beaucoup de matière alchimique pour produire le raffinement de la queue du paon, l'or caché ou les autres représentations du but. Il nous faut parvenir à faire du fardeau des possibilités humaines la matière brute qui mène à une vie riche d'âme, à une vie alchimique. Alors seulement, au bout du chemin, nous apparaîtra le lapis-lazuli, la pierre des idoles de l'Île de Pâques, dressées dans notre âme, ou les menhirs de Stonehenge, bornes du temps de notre existence. Alors notre âme, pour qui nous aurons eu des égards courageux, sera tellement solide, tellement mûre et mystérieuse que le divin se réalisera en nous. Nous aurons le rayonnement spirituel du fou divin qui a osé vivre sa vie comme elle s'est présentée et ouvrir sa personnalité avec son imperfection si lourde et pourtant si créatrice.

« L'homme entier est mis au défi et entre dans la confrontation avec sa réalité totale. Ce n'est qu'à ce moment-là qu'il peut devenir entier et que peut naître Dieu », écrit Jung vers la fin de *Ma vie*.

La vie spirituelle ne progresse pas vraiment quand elle est séparée de l'âme ou de son intimité avec la vie. Dieu, comme l'homme, est satisfait quand il s'abaisse jusqu'à s'incarner. La doctrine théologique de l'incarnation laisse croire que Dieu entérine l'imperfection humaine en lui conférant une raison d'être et une valeur mystérieuses. Nos dépressions, nos jalousies, notre narcissisme et nos échecs ne font pas la guerre à notre vie spirituelle. En fait, ils lui sont essentiels. Quand on en prend soin, ils empêchent l'esprit de s'envoler dans l'ozone du perfectionnisme et de l'orgueil spirituel. Plus important encore, ils génèrent leurs propres semences de sensibilité spirituelle, qui complètent celles qui tombent des étoiles. L'union ultime de l'esprit et de l'âme, de l'*animus* et de l'*anima,* est le mariage du ciel et de la Terre, de nos ambitions et idéaux les plus élevés, de nos symptômes et de nos doléances les plus modestes.

LE SOIN DE L'ÂME DU MONDE

L'Humilité consiste pour l'artiste à recevoir honnêtement les leçons de l'expérience, tout comme l'Amour tient simplement chez lui dans cette intuition d'une Beauté qui se révèle à autrui corps et âme.

Oscar Wilde

CHAPITRE 12

La beauté et le retour de l'âme des choses

Assistant à une messe catholique romaine récemment, j'ai été surpris par la traduction d'une prière ancienne que je connaissais bien autrefois, quand la messe était dite en latin. La traduction exacte de la prière est la suivante : « Seigneur, dis seulement une parole et mon âme sera guérie. » La nouvelle version déclare plutôt : « Seigneur, dis seulement une parole et je serai guéri. » C'est une petite différence, mais elle est très révélatrice : nous ne faisons plus de distinction entre l'âme et le moi. Il serait en ce sens bien tentant de classer le soin de l'âme dans la catégorie des progrès personnels, qui contient plus les projets de l'ego que le soin de l'âme. Mais l'âme n'est pas l'ego. C'est la profondeur infinie d'une personne et d'une société; elle contient tous les aspects mystérieux qui vont de pair et façonnent notre identité.

Par-delà notre histoire et nos idées personnelles, l'âme

existe. Les mages de la Renaissance comprenaient que notre âme — le mystère que nous apercevons quand nous regardons loin en nous-mêmes — fait partie d'une âme plus vaste, celle du monde, l'*anima mundi.* L'âme de ce monde affecte toute chose, qu'elle soit naturelle ou de fabrication humaine. Vous avez une âme, l'arbre devant votre maison a une âme, tout comme la voiture garée sous ses branches.

Pour l'individu moderne, qui fait de la psyché un appareil chimique, du corps une machine et du monde manufacturé une merveille de la technologie et du cerveau humains, l'idée de l'*anima mundi* peut sembler étrange. Au mieux, certaines formes de psychologie peuvent expliquer notre intuition occasionnelle que toutes les choses sont vivantes par le phénomène de *projection,* par l'attribution inconsciente d'une fantaisie humaine à un objet « inanimé ». *Inanimé* veut dire « sans âme » — sans *anima mundi.*

Le problème avec l'explication moderne qui veut que nous projetions la vie et la personnalité sur des objets est qu'elle nous amène très loin dans l'ego. Ainsi, « toute vie et toute personnalité viennent de moi, de ma compréhension et de mon imagination. » L'approche qui permet aux choses d'avoir une vie et une personnalité propres diffère beaucoup de celle-là.

En ce sens, le soin de l'âme s'écarte du paradigme du modernisme pour entrer dans quelque chose de tout à fait différent. Ma position par rapport aux choses change quand j'admets l'âme du monde. Quand les choses se présentent avec éclat, j'observe et j'écoute. Je les respecte parce que je n'en suis ni le créateur ni l'intendant. Elles ont autant de personnalité et d'indépendance que moi.

James Hillman et Robert Sardello, qui ont tous deux beaucoup écrit sur l'âme du monde de notre temps, soutiennent que, pour s'exprimer, les objets n'utilisent pas le langage mais leur individualité remarquable. L'animal révèle son âme dans son apparence frappante, ses habitudes de vie et son style. Les choses de la nature se découvrent elles aussi dans leurs particularités extraordinaires. La puissance et la beauté de la rivière lui confèrent sa présence imposante. L'édifice marquant se tient devant nous, tout comme un individu, avec autant d'âme que lui.

Chacun sait que les choses de la nature nous affectent profondément. Telle montagne, telle colline nous permettra de nous concentrer sur notre vie, sur notre famille ou sur notre communauté. Quand mes arrière-grands-parents se sont installés au nord de l'état de New York après avoir quitté l'Irlande, ils ont bâti une petite ferme à la campagne. Ils ont élevé toutes sortes d'animaux, ensemencé les champs avec une grande variété de produits agricoles, semé et entretenu un verger avec un soin jaloux. La maison qu'ils ont construite était belle de l'extérieur et remplie de vieux tableaux et de photographies anciennes à l'intérieur. Un piano mécanique s'adossait au mur du salon, et la cuisine servait de centre social. Devant la maison s'élevaient deux marronniers qui procuraient ombre et beauté à la famille et aux nombreuses personnes qui ont visité la ferme pendant plus de cinquante ans.

Il y a peu de temps, je me joignis à un groupe de cousins pour aller visiter la vieille ferme, vendue à un homme qui ne voulait que la terre pour chasser. Nous avons découvert que la grange s'était effondrée et que les broussailles la recouvraient entièrement. Même la maison disparaissait parmi les herbes hautes qui avaient poussé autour de ses fondations. On pouvait encore voir une partie du verger, et les marronniers avaient perdu leur noblesse et leur bonté. Je parlai avec mes cousins de ces arbres et des gens qui, par les jours chauds de l'été, venaient s'asseoir à l'ombre pour y raconter d'innombrables récits du passé. Je me souvins d'un oncle qui fit une petite incision sur une brindille, pour me montrer les marques des clous du fer à cheval dans l'embranchement — c'était pour cette raison, disait-il, que l'arbre s'appelait un marronnier à cheval.

Si quelqu'un, songeant à élargir la route ou à construire une nouvelle maison, venait à abattre ces marronniers, j'en ressentirais, comme plusieurs autres membres de ma famille, une perte amère. Non seulement parce que les arbres sont des symboles du temps passé, mais que ce sont des êtres vivants, auréolés de beauté et de souvenirs. À vrai dire, ils font partie de la famille, ils sont liés à nous, individus d'une autre espèce mais de la même communauté.

Les choses fabriquées ont aussi une âme. Nous nous attachons à elles et leur trouvons du sens et des valeurs et des souvenirs. Un voisin me raconta qu'il avait décidé de déménager dans une autre ville, mais que ses enfants aimaient tellement leur maison qu'ils ont refusé de le laisser faire. Nous connaissons bien ces attachements aux objets, mais nous avons tendance à ne pas les prendre au sérieux et à leur refuser le droit de faire partie de notre monde. Que se passerait-il si nous prenions plus à cœur la capacité qu'ont les objets de nous être proches, de révéler leur beauté et leur subjectivité expressive ? Il en résulterait une écologie de l'âme, une responsabilité à l'égard des choses du monde, fondée sur l'appréciation et la parenté plus que sur l'abstraction. Notre relation aux choses ne nous permettrait pas de polluer ou de perpétuer la laideur. Nous ne saurions permettre qu'un magnifique océan devienne système d'égoût pour le transport et l'usinage, parce que nos cœurs s'élèveraient contre cette violation de l'âme. Nous ne traitons mal que les choses dont nous méprisons l'âme.

L'attachement que je décris n'est ni sentimentalité ni idéalisme. Il relève d'un sens de la vie commune qui s'étend aux objets. Parce que notre attachement est superficiel, la nature « sentimentalisée » peut donner lieu à l'abus de la nature. Il est également possible, croirait-on, d'aimer la Terre de manière intellectuelle, sans ressentir à son endroit une relation émotionnelle. La relation véritable avec la nature veut que l'on passe du temps en sa compagnie, qu'on l'observe, que l'on s'ouvre à ses enseignements. Toute relation véritable demande du temps, une certaine vulnérabilité ; elle veut que l'on en soit affecté et changé.

La sensibilité écologique profonde ne peut venir que de l'âme profonde, qui fleurit dans la communauté, dans la pensée. Elle s'attache au cœur et à la parenté avec les détails. C'est une idée toute simple : si vous n'aimez pas les choses, vous ne pouvez pas aimer le monde, parce que le monde n'a d'existence que dans les choses individuelles. L'*anima mundi* fait référence à l'âme de chaque chose. La psychologie, discipline de l'âme, doit donc s'intéresser aux choses. En fin de compte, les champs de la psychologie et de l'écologie se superposent, parce que les égards pour le monde sont autant d'égards pour l'âme qui réside dans la nature et dans les êtres humains.

Revenons au mot *écologie*. Comme on l'a vu, *oikos* signifie « chez-soi ». Du point de vue de l'âme, l'écologie n'est pas une science de la Terre, c'est la science de la *maison*. Elle concerne la culture du sentiment de chez-soi, peu importe où nous nous trouvons, peu importe le contexte. Les choses du monde font partie de l'environnement de notre maison. L'écologie de l'âme prend donc racine dans le sentiment que ce monde est notre chez-nous et que notre responsabilité à son endroit ne vient pas de l'obligation ou de la logique, mais de l'affection authentique.

Sans connexion sentie aux choses, nous nous engourdissons au monde et perdons cette famille et ce chez-soi si importants. Les sans-abri que nous voyons dans les rues de nos villes sont le miroir de l'absence de chez-soi plus profonde, ressentie dans nos cœurs. Les sans-abri incarnent la privation d'âme que nous connaissons dans un monde inanimé, quand l'âme du monde ne parvient pas à nous rattacher aux choses. Nous supposons que notre sentiment de solitude a un rapport avec les autres, alors qu'il vient aussi de notre séparation avec un monde dépersonnalisé par nos philosophies.

Nous supposons que le problème des sans-abri est d'ordre économique, alors qu'il représente davantage la société et la culture que nous avons créées.

Quand nous prenons soin de nos habitations, si humbles soient-elles, nous prenons également soin de l'âme. Peu importe notre richesse, nous pouvons nous rappeler l'importance de la beauté de nos maisons. Peu importe où nous vivons, nous avons un voisinage, et nous pouvons cultiver cette grande parcelle de terre, en faire notre maison, un lieu fidèle à l'état de nos cœurs.

Chaque maison est un microcosme, le « monde » archétypal incarné dans une maison, une parcelle de terre ou un appartement. Nombre de traditions admettent la nature archétypale de la maison décorée d'ornements cosmiques — soleil et lune, étoiles, dôme qui reflète la voûte céleste. En raison de son architecture et son ornementation, le *Shakespeare's Globe Theatre* reprenait la planète en miniature. Chacun de nous vit dans le *Globe Theatre* de sa maison ; ce qui nous arrive là arrive au monde entier.

Dans nos maisons, nous devrions tous avoir des images qui nous rappellent notre relation au cosmos, recommande Marsile Ficin. Ainsi suggérait-il de placer un modèle réduit de l'univers ou une peinture astrologique sur le plafond de notre chambre à coucher. Il n'y a pas si longtemps, nous sculptions des lunes dans nos appentis. De nos jours, il est rare de voir un motif architectural cosmique, à l'exception peut-être des toits pointus, qui pourraient nous servir de flèches dirigées vers le ciel, si nous ne faisions pas bêtement de la géométrie de nos toitures la solution à nos problèmes de drainage.

Les Indiens zunis du Nouveau Mexique expriment l'idée de la maison cosmique dans leur mythologie. Dans leur histoire de la création du monde, c'est un gerris — un insecte d'eau — qui a créé leur village. Il étire son corps sur tout le continent, et son cœur reste chez les Zunis. Nous pourrions rapporter des mythes semblables à propos de nos maisons, raconter comment ils correspondent aux cœurs battants de nos animaux. Quand les Zunis chantent l'Endroit du Milieu, ils admettent le mystère qui veut qu'un vrai foyer soit en même temps situé à un endroit précis et occupe toute la Terre. « Quand il pleut sur Zuni, chantent-ils, il pleut sur toute la terre. » Cette conception profonde de la maison fonde l'écologie véritable, celle qui a une âme. Pour autant que le cœur y soit engagé, le respect du lieu s'ensuit.

La psychopathologie des choses

Si les choses ont une âme, elles peuvent aussi souffrir et devenir névrosées : ainsi va la nature de l'âme. Le soin de l'âme comporte donc le soin des choses, l'observation de leurs souffrances, de leurs névroses, et l'aide nécessaire pour qu'ils recouvrent leur santé. Robert Sardello recommande même que chaque édifice ait son thérapeute résident, qui s'occupe de ses souffrances. Il ne parle pas du soin donné aux résidents, mais bien à l'édifice lui-même. Sa recommandation sous-entend que nous ne nous soucions pas suffisamment de l'état des choses, que nous tolérons beaucoup plus de laideur et de négligence que nous ne le devrions. Nous ne semblons pas réaliser qu'une bonne partie de notre douleur vient des maladies de nos choses.

L'idée d'*anima mundi* sépare notre âme et celle du monde. Si notre monde est névrosé, nous partagerons sa maladie. Si nous sommes déprimés, c'est peut-être que nous vivons ou que nous travaillons dans un édifice déprimé. Les gravures anciennes, comme les tableaux du XVIIe siècle du mage Robert Fludd, montrent Dieu en train d'accorder les grands instruments musicaux de la création. Sur les cordes de la guitare de ce vaste monde se tiennent les anges, les êtres humains et les choses. Nous vibrons tous de manière sympathique, comme les différents octaves d'une même tonalité, nos cœurs humains battant au même rythme que ceux des mondes spirituel et matériel. Nous participons au destin et à la condition de nos choses, tout comme ils participent aux nôtres.

Dans l'esprit de l'*anima mundi,* Robert Sardello soulève une question importante. Est-ce que le cancer qui afflige nos corps humains est celui-là même qui ronge nos villes ? Notre santé personnelle et la santé du monde sont-elles une seule et même chose ? Nous avons tendance à faire du monde notre ennemi, à le charger de poisons qui nous attaquent, qui font germer en nous la maladie et la mort. Mais si notre âme et l'âme du monde n'en forment qu'une seule, quand nous négligeons et abusons des choses de notre monde, nous abusons de nous-mêmes. Si nous devons mettre sur pied une pratique écologique saine, nous devons en même temps nous occuper de nos pollutions intérieures. Si nous devons nettoyer nos vies personnelles par le biais de la thérapie ou de toute autre méthode, nous devrons aussi nous occuper des névroses du monde et des souffrances des choses.

Le soin de l'âme demande que nous prêtions l'œil et l'oreille à la souffrance du monde. Dans nombre de villes américaines, les parcs et les espaces publics regorgent d'ordures abandonnées : vieux pneus, appareils ménagers, meubles, papiers, détritus, automobiles rouillées. Les planches bouchent les maisons, les vitres sont cassées, le bois pourrit, les mauvaises herbes envahissent tout. Nous regardons ces scènes et pensons que la solution consiste à régler le problème de la pauvreté. Pourquoi ne pas penser aux choses elles-mêmes ? Nous les voyons souffrir : elles sont malades, cassées, mourantes. La maladie qui s'étale sous nos yeux, c'est l'échec de notre relation au monde. Qu'est-ce qui nous habite ? Qu'est-ce qui permet que les choses de notre monde éprouvent une telle détresse, montrent tant de symptômes sans que nous essayions de les guérir? Que faisons-nous quand nous traitons si mal les choses ?

Les domaines saccagés de nos villes, les panneaux d'affichage des autoroutes qui nous cachent les beautés de la nature, la destruction insensée des édifices qui ont une longue histoire et des souvenirs, la construction de logements bon marché et d'édifices commerciaux sont autant de manières sans âme de traiter les choses et témoignent de notre colère, de notre rage dirigée contre le monde lui-même. Quand nos citoyens vaporisent de la peinture sur un tramway, un wagon de métro, un pont ou un trottoir, ils font bien plus qu'exprimer leur colère à l'endroit de la société. Ils s'en prennent aux choses. Si nous nous proposons de comprendre notre relation aux choses du monde, nous devrons examiner cette colère. À un certain niveau, en effet, les gens qui profanent les endroits publics travaillent pour notre compte. Leur passage à l'acte nous implique.

Pourquoi notre culture semble-t-elle si fâchée contre les choses ? Pourquoi retournons-nous notre frustration contre les choses qui pourraient faire de notre monde un chez-nous satisfaisant et confortable ? Quand nous nous coupons de l'âme et de sa sensibilité aux grandes périodes de temps et aux événements immémoriaux, nous cherchons douloureusement le futur idéal et l'immortalité. Les choses ont une durée de vie différente de celle des êtres humains; elles peuvent vivre pendant des générations. Les vieux édifices nous rappellent un passé dont nous ne faisions pas partie. Quand nous nous identifions avec notre ego, les temps passés narguent notre désir d'immortalité. On rapporte qu'Henry Ford, un pionnier dans l'usinage efficace, a déclaré que l'histoire est une couchette. Si nos efforts de toute une vie visent à créer un monde nouveau, à connaître la croissance et le progrès continus, le passé devient l'ennemi, le rappel de la mort.

Quand nous nous concentrons sur la croissance et le changement, nous érodons notre appréciation des réalités éternelles, ces parties du moi qui transcendent les limites de l'ego. L'âme aime le passé et ne se contente pas d'apprendre de l'histoire ; elle se nourrit des histoires et des vestiges de ce qui a été. Décrite par Platon et les platoniciens de la Renaissance comme l'un des pouvoirs de l'âme, la prophétie est une vision qui, en transcendant la conscience ordinaire, embrasse le passé, le présent et l'avenir. Une fois que nous déplaçons notre attention de l'ego sur le soin de l'âme, nous nous écartons des orientations du modernisme, de la vie au jour le jour. La sensibilité de l'âme éveille l'appréciation des manières passées et de la sagesse ancienne, des édifices dont l'architecture et la stylique recèlent les goûts et le style d'une autre époque. L'âme aime le passé et ne se contente pas de recevoir les enseignements de l'histoire ; elle se nourrit des histoires et des vestiges de ce qui a été.

Notre colère se tourne aussi contre les choses dont nous avons l'impression qu'elles ne nous servent plus. Nombre des objets rouillés qui polluent les rues de nos villes ont passé de mode ou ne fonctionnent plus. Quand nous définissons les objets selon leur fonctionnalité, au moment où ils cessent de fonctionner, nous n'éprouvons plus rien pour eux. Nous les jetons sans leur donner de funérailles convenables. Les vieilles choses finissent pourtant par révéler qu'elles ont une âme. Je vis au milieu de vieilles petites fermes de la Nouvelle-Angleterre et il m'arrive souvent de voir, par exemple, un râble bellement posé dans un champ, une vieille grange couchée sous le vent, ou l'écorce d'une imposante demeure devenue ruine splendide. Ces preuves du passé semblent littéralement rayonner d'âme.

À ce propos, J. B. Jackson, un historien des paysages, marque un point crucial dans son essai *The Necessity for Ruins*. Les choses abîmées, soutient-il, parlent de la théologie de la naissance, de la mort et de la rédemption. En d'autres termes, nos choses doivent aussi mourir. Nous prétendons fabriquer des choses qui dureront toujours, même si nous savons que tout a une durée de vie déterminée. Je me demande si les ordures qui jonchent nos villes et même nos campagnes ne font pas partie de nos tentatives pour truquer la mort. Nous refusons que les choses meurent, et nous nous mettons en colère quand la mort les surprend, quand elles cessent de fonctionner. Dans notre colère, nous ne leur donnons pas de funérailles décentes. Leur présence nous rappelle pourtant littéralement et inexorablement la dégradation. Comme nous n'honorons pas le passé, il se présente à nous sous les traits de notre propre colère, sans forme humaine et sans imagination. Nous oublions les jours qui nous ont précédés, alors les choses de ce temps-là encombrent les rues de nos villes. Étymologiquement, souligne Jackson, un « monument » est un « rappel ». Nos ordures sont des rappels du passé que nous avons négligé — et que l'imagination n'a pas encore guéri.

L'âme a besoin que l'on prenne soin d'elle ; c'est le principe fondamental du soin de l'âme. Si nous ne nous occupons pas des choses dans leurs souffrances et leur dégradation (parce que nous tenons pour acquis que les choses qui ne sont pas humaines ne souffrent pas), leur mort deviendra pour nous littérale et symptomatique. Leur maladie paraîtra humaine parce que nous nous chargerons de cette souffrance, non convaincus que les objets peuvent, comme nous, souffrir de cassures.

Quand les choses cessent de fonctionner, elles peuvent ressusciter sous la forme d'images de l'histoire. Or, l'histoire, nous le savons, nourrit bien l'âme. Pour capturer l'âme, nous décorons nos maisons d'antiquités ; nos musées occupent le cœur de nos villes. Dans un monde qui nie la mort, la vitalité peut également disparaître, parce que la vie et la mort sont l'envers et l'endroit d'une même pièce. La mort peut aussi se manifester vraiment. Nos ordures, par exemple, nous hantent tellement, sont devenues tellement démoniaques que nous n'arrivons plus à les enterrer. Leur capacité d'empoisonner notre monde devient de plus en plus évidente, surtout parce que nous fabriquons des choses impérissables. Quand nous destinons les choses à la pérennité, nous réalisons en même temps la résurrection et l'immortalité. Quand elles ne nous servent plus, elles ne s'en vont pas. Dans un vieux film mettant en vedette Alec Guinness, *L'homme en habit blanc,* un homme découvre un tissu blanc impossible à salir et à user. Sa découverte paraît d'abord triomphe de la technologie et cadeau pour l'humanité. Il devient cependant vite évident que cet habit éternel est une malédiction, qui prive les travailleurs de leur gagne-pain et les produits manufacturés (ce qui signifie, après tout, « faits à la main ») de leur âme.

Comme les vieux instruments aratoires dans le champ de mon voisin, les ruines nous montrent que la beauté reste quand la fonctionnalité a disparu. L'âme se révèle, comme si, pendant des années, un fonctionnement impeccable l'avait cachée. L'âme ne se préoccupe pas de fonctionnalité : elle s'intéresse à la beauté, à la forme et au souvenir. Quand l'artiste Merit Oppenheim a eu l'idée folle de doubler sa tasse de thé de fourrure, elle a été choquée de constater que l'on faisait de son inspiration un événement artistique majeur. En faisant disparaître la fonction de l'objet, elle avait trouvé une manière élégante de révéler la personnalité de la tasse. Son geste révolutionnaire réalisait une percée dans l'âme, il pénétrait notre mythe dominant et aveuglant de l'usage.

Comme les gens, les choses souffrent quand on les réduit à leur fonction. Le soin de l'âme du monde exige donc que nous voyions davantage les choses pour ce qu'elles sont que pour leur utilité. Qu'il s'agisse de la tasse de thé doublée de fourrure d'Oppenheim, de la boîte de soupe que Warhol a peinte sur toile, ou des souliers et des meules de foin qui s'articulent dans une immédiateté de zen d'Albrecht Dürer, l'art nous vient en aide en replaçant les objets dans un cadre esthétique. Afin de prendre soin de l'âme des choses, nous devons porter attention à la forme et à la fonction, à la dégradation et à l'invention, à la qualité et à l'efficacité.

La beauté, la face de l'âme

Tout au long de l'histoire nous retrouvons certaines écoles de pensée qui se sont attachées à l'âme, comme celles des platoniciens de la Renaissance ou des poètes romantiques. Il est intéressant de noter que ces auteurs partageaient certains thèmes. La parenté, le détail, l'imagination, la mortalité et le plaisir, entre autres. Et puis la beauté.

Dans un monde qui néglige l'âme, la beauté figure en dernier sur la liste des priorités. Dans les activités orientées vers le développement intellectuel de nos écoles, l'étude des sciences et de la mathématique occupe une grande place, parce que ces dernières permettent le développement accru de la technologie. Quand on doit procéder à des coupures budgétaires, les arts écopent en premier, avant même les sports ! Le message est clair : on ne peut pas vivre sans technologie, mais on peut vivre sans beauté.

L'idée que la beauté soit accessoire et optionnelle montre que nous ne comprenons pas l'importance de donner à l'âme ce dont elle a besoin. La beauté nourrit l'âme. La nourriture est au corps ce que sont les images saisissantes, complexes et agréables à l'âme. Quand notre psychologie s'enracine dans une vision médicale du comportement humain et de la vie émotionnelle, la valeur que nous privilégions par-dessus tout est la santé. Mais quand nous fondons la psychologie sur l'âme, nos efforts thérapeutiques visent la beauté. J'irais plus loin : si notre vie manque de beauté, notre âme souffre probablement de troubles familiers : dépression, paranoïa, absence de sens et de dépendance. L'âme a faim de beauté. Sans elle, l'âme souffre de ce que James Hillman appelle la

« névrose de la beauté ».

La beauté aide l'âme à vivre. Ainsi, la beauté est saisissante. Pour l'âme, il importe de sortir du courant de la vie pratique pour s'adonner à la contemplation des réalités intemporelles et éternelles. La tradition a appelé *vacatio* ce besoin de l'âme — une vacance de l'activité ordinaire à la faveur d'un moment de réflexion et d'émerveillement. Vous conduisez sur une autoroute lorsque soudain un paysage vous coupe le souffle. Vous arrêtez la voiture, descendez quelques minutes, et contemplez la grandeur de la nature. Voilà le pouvoir saisissant de la beauté! Quand vous vous arrêtez pour vous abandonner à ce besoin soudain de l'âme, vous lui donnez ce dont elle a besoin. Les discussions qui portent sur la beauté peuvent parfois sembler éthérées et philosophiques, mais, du point de vue de l'âme, la beauté fait nécessairement partie de la vie ordinaire. Tous les jours, l'âme cherche l'occasion d'apercevoir la beauté, ne serait-ce que lorsque nous passons devant une vitrine et nous arrêtons quelques secondes pour remarquer une belle bague ou un motif vestimentaire exquis.

Les trois Grâces qui font la ronde dans *le Printemps*, la célèbre toile de Botticelli, représentent la Beauté, la Retenue et le Plaisir. Les écrits de la Renaissance soutiennent que ce sont les grâces de la vie. Que seraient les équivalents modernes ? La technologie, l'information et la communication ? Les Grâces de la Renaissance interpellent directement l'âme. La toile de Botticelli montre Éros ou Désir visant la Retenue de sa flèche enflammée. La flèche du désir et de l'attachement nous arrête : la beauté nous saisit et nous fait sentir son plaisir. Du dehors, rien ne paraît, bien sûr. Nous n'achetons peut-être pas la bague, nous ne photographions peut-être pas le paysage. Le moment où nous sommes saisis est celui où nous donnons à l'âme sa nourriture favorite : une vision qui l'invite à la contemplation.

L'âme n'utilise pas la finesse des formes pour définir la

beauté, elle cherche dans les choses les éléments qui invitent à la contemplation, à l'abandon. La beauté, soutient Soetsu Yanagi, fondateur du mouvement artistique japonais, ouvre une vision illimitée à l'imagination. C'est une source d'imagination qui ne tarit jamais. Il est possible qu'une chose si attirante et si absorbante ne soit ni jolie ni agréable. En fait, elle pourrait même être laide et saisir tout de même l'âme par sa beauté spéciale. James Hillman affirme que, pour l'âme, la beauté vient des choses qui se révèlent dans leur individualité. Yanagi et Hillman soulignent que la beauté se passe de joliesse. Certaines œuvres d'art ne sont pas agréables à regarder. Pourtant, leur forme et leur contenu sont saisissants et charment le cœur dans une imagination profonde.

En sachant que la beauté nourrit l'âme, quand nous prenons soin de l'âme, nous devons saisir plus profondément la beauté, lui donner une place plus importante dans notre vie. La religion a toujours compris la valeur de la beauté, comme en témoignent les églises et les temples qu'on a construits pour satisfaire non pas à des impératifs pratiques mais à des exigences de l'imagination. Les clochers tout en hauteur et les rosaces ne cherchent pas à procurer des sièges additionnels ou d'une luminosité accrue. Ils expriment le besoin que l'âme ressent pour la beauté, pour l'amour de l'architecture elle-même et pour l'occasion privilégiée qu'ils offrent à l'imagination sacrée. Notre église et notre temple, notre *ka'ba* et notre mosquée ne pourraient-ils nous apprendre à répondre à ce besoin de l'âme dans nos maisons, nos édifices commerciaux, nos autoroutes et nos écoles ?

Paradoxalement, le vandalisme, qui touche tout particulièrement les écoles, les cimetières et les églises, attire de manière symptomatique notre attention sur le caractère sacré des choses. Quand nous avons ainsi perdu le sens du sacré, il réapparaît souvent dans sa forme négative. Le travail de l'ange noir ne diffère pas de celui des anges blancs. Nous en arrivons donc à une autre manière d'interpréter l'abus des choses : le monde souterrain essaie ainsi de restaurer leur sacré.

Nous apprécions la beauté quand nous nous ouvrons au pouvoir qu'ont les choses d'émouvoir l'âme. Si la beauté peut nous toucher, notre âme vit et grandit, parce que l'âme est très douée pour tout ce qui la touche. Le mot *passion* signale « l'état de celui qui est affecté ». Or, la passion est une énergie essentielle de l'âme. Le poète Rilke décrit justement ce pouvoir passif dans l'imagerie de la structure de la fleur, quand il l'appelle « muscle d'une réception infinie ». Nous ne sommes pas portés à penser à la capacité d'émotion comme à une force et au travail d'un muscle puissant. L'âme a la force de la fleur et elle accomplit le même travail — le plus difficile — dans nos vies.

Les choses réanimées

À différents moments de l'histoire, nous avons nié l'âme des êtres que nous voulions dominer. Ainsi on a déjà soutenu que les femmes n'avaient pas d'âme. Les esclaves n'ont pas d'âme, comme le prétendait également pour sa défense un système cruel. De nos jours, nous avançons que les choses n'ont pas d'âme. Nous pouvons de la sorte leur faire ce que bon nous semble. En restaurant la doctrine de l'*anima mundi,* nous rendrions l'âme au monde de la nature et des objets fabriqués.

Si nous étions convaincus que les choses ont une âme, nous n'aurions pas sur eux l'emprise des objets conscients sur les objets inertes. Nous aurions une relation mutuelle de respect, d'affection et d'attention. Nous nous sentirions moins seuls dans un monde qui vit selon son âme que dans un monde mécanique que nous pensons devoir soutenir au prix de nos efforts technologiques. Tous ensemble, nous ressemblons à l'individu accablé qui pense devoir sortir du lit très tôt chaque matin pour aider le soleil à se lever. Cette conception névrotique n'est pas si rare qu'on le croit, sans compter qu'elle reflète une attitude que nous partageons, puisque nous participons tous à l'esprit de notre temps.

En 1947, Jung écrivait à un collègue parti étudier le sanscrit et la philosophie indienne de faire attention à son rêve où une étoile brille dans une forêt. « Vous ne vous retrouverez que dans les choses simples et oubliées, écrit-il. Pourquoi ne pas vous enfoncer vraiment dans la forêt pendant un certain temps ? Un arbre peut parfois vous en apprendre plus que ne le pourrait un livre. » Nous pouvons nous trouver nous-mêmes dans les choses simples et oubliées. Quand nous nions l'âme des choses simples qui nous entourent, nous perdons nous-mêmes cette importante source d'âme. Dans les faits, l'arbre peut nous en dire beaucoup dans le langage de sa forme, de sa texture, de son âge, de sa couleur et de son individualité. Dans cette expression de soi, l'arbre nous dévoile aussi les secrets de nos propres âmes, parce que l'âme du monde et la nôtre n'en forment qu'une seule. Nous sommes le monde et le monde est nous.

L'*anima mundi* n'a rien de la philosophie mystique qui demande beaucoup de méditation ; elle ne demande pas non plus que nous revenions à l'animisme primitif. Les artistes, les théologiens et les marchands de la Renaissance (comme Pic de la Mirandole, Marsile Ficin et Laurent de Médicis) qui connaissaient cette philosophie sont de bons exemples pour nous. Dans leurs pensées, leurs activités quotidiennes personnelles, dans l'art et l'architecture qu'ils ont inspirés, ils ont su cultiver un monde concret plein d'âme. La beauté de l'art de la Renaissance reste indissociable de la philosophie de l'âme qui lui a donné naissance.

Nous devons cultiver notre relation au monde de l'âme, ont enseigné ces maîtres de la Renaissance, en portant attention à nos activités quotidiennes simples et à nos pratiques de l'imaginaire. Ils recommandaient de s'exposer chaque jour à certains genres de musique, de nourriture, de paysages, de cultures et de climats. À leur manière, ils étaient épicuriens, croyant que les choses étaient riches de ce qu'elles pouvaient offrir à l'âme. Pour recevoir cette richesse, nous devons apprendre à jouir des choses dans la modération et à les utiliser avec discernement.

La philosophie néoplatonicienne que professaient ces maîtres de la Renaissance soutenait que l'âme chevauche l'éternel et le temporel, que le parfait mélange de ces deux dimensions confère profondeur et vitalité à l'existence. La perspective profonde de l'art s'est fait le miroir de cette perspective profonde de la pensée. Ficin, un végétarien, mangeait peu, même s'il était grand connaisseur de vins délicats. Les Médicis exerçaient leurs talents dans le commerce et la finance et pourtant, ils admettaient l'importance des actes et de la théologie pour l'âme de leur société. À l'opposé, notre âge séculier cache la religion et la théologie (d'ordinaire dans les universités et les séminaires), les isole du commerce et du gouvernement. L'âme a pourtant besoin de la vision artistique et théologique qui influe sur chacune des parties de nos vies.

La religion et la théologie nous montrent les mystères et les rites qui agissent sur chacun des éléments de la vie moderne ordinaire. Sans formation en ces matières, nous sommes amenés à croire que le monde est aussi profane que nos yeux du siècle des lumières nous le laissent voir. À cause de cette philosophie séculière, le divin ne se manifeste pour nous que dans les problèmes sociaux graves et dans les maladies personnelles physiques et psychologiques. Les drogues et le crime, par exemple, nous stupéfient. Rien de ce que nous faisons ne paraît porter fruit. Nous n'arrivons pas à comprendre ces problèmes en raison de l'étincelle divine négative qu'ils contiennent : la religion se révèle par son côté noir.

Dans cet esprit, il est essentiel de restaurer la vision du

monde appelée *anima mundi* pour renouveler la psychologie et le véritable soin de l'âme. Dans le domaine de la psychologie, on a essayé de s'aligner sur la religion, surtout depuis que nous avons tenté d'apprendre des religions orientales les techniques et les bénéfices de la méditation et des niveaux élevés de conscience. Dans les domaines de la théologie et de la religion, il n'est pas rare de rencontrer des professionnels qui reçoivent une formation en psychologie et en sciences sociales. Ces deux champs et les autres domaines du même genre témoignent d'une nouvelle conscience que la religion, l'âme et le monde sont profondément liés les uns aux autres. Nous ne pourrons pas pousser cette perspective plus loin tout en gardant notre vision du monde actuelle. Pour cette dernière, le monde est à la fois mort et limité subjectivement à un ego doté de raison. Comme l'ont fait remarquer nombre d'auteurs, ce monde qui a bifurqué caractérise la vie moderne occidentale ; on ne le rencontre pas dans toutes les cultures. Grâce à cette division, nous nous sommes donné un style de vie confortable et remarquablement efficace, mais nous avons payé de notre âme nos plaisirs et nos commodités.

Pour prendre soin de notre âme, nous devrons renoncer à notre définition limitée de la psychologie, à nos tentatives pour dominer rationnellement nos humeurs et nos émotions, à l'illusion que notre conscience est le seul signe de la présence de l'âme dans l'univers et à notre désir de dominer la nature et les objets fabriqués. Nous devrons nous exposer à la beauté, courir le risque de l'irrationnel qu'elle engendre et des distractions qu'elle peut placer sur la route du progrès technologique. Au nom de la nature sacrée et du besoin de nous entourer de belles choses, nous devrons peut-être abandonner nombre de projets qui paraissent importants à la vie moderne. Qui plus est, nous devrons faire ces choses sur les plans individuel et collectif, parce qu'elles font partie de notre effort pour prendre soin de notre âme.

Nul besoin d'inimitié entre la technologie et la beauté, entre le soin de l'âme et le développement de la culture. La science peut avoir autant d'âme que l'art et la religion. Dans tous ces domaines, nous vivons depuis longtemps déjà comme si l'âme n'était pas à prendre en compte. Nous ne la rencontrons donc que dans les problèmes insurmontables et les névroses profondément enracinées. Ainsi nos voitures sont-elles d'une efficacité remarquable, mais nous sommes incapables de maintenir les liens du mariage. Nous produisons interminablement des films et des émissions de télévision, mais nous avons bien peu d'imagination quand vient le moment de vivre en paix au sein d'une communauté internationale. Notre médecine possède de nombreux instruments, mais nous ne comprenons que de façon très rudimentaire la relation entre la vie et la maladie. Par le passé, avant les tragédies et les comédies grecques, un prêtre présidait à la présentation de la pièce pour montrer que le théâtre était une question de vie et de mort. De nos jours, le théâtre et les autres arts appartiennent aux divertissements. Imaginons un instant que nous ouvrons le journal du dimanche à la section des films, de la musique et des autres arts et découvrons, en tête de section, « Soin de l'âme » ! Nous n'avons pas besoin de renoncer au plaisir et au divertissement pour donner à l'âme ce dont elle a besoin. Nous devons lui accorder de l'attention, lui conférer un sens.

Tant que nous laisserons le soin de l'âme en dehors de notre quotidien, nous souffrirons de solitude dans un univers froid, mort et lointain. Nous pouvons « progresser » au maximum tout en subissant l'aliénation d'une existence divisée. Nous continuerons d'exploiter la nature et notre capacité d'invention, mais elles continueront toutes deux de nous dominer tant que nous ne réussirons pas à les approcher avec suffisamment de profondeur et d'imagination.

Pour sortir de la névrose, nous devrons abandonner nos divisions modernes et tirer des leçons des autres cultures, de l'art, de la religion et des nouveaux mouvements philosophiques qui soutiennent qu'il est d'autres façons de percevoir le monde. Nous pouvons remplacer notre psychologie moderniste par le soin de l'âme, et commencer à construire une culture sensible aux questions du cœur.

CHAPITRE 13

Les arts sacrés de la vie

Nous pouvons maintenant reprendre l'expression que Platon utilisait pour parler du soin de l'âme, *techne tou biou,* l'art de vivre. Le soin de l'âme demande un travail artistique (*techne*), du talent, de l'attention, de l'art. Pour vivre dans l'art, nous devons porter attention aux petites choses qui engagent l'âme et se trouvent au cœur de sa fabrication. D'un point de vue extérieur, on dirait que seuls les grands événements ont de l'importance. Pour l'âme cependant, les plus infimes détails et les activités les plus ordinaires, faites avec attention et art, produisent un effet beaucoup plus important qu'il n'y paraît.

L'art ne se trouve pas seulement dans l'atelier de l'artiste ou sur les murs d'un musée. Il a sa place au magasin, dans la boutique, à l'usine et à la maison. En fait, quand nous réservons l'art aux artistes professionnels, nous séparons dangereusement les beaux-arts des arts du quotidien. Nous élevons les beaux-arts et les dissocions de la vie, nous les rendons trop précieux et leur enlevons leur pertinence. Une fois que nous avons exilé l'art dans les musées, nous ne lui faisons aucune place dans la vie ordinaire. L'une des formes de répression les plus efficaces consiste à accorder à quelque chose ou à quelqu'un des honneurs excessifs.

Dans nos écoles d'art, c'est souvent le point de vue technique qui domine. Le jeune peintre apprend à connaître les matériaux et les écoles de pensée, mais il est laissé dans l'ignorance pour ce qui est de l'âme de sa vocation ou de la signification profonde du contenu de son travail. Dans le département de musique d'une université, une grande voix s'attend à devenir celle d'une artiste. Au cours de sa première leçon pourtant, on la reliera à un oscilloscope qui mesurera les paramètres de sa voix et indiquera les domaines qu'il lui faudra améliorer. Devant ces approches purement techniques de l'apprentissage, l'âme s'enfuit.

L'art a beaucoup d'importance pour nous, que nous soyons ou non des artistes. L'art nous invite à la contemplation — un produit rarissime dans notre vie moderne. Dans un instant de contemplation, l'art accentue la présence du monde. Nous le voyons davantage et plus profondément. Le vide qui domine leur vie et dont se plaignent tant de gens vient en partie de notre incapacité de laisser le monde nous imprégner, de le percevoir et de nous y engager à fond. Nous nous sentirons évidemment vides si tout ce que nous faisons tombe à plat. Comme nous l'avons vu pourtant, l'art *saisit* l'attention, rend un service important à l'âme. L'âme ne peut pas grandir dans une vie au rythme trépidant, parce qu'il faut du temps pour être touché, pour absorber les choses et les digérer.

Vivre pleinement pourrait, dans cet esprit, demander quelque chose d'aussi simple qu'un temps d'arrêt. Parce qu'elles bougent tout le temps, certaines personnes sont incapables de s'arrêter. La vie moderne ne permet pas que l'on s'arrête pour penser ou même pour laisser les impressions de la journée pénétrer en nous. Pourtant, c'est au moment où le monde entre dans le cœur que ce dernier peut fabriquer l'âme. Le récipient qui la fonde se trouve dans un réceptacle intérieur que la réflexion et l'émerveillement viennent écoper. Plusieurs personnes pourraient sûrement s'éviter la dépense et le trouble de la psychothérapie en s'accordant quelques minutes de réflexion tranquille chaque jour. Cet acte tout simple donnerait à leur vie ce qui lui manque : une période d'inactivité, nourrissement essentiel de l'âme.

Outre le temps d'arrêt, le soin de l'âme demande également que l'on *prenne son temps*. Je sais bien que ce sont des suggestions extrêmement simples, mais suivies attentivement, elles peuvent transformer une vie, parce qu'elles ouvrent la porte à l'âme. Quand nous prenons notre temps avec les choses, nous les connaissons plus intimement, nous nous sentons liés à elles. On peut surmonter l'un des symptômes du manque d'âme moderne, l'aliénation de la nature, des choses et de nos frères humains, en prenant le temps de faire face.

Vivre dans la plénitude peut exiger que l'on prenne le temps d'acheter des choses dotées d'une âme pour la maison. Du bon linge de maison, un tapis de qualité, une simple théière peuvent enrichir non seulement notre propre demeure, mais aussi la vie de nos enfants et de nos petits-enfants. L'âme se prélasse dans ce sentiment de temps étiré. Il nous est impossible de découvrir l'âme d'un objet sans prendre le temps de l'observer et sans lui tenir compagnie pendant un certain temps. Ce genre d'observation relève de l'intimité. Il ne s'agit pas d'étudier un guide d'achat pour procéder à une analyse factuelle et technique. Les surfaces, les textures, les sensations comptent autant que l'efficacité.

Certaines choses stimulent plus que d'autres l'imagination. L'épanouissement de la fantaisie peut signaler l'âme. Le directeur d'une compagnie aérienne m'a déjà raconté le conflit intérieur qui le minait ; il n'arrivait pas à choisir entre deux postes qu'on lui offrait. Le premier était synonyme de prestige et de pouvoir, tandis que l'autre était confortable mais ordinaire. Il croyait qu'il devrait arrêter son choix sur le premier, parce que ses pairs l'envieraient, mais l'emploi lui-même ne l'intéressait pas. Il pensait au second travail toute la journée. En imagination, il avait déjà fait le plan de son bureau et établi son horaire. En raison des images qui lui venaient, il était évident que l'emploi le plus modeste attirait son âme.

L'art ordinaire que nous faisons chaque jour chez nous a plus d'importance que ne le laisse supposer sa simplicité. Par exemple — et je ne peux pas l'expliquer —, j'aime laver la vaisselle. J'ai un lave-vaisselle depuis plus d'un an, et je ne l'ai jamais utilisé. Quand j'y pense, ce qui me plaît, c'est la rêverie qu'induit le rite du lavage, du rinçage et du séchage. Le tissage et le tricot conviennent particulièrement bien à l'âme, soutient Marie-Louise von Franz, une auteur jungienne suisse, parce qu'ils favorisent la réflexion et la rêverie.

J'aime également faire sécher mon linge sur la corde, dehors. L'odeur fraîche, les tissus mouillés, le vent et le soleil travaillent ensemble à faire une expérience de la nature et de la culture absolument unique et particulièrement agréable par sa simplicité. Il y a quelques années, la photographe Deborah Hunter a entrepris une étude des vêtements agités par le vent sur une corde à linge. Dans ces photographies, il y avait un élément difficile à nommer qui relevait de la vitalité, des plaisirs intenses de la vie ordinaire, des forces invisibles de la nature, et que l'on peut trouver autour de la maison.

La vie quotidienne regorge d'épiphanies, fait remarquer l'astrologue Jean Lall dans un ouvrage inédit. « Dans notre expérience quotidienne, les esprits qui gardent la maison et le jardin continuent de se déplacer et de parler si nous y prêtons attention. Ils s'échappent par les fentes, font sentir leur présence dans les petits bris des appareils électroménagers, les pousses imprévues dans les plates-bandes et les moments soudains de beauté aveuglante, comme lorsque le soleil luit sur une table fraîchement cirée ou que le vent fait danser le linge qui sèche sur une corde au rythme d'une chorégraphie rafraîchissante. »

Plusieurs des arts de la maison nourrissent spécialement bien l'âme, parce qu'ils donnent lieu à la contemplation et exigent une certaine habileté. Arranger les fleurs, cuisiner, réparer. J'ai un ami qui a passé plusieurs mois à peindre une scène de jardin sur le bas du mur de sa salle à manger. Les arts ordinaires font parfois surgir l'individu. Ainsi, quand on entre dans une maison, on peut imaginer le caractère particulier de l'hôte à un aspect particulier de sa demeure.

Dans les petites choses ordinaires, le soin de l'âme mène habituellement à une vie plus individuelle, sinon plus excentrique. L'une des choses que j'aime faire quand j'ai un après-midi de congé est d'aller visiter le cimetière de Sleep Hollow, à Concord (Massachusetts). Marquée par une grosse pierre striée de rouge contrastant avec les pierres tombales grises typiques qui l'entourent, la tombe d'Emerson se trouve sur un petit monticule, dans un coin reculé du cimetière. Thoreau et Hawthorne reposent un peu plus loin. Pour qui aime les écrits d'Emerson, cet endroit a beaucoup d'âme. À mes yeux, cette remarquable pierre tombale parle de son amour de la nature et reflète sa grandeur d'âme et l'excentricité irrépressible de son imagination. Combiné à la présence des auteurs enterrés ensemble, le surplomb confère au lieu un caractère résolument sacré.

Le sacré se manifeste quand on permet à l'imagination de s'aventurer dans des lieux plus profonds. Plus nous considérons une chose sous des angles différents, plus nos réflexions vont en profondeur quand l'art de cette chose nous saisit, et plus son caractère sacré se manifeste. Ainsi, vivre dans l'art peut tonifier la vie séculière caractéristique de notre temps. Nous pouvons, bien sûr, harmoniser la religion avec la vie ordinaire en nous imprégnant des rites formels et des enseignements traditionnels. Mais nous pouvons également respecter la religion de l'âme en partant à la découverte de la « religion naturelle » de toute chose. L'art — autant les beaux-arts que l'art quotidien — mène à cette découverte. Si nous parvenons à relâcher notre emprise sur la fonctionnalité de la vie, si nous laissons la richesse imaginée qui entoure les objets naturels et fabriqués nous arrêter, nous pourrons envelopper nos attitudes profanes de sensibilité religieuse et donner une âme à la vie ordinaire.

Je recommande de considérer le sacré du point de vue de l'âme plutôt que du point de vue de l'esprit. Sous cet angle, le sacré se manifeste quand l'imagination atteint une profondeur et une plénitude inhabituelles. La *Bible,* le *Coran,* les écrits bouddhistes et les ouvrages rituels de toutes les religions donnent à notre imagination une portée et une profondeur exceptionnelles. Ils nous poussent à nous interroger sur le cosmos, sur l'influence du passé et du présent, sur les valeurs ultimes. Moins formellement, toute source d'imagination qui approche cette richesse et cette profondeur aide à créer une sensibilité religieuse. Quand ils mettent en évidence les images et les thèmes profonds qui parcourent la vie humaine, la littérature et l'art profanes servent souvent à l'impulsion religieuse.

Au Moyen Âge, en ce qui concerne la formation, on croyait que la théologie était, de toutes les sciences, la plus importante et que les autres étaient « ancillaires » — accessoires, de service humble. Cette vision des choses me semble parfaitement correcte. Chaque question, peu importe qu'elle paraisse profane, a une dimension sacrée. Si nous poussons toute chose suffisamment loin, nous rencontrons le divin ou le démoniaque. Nos sciences séculières, la physique, la sociologie, la psychologie et les autres (à l'exception des domaines de la théologie) gardent leur « objectivité » scientifique mais égarent l'âme. La sensibilité religieuse et l'âme sont indissociables. Je ne dis pas que l'âme a nécessairement besoin d'affiliation religieuse ou de croyance. Pour vivre dans l'art, je soutiens au contraire qu'elle a absolument besoin d'une appréciation intellectuelle satisfaisante du sacré.

Il faudrait écrire un ouvrage sur la question. Je me contenterai de dire que la théologie concerne tout le monde, parce que nos expériences les plus ordinaires touchent à des questions d'une profondeur telle qu'on ne peut que les considérer religieuses. Dieu, disait Nicolas de Cuse, est en même temps le plus petit et le plus grand. Les petites choses du quotidien sont aussi sacrées que les grandes questions de l'existence humaine.

En devenant les artistes et les théologiens de nos propres vies, nous pouvons approcher la profondeur qui est le domaine de l'âme. Quand nous abandonnons l'art aux artistes professionnels et aux musées au lieu d'exprimer nous-mêmes nos sensibilités artistiques, nos existences laissent filer des occasions de redonner sa dimension à l'âme. La même chose vaut aussi pour la religion que nous cédons à l'église durant les week-ends. La religion reste en périphérie de la vie — même dans sa périphérie exaltée — et la vie perd ainsi des occasions de redonner sa dimension à l'âme. Comme la religion formelle, les beaux-arts se tiennent parfois dans les hauteurs, tandis que l'âme est toujours au plus bas, ordinaire, quotidienne, familiale, communautaire, sentie, intime, attachée, engagée, touchée, songeuse, agitée et poétique. C'est intimement que l'on connaît une œuvre d'art, pas à distance. On ne se contente pas de la comprendre, on la ressent. L'âme de la religion se tient dans le voisinage immédiat de l'angélique et du diabolique. Elle est engagement quotidien et quête de l'éthique correspondante. Sans âme, on peut croire aux vérités et aux principes moraux de la religion, on peut les discuter, mais pas les faire siens ni les vivre au cœur de son être.

Les rêves, la voie royale de l'âme

Le soin de l'âme demande du « travail » au sens alchimique du terme. Il est impossible d'avoir en même temps des égards pour son âme et de vivre dans l'inconscience. Le travail de l'âme est parfois excitant, parfois inspirant, souvent provocateur; il demande souvent un courage authentique. Rarement facile, le travail de l'âme se produit souvent dans un lieu que nous préférerions ne pas visiter, dans une émotion que nous aimerions mieux ne pas sentir, dans une signification dont nous préférerions nous passer. La route la plus honnête peut aussi s'avérer la plus difficile. Il n'est pas facile de visiter en nous-mêmes l'endroit le plus difficile d'accès et de regarder sans baisser les yeux l'image qui nous effraie le plus. Et pourtant là où se produit le travail le plus intense se trouve la source de l'âme.

Comme nous ne souhaitons jamais nous occuper de l'émotion qui nous demande le plus d'attention, je recommande habituellement à mes patients de prendre graduellement conscience de leurs rêves. Ils y trouveraient, en effet, des images auxquelles il est très pénible de faire face une fois éveillés. Les rêves sont la mythologie de l'âme; en travaillant sur eux, nous élaborons un élément important du projet de vivre plus pleinement.

Comme le prouvera toute visite dans une librairie, il y a plusieurs manières d'appréhender les rêves. J'aimerais ici faire quelques suggestions quant aux attitudes et aux stratégies clés qui permettent de faire face aux rêves tout en préservant leur intégrité, en leur permettant d'émerger et de servir le soin de l'âme.

Le travail thérapeutique sur les rêves pourrait servir de modèle à l'importance qu'il faut accorder aux rêves dans la vie ordinaire. Quand une personne vient me consulter pour une heure de thérapie, j'aime l'entendre raconter un rêve ou deux en début de séance. Je n'aime pas écouter un rêve et chercher tout de suite sa signification. Il est préférable de laisser le rêve nous amener sur un territoire nouveau que d'essayer de le maîtriser et de l'interpréter tout de go. Après le récit, nous continuons à parler de l'existence de la personne, puisque la thérapie touche presque toujours aux circonstances de la vie. Je pourrai remarquer certains moyens utilisés par le rêve pour présenter les images et le langage de la vie avec profondeur et imagination. Au lieu d'essayer de comprendre le rêve, nous laissons le rêve nous comprendre en lui permettant d'influencer et de modeler notre imagination. D'ordinaire, le principal problème avec les énigmes de la vie, c'est que nous n'y mettons pas suffisamment d'imagination. Nous prenons nos problèmes au pied de la lettre et leur cherchons des solutions littérales, ce qui fonctionne rarement parce qu'elles font justement partie du problème : elles manquent d'imagination. À ce propos, les rêves nous donnent un point de vue rafraîchissant.

En thérapie, il est tentant pour le thérapeute et le patient de traduire un rêve dans un langage théorique et rationnel qui soutient les idées du thérapeute ou les attitudes problématiques du patient. Il est préférable de laisser le rêve nous interpréter au lieu de chercher à l'interpréter de la manière la plus compatible possible avec nos idées reçues.

D'après mon expérience, le rêve se révèle lentement, graduellement, au patient et au thérapeute. Quand j'entends raconter un rêve, quelques impressions et certaines idées me viennent immédiatement. Il est cependant possible qu'il y ait beaucoup de confusion dans l'imagerie du rêve. J'essaie de retenir mon besoin de surmonter le rêve en lui donnant un sens. Je tolère son atmosphère et permets à son imagerie de me laisser perplexe, je me détourne de mes convictions pour approcher *son* mystère. Avec les rêves, il est extrêmement important d'exercer sa patience. C'est plus efficace que tout exercice de savoir, que toute technique et que tout truc. Bien sûr, le rêve se révèle à son heure, mais il finit toujours par se révéler.

Il est important de faire confiance à nos intuitions — qui n'ont rien à voir avec nos interprétations intellectuelles. Par exemple, il arrive parfois qu'une personne me raconte un rêve pour m'en suggérer immédiatement une interprétation ou pour favoriser l'un des personnages. Une femme rapporte ainsi un rêve dans lequel elle a laissé étourdiment la porte avant de sa maison ouverte, permettant à un homme de se faufiler à l'intérieur. « C'était un cauchemar, dit-elle. Je pense que le rêve me dit que je ne me protège pas suffisamment. Je suis trop ouverte. »

On me donne le rêve et l'interprétation. Malgré mon expérience considérable dans le domaine des rêves, malgré ma formation pour ne pas accepter d'emblée les idées du patient à ce propos, l'interprétation m'affecte quand même parfois inconsciemment. C'est normal. Bien sûr, ma patiente est trop vulnérable, bien sûr, un étranger la menace. Mais je me rappelle ma règle de base : fais confiance à ton intuition. Je me demande si l'ouverture « accidentelle » de la porte n'est pas au fond une bonne chose pour la personne. L'ouverture peut permettre l'arrivée de nouvelles personnalités dans son espace vital. Je sais également pertinemment que ce qui n'est pas intentionnel peut au contraire très bien l'être. Quelqu'un d'autre que le « je » peut souhaiter laisser la porte ouverte. L'ouverture de la porte peut n'être accidentelle que pour l'ego.

Il y a souvent collusion apparente entre l'ego du rêve et le rêveur éveillé. Quand la rêveuse rapporte son rêve, elle peut adopter le point de vue du « je » onirique, persuader son auditeur d'adopter à son tour une certaine position par rapport aux autres figures du rêve. Pour compenser, j'aime adopter une attitude plutôt perverse quand j'entends raconter un rêve. Je me fais un point d'honneur d'adopter un point de vue différent de celui de la rêveuse. Pour dire les choses de manière plus technique, je tiens pour acquis qu'en racontant le rêve, la rêveuse peut s'enfermer dans la même position que l'ego onirique. « Peut-être qu'il n'est pas si grave d'oublier de fermer la porte. Peut-être que la porte ouverte permet à quelque chose de bénéfique d'entrer. Nous pouvons du moins garder l'esprit ouvert. »

Quand nous prenons le parti des autres figures du rêve, parfois contre le rêveur lui-même, nous pouvons ouvrir une perspective extraordinairement révélatrice. Le soin de l'âme, rappelons-nous, n'est pas nécessairement le soin de l'ego. Les autres figures peuvent demander acceptation et compréhension. Nous devrons peut-être considérer que les actions et les personnages douteux sont parfois nécessaires et valables.

Une femme écrivain m'a raconté un rêve dans lequel elle surprenait une de ses amies à barbouiller de crayon sa machine à écrire. « C'était un rêve affreux, s'écrie-t-elle, et je sais ce qu'il signifie. Mon enfant intérieur fait toujours obstacle à mon travail d'adulte. Si seulement je pouvais grandir ! »

Vous remarquerez que cette personne interprète bien vite. Plus encore : elle veut que j'adopte un certain point de vue par rapport à son rêve. De manière subtile, ce désir la prémunit contre l'altérité du rêve, le défi du rêve. L'âme et l'ego s'affrontent souvent ; ils le font parfois doucement, parfois sauvagement. Je prends donc garde de ne pas tenir pour acquis qu'elle a raison.

« Dans le rêve, est-ce que votre amie était une enfant ?

— Non, c'était une adulte. Elle avait l'âge qu'elle a dans la réalité.

— Pourquoi pensez-vous qu'elle se conduit comme une enfant ?

— Les crayons de couleur appartiennent aux enfants, répond-elle, comme si c'était l'évidence même.

— Pouvez-vous me parler de votre amie ? fis-je en m'efforçant de me libérer de son point de vue.

— Elle est très séduisante, elle porte toujours des vêtements bizarres, vous savez, des couleurs voyantes, des coupes courtes.

— Est-il possible, demandai-je, profitant de son association, que cette femme colorée, sensuelle, ajoute de la couleur, du corps, certaines des qualités positives de l'enfant à votre écriture ?

— J'imagine que oui », déclara-t-elle, pas encore convaincue de cet affront fait à son interprétation pourtant satisfaisante.

Mis à part le principe général qui veut que le thérapeute évite de se trouver aux prises avec les complexes de l'ego onirique, l'un des éléments qui m'a détourné de son interprétation était le jugement narcissique négatif qu'elle portait sur l'enfant. Elle refusait d'admettre ses propres attitudes puériles. Une fois distraite de sa vision d'elle-même habituelle (une attitude qui teintait fortement ses pensées relativement au rêve), nous avons pu examiner autrement sa situation et ses habitudes personnelles.

Si je parle des détails du rêve, ce n'est pas seulement parce qu'ils nous permettent d'examiner nos habitudes et notre nature, c'est aussi parce que notre manière de les considérer peut mettre en évidence notre façon d'appréhender toutes sortes de choses, y compris notre interprétation du passé, notre situation et nos problèmes actuels, et notre culture au sens général.

À vue de nez, on ne peut jamais lire le rêve de manière univoque et définitive. À un autre moment, le même rêve peut révéler tout autre chose. J'aime considérer les rêves comme des tableaux, et les tableaux comme des rêves. Un paysage de Monet peut « signifier » des choses biens différentes pour les diverses personnes qui le contemplent. À diverses occasions, il peut entraîner des réactions tout à fait différentes chez le même individu. Avec les années, une bonne toile gardera son pouvoir magnétique, satisfaisant, sa capacité d'induire la rêverie et l'émerveillement.

La même chose vaut pour les rêves. Un rêve peut survivre à une vie de négligence ou à une interprétation chargée et rester l'icône ou l'énigme fertile qui permet des années de réflexion.

Quand on travaille le rêve, il ne faut jamais arrêter son sens, il faut plutôt l'honorer et le respecter, en tirer autant de signification et de méditation que possible. La pénétration du rêve devrait permettre de revitaliser l'imagination, pas de la maintenir dans des habitudes arrêtées et usées.

Il est une manière efficace de travailler les images, qu'il s'agisse de rêves, d'art ou d'histoires personnelles. Il s'agit de ne jamais cesser de les écouter et de les explorer. Pourquoi écoutons-nous plus d'une fois la *Passion selon saint Matthieu* de Bach ? C'est parce qu'il est de la nature de l'œuvre d'art — et de toute image — de se révéler sans fin. L'une des méthodes que j'utilise en thérapie et dans mon enseignement consiste à écouter un rêve ou une histoire et de déclarer à la fin : « Très bien. Reprenons encore une fois, autrement. »

Un jour, un jeune homme vint me trouver avec une lettre qu'il avait écrite à celle qu'il aimait. C'était important pour lui, parce qu'elle exprimait ses sentiments profonds. Il déclara qu'il aimerait me la lire à haute voix. Il la lut lentement, avec émotion. Quand il eut terminé, je lui demandai de la relire autrement. Quand il le fit, nous entendîmes différentes nuances de signification. Nous fîmes une troisième, puis une quatrième lectures. Chaque fois, nous découvrîmes quelque chose de différent. Ce petit exercice montre la richesse et la nature polyphonique des images de toutes sortes et l'avantage que l'on trouve à ne pas cesser de les explorer. Les images, les expériences et les rêves qui sont importants pour nous contiennent toujours une multitude d'interprétations et de lectures, parce qu'ils sont riches d'âme et d'imagination.

Je comprends bien que cette approche de l'imagination va à l'encontre de ce qui, dans notre quête de signification, cherche une conclusion et une destination. Il est encore une autre raison pour laquelle il faut *prendre soin* de son âme au lieu de chercher à la *comprendre*. C'est que le soin de l'âme ouvre un nouveau paradigme dans notre façon de vivre moderne. Celui-ci nous demande de nous détourner de nos efforts habituels pour saisir les choses. Il nous propose un autre ensemble de valeurs et des techniques nouvelles pour apprécier et profiter de la révélation incessante du sens, des niveaux poétiques infiniment riches et profonds du tissu de l'expérience fluide, vivante.

Le désir d'extirper une signification unique d'un rêve, d'une œuvre d'art, d'une anecdote relève de la quête prométhéenne profonde. Pour le bien de l'humanité, nous voulons voler le feu des dieux. Nous voulons remplacer le mystère divin par la rationalité humaine. Cette perte de complexité et de mystère dans notre réaction quotidienne aux épisodes de la vie entraîne aussi une perte d'âme, parce que l'âme se manifeste toujours dans le mystère et la multiplicité.

Les rêves eux-mêmes nous montrent souvent comment les interpréter, ils tirent le rêveur dans l'eau, le poussent dans un puits, dans un ascenseur qui descend, dans un escalier ou dans une allée sombre. Préférant habituellement les hauteurs et la lumière, le rêveur craint de descendre vers la noirceur. Quand j'enseignais à l'université, les étudiants me racontaient souvent des rêves où ils se rendaient à la bibliothèque, montaient en ascenseur pour se retrouver dans un sous-sol ancien. Le rêve n'est pas étonnant, étant donné que la vie universitaire contient quelque chose de la tour d'ivoire, du monde supérieur, d'Apollon et représente métaphoriquement nos essais d'interprétation.

Une femme qui travaillait pour le compte d'une grosse compagnie d'appareils électroménagers me raconta un rêve dans lequel son mari et elle sortaient d'un ascenseur au dernier sous-sol d'un édifice pour s'apercevoir qu'ils se trouvaient sous l'eau. Ensemble ils ont flotté dans l'eau dans les corridors et les rues jusqu'à ce qu'ils parviennent à un magnifique restaurant où ils se sont attablés pour manger un repas délicieux. Voilà encore une image du travail du rêve. Nous devons nous laisser porter par l'atmosphère liquide de la fantaisie et y trouver notre nourriture. Dans les rêves, qu'il ne faut jamais prendre au pied de la lettre ou interpréter selon les lois de la nature, nous pouvons respirer dans l'eau. Les rêves *contiennent* d'ailleurs quelque chose de fluide : ils résistent à tous les efforts pour les arrêter et les rendre solides. Nous pensons ne pouvoir survivre que dans le royaume aérien de la pensée et de la raison, mais ma rêveuse a découvert qu'elle pouvait prendre un repas gastronomique dans l'atmosphère plus lourde où l'imagination et la vie sont fluides.

Le daïmon guide

On utilise souvent l'image pour trouver un sens extérieur à l'image elle-même. Dans un rêve, on considère le cigare comme un symbole phallique au lieu de le considérer comme un simple cigare. La femme représente l'*anima* au lieu de représenter une femme en particulier. L'enfant est la « partie puérile du moi » au lieu d'être l'enfant du rêve. Nous pensons à l'imagination en termes de symboles. Nous y mettons, pour reprendre les termes freudiens, un sens latent et un sens manifeste. Si nous pouvions *déchiffrer* les symboles, pour employer un terme rationnel populaire, nous pourrions apprendre le sens qui se cache dans l'image.

Il est pourtant une autre façon de comprendre les créations du monde onirique. Que se passerait-il s'il n'y avait pas de sens caché, pas de message sous-jacent ? Que se passerait-il si nous choisissions de faire face à ces images dans tout leur mystère, si nous choisissions de les suivre ou de les combattre ?

Les Grecs appelaient *daïmons* les multiples esprits sans nom qui stimulent et guident la vie. Socrate soutenait avoir vécu selon les conseils de son daïmon. Plus près de nous, W. B. Yeats a déclaré que le daïmon nous inspire et nous menace tout à la fois.

Dans un chapitre de *Ma vie* intitulé « Pensées tardives », Jung aborde lui aussi la question du daïmon.

> Nous savons qu'il advient dans nos vies des choses qui nous semblent totalement inconnues et totalement étrangères. De même que nous savons que nous ne fabriquons pas un rêve ou une idée, mais que l'un comme l'autre prennent naissance d'eux-mêmes en quelque sorte. Ce qui fond sur nous de cette façon, on peut dire que c'est un effet qui émane d'un *mana*, d'un démon, de Dieu ou de l'inconscient [1].

Il poursuit en disant qu'il préfère le terme inconscient, mais qu'il pourrait aussi bien parler de *daïmon*. La vie daïmoniaque répond aux mouvements de l'imagination. Quand Jung construisait sa tour, les ouvriers apportèrent une grosse pierre qui n'avait pas la bonne taille. Il considéra cette « erreur » comme le travail de son daïmon mercuriel et utilisa la pierre pour l'une de ses plus importantes sculptures, la pierre Bollingen.

Au XVe siècle, dans son livre, Ficin recommandait de trouver le daïmon gardien qui nous accompagne depuis toujours. « Qui s'examine à fond trouvera son propre daïmon. » Rilke traitait lui aussi le daïmon avec respect. Dans ses *Lettres à un jeune poète*, il recommande de s'enfoncer profondément en soi pour trouver sa propre nature. « Entrez en vous-même, sondez les profondeurs où votre vie prend sa source [2]. » Rilke répond de la sorte à un jeune homme qui cherche à savoir s'il est un artiste, mais sa recomman-

---

1 C.G. Jung, *op. cit.*, p. 382.

2 Rainer-Maria, Rilke, *Lettres à un jeune poète* (1937), Paris, Bernard Grasset, les Cahiers rouges, 1985, p. 21. Traduction de Bernard Grasset et Rainer Biemel.

dation vaut pour toute personne qui désire vivre au quotidien avec art. L'âme veut garder le contact avec la source de la vie, sans traduire ses offrandes en notions familières. Pour satisfaire ce désir, il faut donner de l'attention aux images qui émergent, êtres émancipés des sources de l'imagination quotidienne.

Quand on respecte le monde du rêve, on réinvente l'imagination elle-même. Au lieu d'y voir une forme particulièrement créatrice du travail de l'esprit, nous pouvons y trouver une correspondance avec les mythes grecs, en faire une source qui donne naissance à des êtres autonomes. Notre relation au monde du rêve changerait aussi. Nous cesserions d'essayer de traduire une fantaisie florissante en termes raisonnables ; nous observerions et pénétrerions plutôt un univers de personnalités, de géographies, d'animaux et d'événements impossibles à réduire en termes saisissables ou contrôlables.

Nous nous apercevrions que les images oniriques et artistiques n'ont rien de l'énigme à résoudre, et que l'imagination cache autant sa signification qu'elle ne la révèle. Pour que le rêve nous touche, il n'est pas nécessaire de le comprendre ou même de le creuser pour en tirer du sens. Il suffit d'y porter notre attention, de lui concéder son autonomie et son mystère, de faire passer le centre de la conscience de la compréhension à la réaction. Pour vivre en présence du daïmon, il faut obéir aux lois et aux urgences intérieures. Cicéron disait que c'est l'*animus* — le mot latin pour désigner le daïmon — qui fait de nous ce que nous sommes. Ficin soutenait qu'il fallait éviter de vivre en conflit avec le daïmon, sous peine de succomber à la pire maladie de l'âme. Il affirmait, à titre d'exemple, que nous ne devrions jamais décider de l'endroit où habiter sans d'abord considérer les exigences du daïmon, qui peut prendre la forme d'une attirance ou d'un rejet intuitif.

La source de vie est tellement profonde que nous la percevons comme « autre ». Quand nous parlons le langage ancien du daïmon, nous amenons l'imagination à notre sens de l'identité. Notre relation à la source profonde de la vie devient interpersonnelle, tension dramatique entre le soi et l'ange. Dans ce dialogue, la vie se charge d'art, parfois de façon spectaculaire. Nous rencontrons ce phénomène chez les gens dont nous faisons des psychotiques. La plupart de leurs actes ont quelque chose de manifestement spectaculaire. Leurs « Autres » profonds, les personnalités qui jouent un rôle significatif dans leur vie, apparaissent dans toute leur splendeur. Les écrivains parlent de leurs personnages comme de gens qui ont leur volonté et leurs intentions propres. La romancière Margaret Atwood a déjà déclaré en entrevue : « Quand l'auteur cherche trop à les contrôler, les personnages peuvent lui rappeler que, même s'il les a créés, il est aussi, jusqu'à un certain point, leur créature. »

L'art nous apprend à respecter l'imagination, à en faire quelque chose qui dépasse largement la création et l'intention humaines. Pour bien vivre notre vie ordinaire, nous devons nous montrer sensibles aux choses du quotidien. Pour vivre plus intuitivement, il faut accepter d'abandonner un peu de notre rationalité et de notre contrôle en échange des cadeaux de l'âme.

L'art de l'âme

Pour prendre soin de son âme, on peut vivre avec une imagination incarnée, en étant un artiste, tant au travail qu'à la maison. Il n'est pas nécessaire d'être un professionnel pour amener l'art au soin de l'âme. Chacun de nous peut disposer d'un atelier à la maison, par exemple. Comme Jung, Orignal Noir et Ficin, nous pouvons décorer nos habitations avec les images de nos rêves et de nos rêveries.

Je joue du piano quand je suis très ému. Je me souviens très bien du jour de l'assassinat de Martin Luther King junior.

J'étais si bouleversé que je me suis rendu au piano et que j'ai joué du Bach pendant trois heures. Sans explications ni interprétations rationnelles, la musique a donné forme et voix à mes émotions.

La matière du monde doit se transformer en images qui deviendront à leur tour tabernacles de la spiritualité et réceptacles du mystère. Si nous ne laissons pas de place à l'âme dans notre vie, nous serons forcés de rencontrer ses mystères sous la forme de fétiches et de symptômes, qui sont, en un sens, les visages pathologiques de l'art, les dieux de nos maladies. Chaque jour, les artistes nous apprennent que dans notre journal intime, nos poèmes, nos dessins, notre musique, notre correspondance, nos aquarelles, nous pouvons transformer l'expérience ordinaire en matière pour l'âme.

Dans une très belle lettre à son frère George, Keats décrit, au moyen de la métaphore de l'école, le processus qui transforme le monde en âme. « Je dirais que le monde est une École bâtie pour apprendre à lire aux petits enfants ; je dirais que le cœur humain est l'abécédaire de cette École, et je dirais que l'enfant capable de lire est l'âme née de cette école et de cet abécédaire. Ne vois-tu pas à quel point le Monde de Souffrance sert à l'Intelligence de l'École pour en faire une âme ? »

Quand nous lisons nos expériences et que nous apprenons à les exprimer avec art, nous donnons plus d'âme à la vie. Notre art domestique arrête momentanément le flot de la vie pour que les événements soient soumis à l'alchimie de la réflexion. Dans une lettre à un ami, nous pouvons approfondir les impressions que nous ont laissées les expériences et les laisser reposer dans le cœur où elles peuvent devenir les fondations de l'âme. Les grands musées des beaux-arts se font l'écho du musée plus modeste qu'est notre demeure. Il n'y a pas de raison pour ne pas faire de notre maison un endroit où les Muses peuvent accomplir chaque jour leur travail d'inspiration.

L'âme des actes ordinaires présente encore un autre avantage : elle laisse un cadeau aux générations futures. L'âme, nous dit la tradition, croît dans une temporalité beaucoup plus vaste que la conscience. Pour l'âme, le passé vit et a de la valeur, tout comme l'avenir. En faisant de l'alchimie de nos dessins ou de notre écriture au quotidien, nous préservons nos pensées pour ceux qui nous suivront. La communauté de l'art transcende les limites de la vie personnelle, pour que les lettres de John Keats à son frère instruisent notre propre travail de l'âme, par exemple.

Dans le monde moderne où nous vivons l'instant présent, il est facile d'ignorer le goût de l'âme pour une autre temporalité et une communauté profonde. Nous avons tendance à expliquer nos actes en surface, à parler au littéral au lieu de chercher les raisons du cœur. Un homme qui cherchait à m'expliquer les raisons de son divorce se lança dans d'incessantes petites jérémiades sur le compte de sa femme. Il ne dit rien de ce qui était clairement apparu dans nos autres conversations, il tut que son cœur virait radicalement de cap. Il voulait une nouvelle vie, mais il essayait de justifier, au moyen de raisons superficielles, toute la souffrance qui accompagnait ce changement. Parce qu'il n'exprimait pas ce qui se passait au plus profond de lui, il se coupait de l'âme de son divorce.

Quand nous lisons les lettres de Keats, de Rilke et des autres poètes, nous trouvons cependant une recherche passionnée de l'expression et du langage propres aux plaisirs et aux souffrances de la vie. Nous pouvons apprendre d'eux l'importance de l'effort que chacun — pas seulement les poètes — doit mettre pour traduire l'expérience en mots et en images. L'art n'est pas seulement un moyen d'expression, il cherche à créer une forme externe, concrète à l'évocation et au maintien de l'âme de notre vie.

Les enfants peignent chaque jour et adorent exposer leur travail sur les murs et les portes de réfrigérateurs. Une fois adultes, nous abandonnons cet important travail de l'âme au monde de l'enfance. Nous tenons pour acquis, j'imagine, que les enfants apprennent ainsi la coordination motrice et l'alphabet. Peut-être qu'ils font ainsi quelque chose de plus fondamental : peut-être qu'ils découvrent les formes qui reflètent ce qui se passe dans leur âme. Quand nous grandissons et que nous commençons à penser que la galerie d'art vaut beaucoup mieux que la porte du réfrigérateur, nous perdons un rite important de l'enfance, pour le livrer aux artistes professionnels. Quand notre raison de vivre tient à des rationalités, nous nous sentons vides et confus, nous rendons des visites onéreuses au psychothérapeute, et nous attachons compulsivement à des images fausses, comme des émissions de télévision superficielles. Quand nos propres images n'ont plus de maison, de musée personnel, nous noyons notre perte dans de pâles substituts, des romans à l'eau de rose et des films à recette.

L'art n'a rien à voir avec l'expression du talent ou avec la fabrication de jolies choses, ont tenté de nous dire les poètes et les peintres depuis des siècles. L'art s'intéresse à la sauvegarde et à l'endiguement de l'âme. L'art saisit la vie et la rend disponible pour la contemplation. L'art capture l'éternité du quotidien. À son tour, l'éternité nourrit l'âme. L'univers entier est contenu dans un grain de sable.

Léonard de Vinci pose une question intéressante dans l'un de ses cahiers de notes : « Pourquoi l'œil voit-il une chose plus clairement dans les rêves que ne réussit à le faire l'imagination quand nous sommes éveillés ? » C'est parce que l'œil de l'âme perçoit les réalités éternelles si importantes pour le cœur. Quand nous sommes éveillés, la plupart d'entre nous ne voyons les choses qu'avec notre œil physique, même s'il nous était possible, avec un petit effort de l'imagination, d'apercevoir des fragments de l'éternité dans les choses les plus ordinaires de la vie. Les rêves nous apprennent à regarder avec l'autre œil, celui qui, dans la vie, appartient à l'artiste... à l'artiste en chacun de nous.

Quand nous voyons la souffrance sur le visage torturé de quelqu'un, nous apercevons peut-être une seconde l'image de Jésus crucifié. C'est une réalité que les artistes ont dépeinte dans une variation et des détails infinis depuis des siècles ; c'est une réalité qui imprègne la vie de chacun de nous à un moment ou à un autre. Nous pourrions regarder la femme de la bijouterie avec les yeux de D. H. Lawrence, qui voyait Aphrodite dans la femme qui lavait son linge à la rivière. Nous pourrions apercevoir une nature morte de Cézanne sur notre table de cuisine. Quand une brise estivale souffle par la fenêtre ouverte tandis que nous lisons dans une rare demi-heure de tranquillité, nous pourrions nous souvenir des centaines d'Annonciations que nous ont données les peintres pour nous rappeler que les anges ont l'habitude de nous rendre visite dans les moments de lecture silencieuse.

Quand nous comprenons l'art avec notre âme, nous constatons l'interpénétration de l'image poétique et de la vie ordinaire. L'art nous montre ce qui existe déjà dans le quotidien. Sans art, nous vivons dans l'illusion qu'il n'y a que du temps, qu'il n'y a pas d'éternité. En pratiquant nos arts quotidiens (ne serait-ce qu'une lettre bien sentie), nous découvrons l'éternité dans le temps ordinaire, nous mettons à l'œuvre les qualités, les circonstances et les thèmes particuliers de l'âme. L'âme grandit quand nous jetons sur le papier de notre journal personnel une réflexion, un rêve ; elle donne du corps à un léger influx d'éternité. Nos carnets de notes deviennent alors nos propres évangiles, nos propres *soutras,* nos livres divins. Nos toiles toutes simples nous servent d'icônes, tout aussi significatives pour le travail de notre âme que les icônes merveilleuses des églises orientales pour leurs congrégations.

Le soin de l'âme n'a rien du projet de progrès personnel, ou de la libération des troubles et des souffrances de la vie humaine. Le soin de l'âme ne s'occupe pas de bien-vivre ou de santé émotionnelle. Ce sont là des intérêts temporels, héroïques, de la vie prométhéenne. Le soin de l'âme touche une autre dimension, indissociable de la vie, mais différente du règlement des problèmes qui occupent une si grande place dans notre conscience. Nous prenons soin de notre âme quand nous honorons ses expressions, quand nous lui donnons le temps et la chance de se révéler, quand notre manière de vivre donne à notre âme la profondeur, l'intériorité et la qualité qui la nourrissent. L'âme est son propre but et sa propre fin.

Pour l'âme, la mémoire a plus d'importance que la planification, l'art est plus intéressant que la raison, et l'amour, plus satisfaisant que la compréhension. Nous connaissons bien le chemin qui mène à l'âme quand nous nous sentons attachés au monde et aux gens qui nous entourent et quand nous vibrons autant avec notre tête qu'avec notre cœur. Nous savons que nous prenons soin de notre âme quand nous ressentons plus profondément qu'à l'accoutumée nos plaisirs, quand nous abandonnons le besoin de nous libérer de la complexité et de la confusion, et que la compassion remplace la méfiance et la crainte. L'âme s'intéresse aux différences entre les cultures et entre les gens. En nous, elle cherche à exprimer son unicité, sinon son excentricité.

Quand, au milieu de ma confusion et de mes essais infructueux pour vivre une existence transparente, je m'aperçois que *je* suis le fou — pas ceux qui m'entourent —, je découvre le pouvoir qu'a l'âme de rendre la vie intéressante. En fin de compte, le soin de l'âme donne naissance au *je* individuel que je n'aurais jamais préparé ou dont je n'aurais même pas voulu. En prenant bien soin de notre âme au quotidien, nous sortons de la voie et laissons émerger notre génie. L'âme se fond dans la mystérieuse pierre philosophale, ce riche et solide cœur de la personnalité que les alchimistes cherchaient. Ou bien elle s'ouvre en queue de paon, révélation des couleurs de l'âme et étalage de sa brillance ocellée.

Lectures suggérées

BERRY, Patricia, HILLMAN, James et VITALE, Augusto, *Pères et mères,* Paris, Imago, 1978.

BROWN, Norman O., *Éros et Thanatos,* Paris, Denoël, 1972.

DODDS, E. R., *Les Grecs et l'irrationnel,* Paris, Flammarion, collection « Champs ».

HILLMAN, James, *Le Mythe de la psychanalyse,* Paris, Imago, 1977.

HILLMAN, James, *Pan et le cauchemar,* Paris, Imago, 1979.

HINKLE, Béatrice, *The Re-Creating of the Individual,* New York, Harcourt, Brace, 1923.

KEATS, John, *Lettres de John Keats,* Paris, Librairie Béranger, 1949.

KERÉNYI, Karl, *The Gods of the Greeks,* London, Thames and Hudson, 1951.

KERÉNYI, Karl, *Prometheus : Archetypal Image of Human Existence,* New York, Vol. I of Bollengen Series, LXV, 1963.

OTTO, W. F., *Dionysos : le mythe et le culte,* Paris, Mercure de France, 1969.

ROUGEMONT, Denis de, *Les Mythes de l'amour,* Paris, Idées Gallimard, 1967.

CET OUVRAGE A ÉTÉ REPRODUIT
ET ACHEVÉ D'IMPRIMER SUR ROTO-PAGE
PAR L'IMPRIMERIE FLOCH À MAYENNE
EN SEPTEMBRE 1994

Éditions du Rocher
28, rue Comte-Félix-Gastaldi
Monaco

Dépôt légal : septembre 1994.
N° d'édition : CNE section commerce et industrie
Monaco : 19023.
N° d'impression : 36404.

Imprimé en France